Management in der Computer-Programmierung

AUERBACH - Managementwissen der Datenverarbeitung

Herausgegeben von James Hannan

Die Autoren dieses Bandes:

George N. Baird
Woodbridge VA

Paul F. Barbuto, Jr.
Data Base Manager, Washington State Library Network, Olympia WA

Norman Carter
Development Systems International, Los Angeles CA

David M. Clark
Computer Applications Consultant, Richmond VA

James F. Gross
Sheboygan WI

Kathryn Heninger
IBM Corporation, Chapel Hill NC

Paul Oliver
President, EDS-World Corporation, Bethesda MD

David Schechter
Consultant, Adjunct Assistant Professor of Management
School of Continuing Education, New York University, New York NY

John E. Shore
Naval Research Laboratory, Washington DC

Bruce Winrow
Wolfe Computer Aptitude Testing Incorporated, Montreal, Canada

AUERBACH - Managementwissen der Datenverarbeitung 2

Ein praktischer Führer für das

Management in der Computer- Programmierung

Herausgegeben von James Hannan

Übersetzt und bearbeitet von
Gerhard Sielhorst und Matthias Klein

Springer Fachmedien Wiesbaden GmbH

Dieses Buch ist die deutsche Übersetzung von:
James Hannan (Ed.)
A Practical guide to computer programming management
(Auerbach data processing management library; v.2)
© 1982 by AUERBACH Publishers Inc.

Published in the United States in 1982
by Van Nostrand Reinhold Company Inc., New York, USA

Übersetzt aus dem Amerikanischen
von Gerhard Sielhorst und Matthias Klein, Dortmund

1987

Alle Rechte an der deutschen Ausgabe vorbehalten
© Springer Fachmedien Wiesbaden 1987

Ursprünglich erschienen bei Friedr. Vieweg & Sohn Verlagsgesellschaft mbH, Braunschweig 1987.

ISBN 978-3-528-08575-9   ISBN 978-3-663-14168-6 (eBook)
DOI 10.1007/978-3-663-14168-6

Vorwort

In seiner relativ kurzen Existenz ist der Computer aus den Hinterzimmern der meisten Unternehmen hervorgekommen, um integrierter Bestandteil des Wirtschaftslebens zu werden. Heute werden zunehmend kompliziertere Datenverarbeitungsanlagen benutzt, um immer komplexere wirtschaftliche Probleme zu lösen. Als eine Konsequenz daraus ist die typische Datenverarbeitungsfunktion so kompliziert und spezialisiert wie das Wirtschaftsunternehmen, dem sie dient.

Eine solche Spezialisierung stellt hohe Anforderungen an Computerfachleute. Sie müssen nicht nur ein spezifisches technisches Wissen vorweisen, sondern sie müssen auch verstehen, ihr spezielles Wissen zur Unterstützung der Firmenziele anzuwenden. Effektivität und Karriere eines Computerfachmanns hängen davon ab, wie geschickt er dieser Herausforderung begegnet.

Um Computerfachleute dabei zu unterstützen, auf diese Herausforderung zu reagieren, hat der Verlag AUERBACH das ,AUERBACH-Managementwissen der Datenverarbeitung' entwickelt.

Die Serie umfaßt acht Bände, wobei jeder Band das Management einer bestimmten Datenverarbeitungsfunktion anspricht:

Ein praktischer Führer für das Management in der Datenverarbeitung
Ein praktischer Führer für das Management der Computer-
   programmierung
Ein praktischer Führer für das Management der Datenkommunikation
Ein praktischer Führer für das Datenbank-Management
Ein praktischer Führer für das Management der Systementwicklung
Ein praktischer Führer für das Rechenzentrumsmanagement
Ein praktischer Führer zur Revision in der Datenverarbeitung
Ein praktischer Führer für das Management der dezentralen
   Datenverarbeitung

Jeder Band enthält ausgetestete, praktische Lösungen für häufig anzutreffende Probleme, denen sich Manager aus diesem Tätigkeitsbereich ausgesetzt sehen. Ausgearbeitet wurden diese Lösungen von einer bekannten Gruppe von Datenverarbeitungspraktikern — Fachleute, die ihr

Leben in dem Bereich verbringen, über den sie schreiben. Die konzentriert und knapp gehaltenen Kapitel sind dazu bestimmt, dem Leser zu helfen, die darin enthaltenen Hinweise direkt auf seine Umgebung anzuwenden.

AUERBACH hat seit mehr als 25 Jahren die Informationsbedürfnisse der Computerfachleute zufriedenstellend beantwortet und weiß, wie ihnen geholfen werden kann, ihre Effektivität zu steigern und ihre Karriere voranzutreiben. Das AUERBACH-Managementwissen der Datenverarbeitung ist auf diesem Gebiet nur eines von vielen Angeboten des Herausgebers.

James Hannan
Stellvertretender Vizepräsident
AUERBACH

Inhaltsverzeichnis

Einführung

Wahrscheinlich hat keine andere Funktion im Bereich der Datenverarbeitung einen solchen Bekanntheitsgrad erreicht wie die Programmierung. Für die meisten Anwender ist das Erstellen eines EDV-Programmes jedoch eine Tätigkeit, die unergründlich und geheimnisvoll ist. Sie können nicht nachvollziehen, wie die Programmierer der DV-Abteilung versuchen, die Anwendungsprobleme der Benutzer durch den Computer lösen zu lassen.

Für leitende Angestellte der Programmierabteilung bringt das Umsetzen der Anforderungen der Anwender Probleme mit sich, die sie bewältigen müssen, um den Bedarf des Unternehmens an DV-Lösungen und -Serviceleistungen zu decken. Die Softwareentwicklung erfordert geschickte Personalführung und einen durchdachten Einsatz der Technologie. Und gleich, ob die Anwender Wissen auf dem DV-Gebiet aufweisen oder ob sie gänzlich uninformiert über die Programmierverfahren sind, sie stellen enorme Anforderungen an die Programmierabteilung. Dieser Band des AUERBACH-Managementwissens der Datenverarbeitung wurde geschrieben, um den Managern und leitenden Angestellten zu helfen, diesen Anforderungen gerecht zu werden.

Wir haben eine Gruppe von Praktikern gebeten, ihre umfangreichen Erfahrungen über die Programmierung weiterzugeben. Unsere Autoren haben über ein sorgfältig ausgewähltes Themenspektrum geschrieben und liefern bewährte, praxisgerechte Ratschläge, um eine Programmierabteilung effektiver und effizienter führen zu können.

Im ersten Kapitel beschreibt Bruce Winrow Möglichkeiten, wie man dem chronischen Mangel an berufserfahrenen Programmierern abhelfen kann. Er gibt Ratschläge für die Einstellung von Hochschulabsolventen und entwickelt Schulungsrichtlinien für ein effizientes Trainee-Programm.

Zusätzlich zur Neueinstellung und dem Training der Programmierer ist der Abteilungsleiter auch für die Leistungsbeurteilung seiner Mitarbeiter verantwortlich. Solche Beurteilungen reduzieren die personelle Fluktuation, indem man die Programmierer über ihre Stärken, Schwächen und ihre Fortschritte informiert. In dem Kapitel „Leistungsbewertung der Programmierer" diskutiert Norman Carter Möglichkeiten, die Vorgesetzten beim Erstellen und Umsetzen von Beurteilungen helfen; er bietet ferner Verfahren, eine Checkliste und ähnliche Hilfsmittel an, die die Leistungsbewertung erleichtern.

So herausfordernd die Personalbetreuung auch ist, ein Manager der Programmierabteilung muß sich ebenso den technischen Problemen stellen und diese lösen. Die Bestimmung der Ressourcen, die für die Entwicklung eines Softwareproduktes benötigt werden, ist eines dieser Probleme. Im dritten Kapitel erläutert Paul Oliver, warum es so schwierig ist, exakte Schätzungen zu erstellen und er schlägt Richtlinien, Vorgehensweisen und Methoden vor, die die Schwierigkeiten verringern und die Genauigkeit der Planungsverfahren verbessern.

Das Erstellen eines geeigneten Systementwurfs ist ein weiterer Aspekt im Bereich der technischen Probleme. Manager und Programmierer werden häufig veranlaßt, modular aufgebaute Programme zu entwerfen, um die Softwarequalität zu erhöhen und die Gesamtkosten zu verringern. Kathryn Heninger und John E. Shore führen im vierten Kapitel in das Grundkonzept der modularen Programmierung ein und erklären, wie das Verfahren sinnvoll eingesetzt werden kann.

Auf dem Gebiet des Programmentwurfs ist der Einsatz von Entscheidungstabellen eine effektive, aber häufig vernachlässigte Technik. Die meisten Hilfsmittel zur Softwareentwicklung sind in einer bestimmten Phase des Entwicklungszeitraumes sehr wertvoll, in anderen Entwicklungsphasen stellen sie hingegen keine Hilfe dar. Entscheidungstabellen können jedoch mit gleichem Erfolg sowohl bei der Analyse, beim Entwurf, während der Programmierung als auch beim Erstellen der Dokumentation sinnvoll eingesetzt werden. Im fünften Kapitel erläutert Paul Barbuto Aufbau, Modifikation und Anwendung von Entscheidungstabellen.

Da viele Programme während ihrer Einsatzdauer von verschiedenen Computern bzw. unter verschiedenen Betriebssystemen verarbeitet werden müssen, lohnt es sich, den Aspekt der Übertragbarkeit der Programme bereits in der Entwurfsphase zu berücksichtigen. In seinem Kapitel „Übertragbarkeit von Programmen" beschreibt Paul Oliver die bei einer Übertragung auftretenden Probleme und untersucht, wie die in der Entwurfs- und Implementierungsphase entstehenden Kosten gesenkt werden können.

Viele der in der Entwurfs- und Implementierungsphase auftretenden Probleme und Kosten können verringert oder vermieden werden, wenn man standardisierte Verfahren und Vorgehensweisen entwickelt und zum Einsatz bringt. Im siebten Kapitel untersucht James E. Gross die Faktoren, die die Wartung von Programmen erschweren. Er macht darüberhinaus Vorschläge, wie man Programme entwerfen sollte, bei denen derartige Probleme nicht auftreten.

In seinem Kapitel „Grundelemente der COBOL-Programmierung" entwickelt George N. Baird Ansätze, wie man bereits während der Entwurfsphase die spätere Wartung der Programme erleichtern kann.

David Schechter beschreibt im neunten Kapitel, wie durch ein standardisiertes Vorgehen die Kosten der Implementierung gesenkt werden können.

Während der Testphase kann die Verwendung der Top-Down-Methode ebenso sinnvoll sein wie in der Entwurfsphase. Indem man die Testphase im Entwicklungszyklus vorzieht und in den Top-Down-Entwurf integriert, ergibt sich eine Verkürzung der Testdauer. Paul Barbuto beschreibt im zehnten Kapitel den Top-Down-Test sowie die Hilfsmittel, die ihn unterstützen.

Obwohl die Programmwartung einen erheblichen Aufwand an Zeit und Ressourcen erfordert, wird sie üblicherweise als nichtkontrollierbarer Faktor betrachtet. Um zu helfen, dieses Teilgebiet der Programmierung unter Kontrolle zu bringen, entwickelt David M. Clark eine Methode zur Programmwartung, die auf einer Vorbereitung durch die Softwareentwickler sowie auf dem Einsatz von Programm- und Aufgabenanalysen aufbaut.

1 Einstellung von Nachwuchsprogrammierern

EINLEITUNG

Vielen Unternehmen mangelt es an erfahrenen Programmierern. Die verschiedenen Rekrutierungsmöglichkeiten sind meist kostspielig und kaum nutzbringend. Darüberhinaus muß selbst erfahrenes Personal immer wieder ausgebildet werden, um mit der unternehmensspezifischen Rechnerkonfiguration, die sich aus der Hardware, den verschiedenen Softwarepaketen sowie den eingesetzten Programmiertechniken und Projektverfahren zusammensetzt, vertraut zu werden.

Das führt dazu, daß immer mehr Manager der Programmierabteilungen Trainee-Programme ausarbeiten, um graduierten und diplomierten (Fach-)Hochschulabsolventen – die zwar über theoretische Voraussetzungen verfügen, aber unerfahren in der Praxis sind – die Möglichkeit zu geben, möglichst schnell das Unternehmen kennenzulernen. Es ist also das Ziel, so schnell wie möglich Programmierer einsetzen zu können, die die spezifischen Probleme des Unternehmens kennen. Hochschulabsolventen, die direkt von den Universitäten eingestellt werden, beziehen in der Regel ein niedrigeres Gehalt als erfahrene Programmierer. Die Ausbildung derartiger Kandidaten sollte sich nach Möglichkeit nicht allein auf den technischen Aspekt der DV-Abteilung beschränken, sondern auch andere Fachbereiche des Unternehmens abdecken.

Dieses Kapitel erläutert die Notwendigkeit einer Mitwirkung des Managements bei der Einstellung und bei der Ausbildung der Nachwuchskräfte; es beschreibt ferner den Wert eines Eignungstests für Nachwuchskandidaten und liefert ein bereits erprobtes Verfahren zur Einstellung von Trainees. Abschließend wird das Verfahren anhand einer Fallstudie aus einem größeren Unternehmen erklärt.

DIE MITWIRKUNG DER ABTEILUNGSLEITER

Die Mitwirkung der Führungsebenen der DV-Abteilung ist für den Erfolg der Personalsuche im Bereich der Programmier-Trainees wesentlich. Dieser Unterstützung sollte jedoch eine Untersuchung vorangehen, die die Kosten und den Nutzen von Trainee-Programmen und die damit verbundene Einstellung von Nachwuchspersonal abwägt. Für die geschätzten Werbungskosten, das Trainingsbudget und den Gehaltsrahmen der neuen Trainees ist die Zustimmung der vorgesetzten Führungsebene einzuholen. Es hat verschiedene Vorteile, die Trainees gruppenweise einzustellen; deshalb sollte sich das Management bemühen, den Personalbedarf für die nächsten zwei oder drei Jahre vorauszuplanen und der Personalabteilung diese Werte mitzuteilen.

DIE ROLLE DER AUSBILDUNGSABTEILUNG

Wenn das Unternehmen eine Ausbildungsabteilung unterhält, muß diese Abteilung eine festgelegte Aufgabe im Einstellungsverfahren erfüllen. Häufig stellen die Abteilungsleiter oder die Personalabteilungen neue Arbeitnehmer ein, die sie dann zur weiteren Schulung an die Ausbildungsabteilung überweisen. Das Problem bei diesem Verfahren ist, daß jede Fachabteilung verschiedene Auswahlkriterien und verschiedene Verfahren im Einstellungsprozeß (z.B. Interviews) verwendet. Selbst wenn die Ausbildungsabteilung häufig Kandidaten ausbilden muß, die nicht den Erwartungen entsprechen, ist die Ausbildungsabteilung für die Qualität der Fortbildung verantwortlich. Auch die nach der Fortbildung notwendige Leistungsbewertung eines EDV-Trainees fällt auf die Ausbildungsabteilung zurück. Wenn nun aber die Ausbildungsabteilung nach dem Leistungsstand ihrer Trainees beurteilt wird, muß es dem Ausbildungsleiter erlaubt sein, über die Art und Weise des Auswahlverfahrens für Neueinstellungen mitzuentscheiden.

Natürlich besitzen viele Unternehmen keine eigene Ausbildungsabteilung; deshalb müssen so wesentliche Aufgaben wie ein Trainee-Programm, die Beschaffung der notwendigen Unterstützung durch die Geschäftsleitung, die Festlegung der Einstellungskriterien und die Bedarfskoordination von anderen Abteilungen miterfüllt werden. Die Ausbilder können sich dann beispielsweise aus erfahrenen Fachkräften der Programmierabteilung, aus den Reihen der Chefprogrammierer oder aus Mitarbeitern der Personalabteilung rekrutieren.

DIE AUSWAHL NEUER MITARBEITER

Die Einstellung motivierter Bewerber erhöht die Erfolgswahrscheinlichkeit. Die Auswahl ungeeigneter Kandidaten, selbst auf der Nachwuchsebene, ist teuer und kann eine Reihe unangenehmer Konsenquenzen mit sich bringen. Auswahlmethoden stehen nur in begrenzter

Anzahl zur Verfügung. Sie bestehen zumeist aus einem Vorstellungs-
gespräch, der Prüfung der Referenzen und aus einem möglichst objektiven Test. Die Anwendung nur einer dieser Methoden wäre unverant-
wortlich, insbesondere deshalb, weil jede dieser Methoden allein
für sich gesehen mehr oder weniger subjektiv ist.

Wie bei jedem anderen Projekt ist der wichtigste Schritt beim
Einstellungsprozeß die Planung. Abbildung 1.1 illustriert einen
Plan zur Einstellung von Nachwuchsprogrammierern. Dieser Plan hat
seinen Nutzen in einem großen Unternehmen mit einigen hundert EDV-
Angestellten auf jedem Leistungsniveau bereits unter Beweis ge-
stellt.

Es ist wesentlich, den individuell gewünschten Bewerbertyp, wo man
ihn finden kann sowie die beste Rekrutierungsmethode festzulegen.
Es gibt vier verschiedene Typen von Bewerbern für Positionen von
Nachwuchsprogrammierern:

  o Hochschulabsolventen mit EDV-Kenntnissen, insbesondere

    - diplomierte (Wirtschafts-) Informatiker
    - diplomierte Wirtschaftswissenschaftler
    - diplomierte Natur- und Ingenieurwissenschaftler
    - diplomierte Mathematiker

  o Fachhochschulabsolventen des Faches Informatik

  o Absolventen einer anerkannten Computerfachschule (z.B. InBIT
    in Paderborn oder die Control Data Institute)

  o Kandidaten aus den eigenen Reihen, die eine hohe Eignung zum
    Programmieren besitzen

Sofern das Unternehmen plant, die neuen Angestellten einem umfassenden Ausbildungsprogramm zu unterziehen, braucht die Bewerber-
suche nicht allein auf Diplom-Informatiker beschränkt zu bleiben.

Je intensiver das Trainee-Programm ist, desto größer wird die
Chance sein, daß der Bewerber weiß, worauf er sich einläßt und
desto geringer wird die Wahrscheinlichkeit, daß er irgendwann re-
signiert, weil er "halt keine Computer mag". Manche Fortbildungs-
institute haben einen eigenen Stellenservice, der den Unternehmen
auf Anfrage Listen geeigneter Diplomanden zusendet. Schließlich
bietet es sich an, in den Hochschulen selber, am fast überall
vorhandenen "Schwarzen Brett", Stellenausschreibungen auszuhängen.
Es ist dem Ausbildungsleiter zu empfehlen, Kontakte zu den nächst-
gelegenen Hochschulen aufzunehmen, um zu prüfen, wo das Ausbil-
dungsangebot und die Ausbildungsqualität am ehesten den Anforderungen des Unternehmens entsprechen.

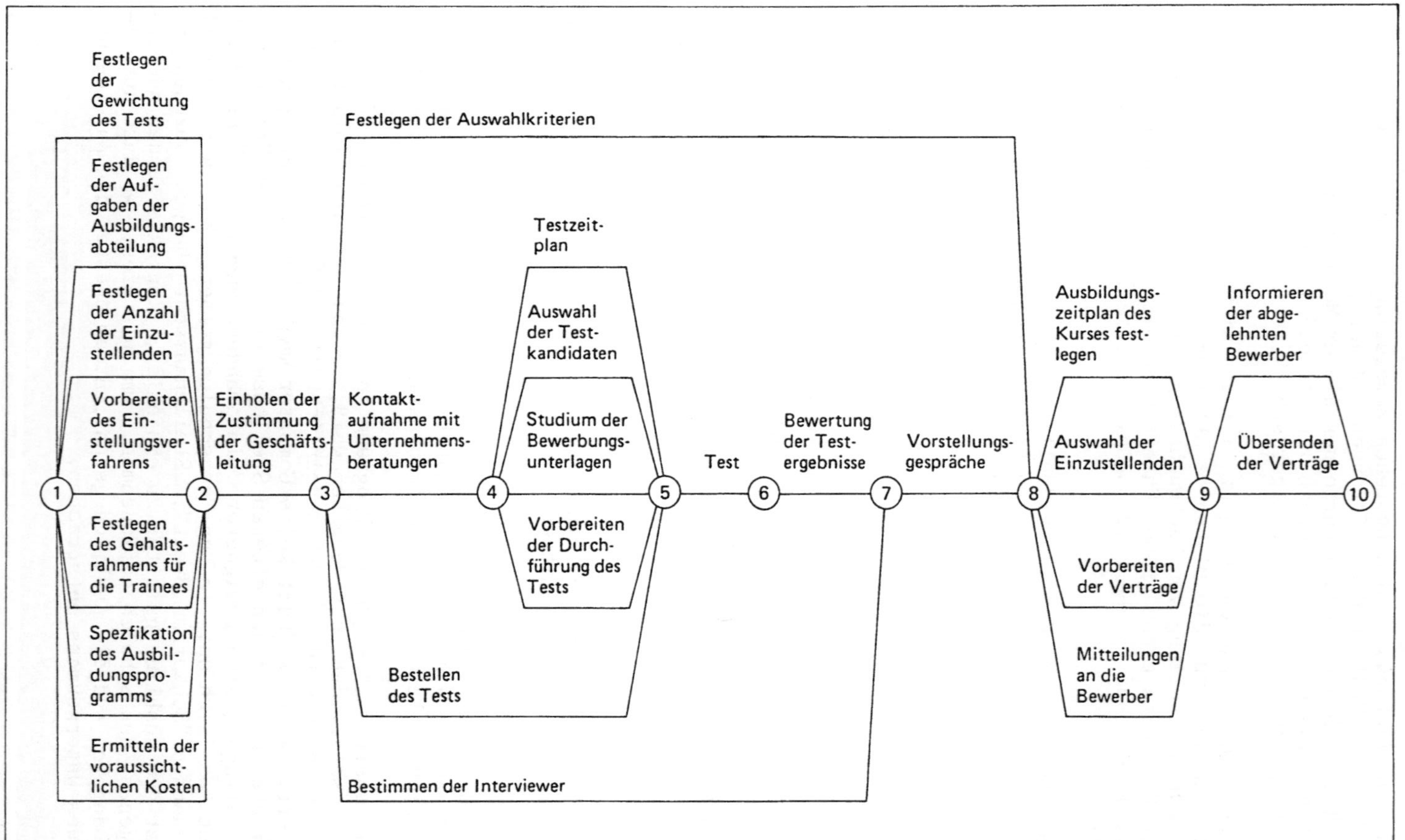

Abbildung 1.1 Plan zu Einstellung von Programmier-Trainees

Stellenanzeigen in den örtlichen Zeitungen und das Hinzuziehen von Unternehmensberatern sind weitere Möglichkeiten, die aber, besonders, wenn es sich um Nachwuchspersonal handelt, sehr zeit- und kostenintensiv sein können.

Bevor man zu Ergebnissen kommen kann, sind die Kriterien für die Prüfung der Bewerber festzulegen. Einige Kriterien (z.B. Zeugnisnoten, Berufserfahrung und Lebenslauf) dürften für den Personalchef von großem Wert sein. Die Stellenanforderungen sollten überprüft werden, um die Eignung eines Bewerbers (selbst bei Nachwuchskräften) mit den Anforderungen zu vergleichen. Die Ergebnisse sind dann nochmals sorgfältig zu überprüfen. Punkte, wie Lücken im Lebenslauf, Unregelmäßigkeiten, nicht ausreichende Informationen, Gründe für das Verlassen der vorherigen Arbeitsstelle sowie persönliche Haltung und Einstellung sind zu vermerken.

Falls ein Test zur Auswahl der Bewerber verwendet wird, müssen administrative Details von vornherein sorgfältig festgelegt werden. Dies schließt ein, Ort und Zeit des Tests zu arrangieren und sicherzustellen, daß ausreichend Testformulare zur Hand sind; schließlich nehmen potentielle Mitarbeiter an dem Test teil, die einen ersten, oft entscheidenden Eindruck von der Firma erhalten sollen. Das ist sicherlich nicht zuviel Aufwand, in Anbetracht des Zieles, die besten Kandidaten herauszufiltern. An einem Termin sollten so viele Bewerber wie möglich getestet werden; dies ist insbesondere dann angebracht, wenn viele Bewerber von derselben Ausbildungsstätte eingestellt werden sollen. Man sollte es auch vermeiden, den gleichen Test mehr als einmal für einen ähnlichen Bewerberkreis zu verwenden. Die meisten guten Tests sind auf Bewerber zugeschnitten, die zum ersten Mal mit einer bestimmten Problematik konfrontiert werden. So wenige Testtermine wie möglich zu planen, verhindert die Möglichkeit, daß Bewerber Erfahrungen untereinander austauschen können.

DER EIGNUNGSTEST

Wegen der intensiven Persönlichkeitserforschung durch Eignungstests fragen sich viele Personalchefs, ob es ihnen überhaupt gesetzlich gestattet ist, solche "objektiven" Tests zur Bewerberauswahl zu verwenden. Es ist jedoch so, daß es den Unternehmen freisteht, jeden professionell entwickelten Eignungstest zu verwenden, der keine diskriminierenden Züge aufweist. Es steht ebenso frei, einen Test zu verwenden, der in der Praxis eine Vielzahl von Bewerbern ausfiltert, vorausgesetzt, daß der Test als ein sicherer Indikator für die spätere Leistung im Beruf angesehen werden kann.

Die eingesetzten Auswahlverfahren sollten jedoch bewertet werden, um das Verhältnis zwischen dem Verfahren und der tatsächlichen beruflichen Leistung aufzuzeigen. Die Testergebnisse müssen also Voraussagen über die berufliche Leistung gestatten. Soll ein Test neu eingeführt werden, müssen Daten für eine stichprobenartige Untersuchung über seine Aussagekraft gesammelt werden. Ein Test gilt dann als aussagekräftig, wenn die für eine bestimmte Tätigkeit benötigten Fähigkeiten durch den Test präzise überprüft werden können, d.h. die Überprüfung, ob die Kriterien der Tätigkeitsbeschreibung denen des Tests entsprechen.

Um eine Gültigkeitsstudie durchzuführen, muß eine Gruppe von mindestens 30 Personen aus bereits eingestellten Mitarbeitern und neu Einzustellenden zur Verfügung stehen. In dieser Studie soll festgestellt werden, ob es einen Zusammenhang zwischen dem Grad der beruflichen Leistung und den Testergebnissen gibt. Die den Test vertreibende Firma muß die Daten über das Verhalten der Angestellten sammeln, die notwendige statistische Aufbereitung der Daten besorgen und einen detaillierten Bericht liefern, der die Resultate des Berichts für das betroffene Unternehmen eindeutig aufzeigt.

Zumindest drei Faktoren sind bei der Testauswahl zu beachten:

o Relevanz – Ein relevanter Test mißt die Fähigkeiten, die für den Erfolg im Beruf wesentlich sind.

o Zuverlässigkeit – Ein zuverlässiger Test soll den Erfolg im Beruf über einen längeren Zeitraum und für eine möglichst große Anzahl verschiedener Tätigkeiten einschätzen lassen können.

o Vorhersage des beruflichen Erfolgs – Das Ziel ist die Übereinstimmung der Testergebnisse mit den späteren Leistungsbewertungen im betreffenden Tätigkeitsfeld.

Um die Fairneß zu erhöhen, sollten zeitbegrenzte Tests sowie Tests nach dem Multiple-Choice-Verfahren vermieden werden. Weiterhin ist zu überlegen, ob man die Zuverlässigkeit des Bewerbers während des Tests prüfen sollte, um eventuelle Betrugsversuche zu verhindern.

Bei der Kostenbeurteilung muß bedacht werden, daß ein besserer Test nicht deshalb abgelehnt werden sollte, weil er teurer ist; die höheren Kosten rentieren sich, wenn dadurch der Einstellung weniger qualifizierter Bewerber vorgebeugt wird.

DAS EINSTELLUNGSGESPRÄCH

Die Vorauswahl (anhand der Bewerbungsunterlagen) und der schriftliche Test sind nur zwei Mittel des Auswahlverfahrens und, obwohl sie wichtig sind, führen sie nur zu geringer Interaktion zwischen dem Unternehmen und dem Bewerber. Ein Einstellungsgespräch kann, wenn es gut geplant und durchgeführt wird, den Einstellungsvorgang sinnvoll ergänzen.

Zunächst gilt es, qualifizierte Interviewer auszuwählen, die während der gesamten Einstellungskampagne einzusetzen sind. Sofern keine qualifizierten Kräfte verfügbar sind, sollte man einen Mitarbeiter zu einem ensprechenden Fortbildungskurs schicken.

In einem erfolgreichen Unternehmen interviewen der Ausbildungsleiter, der Personalchef und der Programmierausbilder unabhängig voneinander jeden Kandidaten. Nachdem alle Kandidaten die Gespräche absolviert haben, ordnet jeder Interviewer dem Bewerber eine Präferenz zu. Bei einem gemeinsamen Treffen werden die Präferenzlisten miteinander verglichen und es werden gemeinsam diejenigen Kandidaten ausgesucht, denen ein Vertragsangebot zugeht.

Die Interviewer müssen sich vor den Gesprächen treffen und ihr Vorgehen miteinander abstimmen. Sie sollen Ziele für die Gespräche festlegen und, soweit wie möglich, Wiederholungen einzelner Fragen oder bestimmter Gesprächsthemen vermeiden. Eine solche Planung vermeidet auch Gespräche über unwesentliche Bereiche; unerfahrene Interviewer versuchen oft, möglichst viele Diskussionspunkte zu erfassen und könnten dafür beispielsweise versäumen, den wahren Grund für einen früheren Wechsel des Arbeitsplatzes zu enthüllen.

Ebenso wichtig ist eine sorgfältige Zeitplanung. Die Bewerber erwarten Professionalität und sind regelmäßig beeindruckt, wenn sie nacheinander von drei aufeinanderfolgenden Personen interviewt werden, ohne mit zwischenzeitlichem Leerlauf belastet zu werden. Dies kann erreicht werden, indem man jedem Interviewer etwa 45 Minuten zuteilt (30 Minuten für das Interview und 15 Minuten zum Notieren der Ergebnisse). Am Ende der 30 Minuten wird der Kandidat zum nächsten Interviewer geführt. Jeder Interviewer muß gut vorbereitet und mit dem Inhalt des Bewerbungsschreibens des Kandidaten vertraut sein. Bei Anwendung dieses Systems hat der Kandidat in 90 Minuten drei Interviews ohne Leerlauf absolviert (vorausgesetzt, daß sich die Interviewer in räumlicher Nähe befinden).

Ein weiterer Vorteil der Vorstellungsgesprächsplanung ist das "Verkaufsziel". Der Bedarf an begabten Programmierern steigt und immer mehr Unternehmen setzen Trainee-Programme ein, um Nachwuchskräfte schnell zu integrieren. Sobald ein Unternehmen einen Bewerber findet, der die Voraussetzungen erfüllt, muß es den Bewerber überzeugen, in das Unternehmen einzutreten.

In vielen Unternehmen wird der Aspekt des Vorstellungsgespräches vernachlässigt oder nur sehr knapp behandelt. Es ist jedoch erwiesen, daß ein erfahrener Interviewer, der von "seiner" Firma überzeugt ist und die Vor- und Nachteile, die von den Bewerbern im Gespräch geäußert werden, angemessen interpretieren kann, ein wertvoller Gewinn ist.

Der Interviewer sollte ein klares Gehaltsangebot des Unternehmens unterbreiten und gegebenenfalls darüber verhandeln. Fragen über mögliche Karrierewege soll er direkt und ohne Umschweife beantworten. Je bestimmter und ehrlicher ein Interviewer dem Bewerber gegenüber auftritt, desto größer ist die Wahrscheinlichkeit, den gewünschten Programmierer einzustellen und zu behalten.

Es ist wichtig, daß das Unternehmen auf allen Stufen des Auswahlverfahrens in ständigem Kontakt mit dem Bewerber verbleibt. Dies reduziert die Gefahr, daß ein als "sicher" geltender Bewerber plötzlich eine andere Stelle annimmt. Zusätzlich beweist ein solches Vorgehen das professionelle Image eines Unternehmens. Jeder Bewerber, ob angenommen oder abgelehnt, hat das Recht auf eine Antwort. Dazu bieten sich ein Brief oder ein persönliches Telefongespräch an. Ein Unternehmen, das sich in diesen Dingen korrekt verhält, hat einen klaren Wettbewerbsvorteil. Selbst wenn ein Kandidat abgelehnt wird, könnte er in der Lage sein, mögliche spätere Bewerber zu beeinflussen; daher muß das Einstellungsverfahren bei allen Kandidaten ein positives Bild des Unternehmens hinterlassen.

DAS VERTRAGSANGEBOT

Bevor man einem Bewerber ein Vertragsangebot unterbreitet, ist der generelle Gehaltsrahmen für Nachwuchsprogrammierer abzustecken. Viele Unternehmen setzen ihren Gehaltsrahmen entsprechend der Ausbildungsstufe des Bewerbers und bieten ihm ein Gehalt an, dessen Höhe davon abhängt, ob er Absolvent einer Universität, einer Fachhochschule oder eines Fortbildungsinstitutes ist. Wenn ein besonders gründliches Trainee-Programm angeboten wird, ist es legitim, dem Bewerber ein im Vergleich zur Konkurrenz geringeres Gehaltsangebot zu unterbreiten. Am Ende der Traineeausbildung muß die Vergütung dann aber der der Konkurrenzfirmen angepaßt werden, wenn man vermeiden will, daß die Absolventen von anderen Unternehmen abgeworben werden.

Es ist zu überlegen, ob nach Beendigung der Ausbildung das Gehalt aller Absolventen, ohne Rücksicht auf Schul- oder Hochschulausbildung, auf die gleiche Höhe angehoben werden soll. Wenn das Trainee-Programm effektiv war, werden die Trainees vermutlich die gleichen Voraussetzungen mitbringen, um die Aufgaben ausführen zu können. Gehaltserhöhungen, die besonders befähigte Absolventen nach der Ausbildung und nach einem Jahr im Unternehmen erwarten können, sind festzulegen. Auf diese Möglichkeiten sollte schon beim Vertragsangebot hingewiesen werden, um Abneigungen, die Bewerber wegen eines im Vergleich zur Konkurrenz niedrigeren Einstiegsgehaltes hegen könnten, von vornherein auszuschließen.

Ebenfalls ist zu beachten, den Bewerber im Arbeitsvertrag zu verpflichten, daß er nach seiner Ausbildung eine Mindestzeit im Unternehmen zu verbleiben hat, um auf jeden Fall einen Ertrag für das Unternehmen aus dem Trainee-Programm zu erzielen. Wenn ein Bewerber mit einer solchen Klausel nicht einverstanden ist, sollte das Unternehmen besser auf die Einstellung verzichten.

Bevor man einem Bewerber ein Vertragsangebot schriftlich unterbreitet, ist eine telefonische Vorankündigung ratsam. Dies führt in aller Regel dazu, daß der Bewerber seine Stellensuche beendet, ebenso wie es dem Bewerber ermöglicht, sein Interesse für die ausgeschriebene Position nochmals zu bestätigen.

FALLSTUDIE

Das in Abbildung 1.1 aufgezeigte Verfahren wird seit acht Jahren von einer Großbank angewandt, die Jahr für Jahr etwa 40 Programmier-Trainees einstellt. Diese Bank führt jedes Jahr vier Ausbildungsabschnitte durch. In jedem dieser Abschnitte werden etwa zehn Trainees ausgebildet. Der Kurs beginnt am Tage des Arbeitsantrittes und dauert etwa 20 Wochen. Eignungstests werden ebenso bei der Bewerberauswahl, wie auch bei der späteren Suche nach besonders geeigneten Trainees durchgeführt. Eine kürzlich von der Bank durchgeführte Studie offenbarte, daß Angestellte, die mit Hilfe eines Tests bei der Bewerberauswahl eingestellt wurden, von ihren Vorgesetzten um etwa 20 Prozent besser bewertet wurden, als solche Kandidaten, die ohne vorherigen Test ausgewählt wurden.

Die Ausbildungsabteilung der Bank war sowohl für die Einstellung als auch für die Ausbildung des neuen Personals zuständig. Abbildung 1.2 erläutert die Kosten für die Einstellung von zehn Kandidaten und die Ausbildung in einem fünfmonatigen Kurs.

Die Bank fand heraus, daß Absolventen der unternehmensinternen Ausbildung das gleiche Leistungsniveau aufwiesen, wie extern ausgebildete Programmierer mit etwa zweijähriger Berufserfahrung. Weiterhin konnte die Personalfluktuation reduziert werden. Über eine Periode von acht Jahren beliefen sich die durchschnittlichen jährlichen Fluktuationsraten bei Angestellten, die ein Trainee-Programm absolviert hatten (etwa 350 Personen) auf etwa 8,8 Prozent. Diejenigen, die kündigten, blieben im Schnitt 2,6 Jahre.

In der Bank galt die in Abbildung 1.3 aufgeführte Gehaltsskala für Nachwuchsprogrammierer. Wie unschwer zu erkennen ist, wurde allen Absolventen am Ende der Ausbildung die gleiche Gehaltsstufe zuerkannt. Es wurde herausgefunden, daß eine weitere Erhöhung nach zwölf Monaten wegen der Konkurrenzsituation notwendig wurde, besonders weil die Absolventen zu diesem Zeitpunkt bereits hundertprozentig produktiv arbeiteten. Nach drei Jahren wird den Angestellten eine von der Leistung abhängige fünf- bis zehnprozentige Gehaltserhöhung durch ihre direkten Vorgesetzten gewährt. Zusätzlich gewährt die Bank regelmäßig einen sechs- bis neunprozentigen Bonus für besonders fähige Angestellte.

Es erwies sich als günstig, daß bei dem im voraus festgelegten Gehaltsrahmen schon im Vertragsangebot das Gehalt, das nach zwölf Monaten erreicht wird, geregelt wurde. So erwies sich das Vertragsangebot insgesamt erheblich konkurrenzfähiger als das Anfangsgehalt. Die Interviewer erklärten den Bewerbern genau den Inhalt und Umfang des Trainee-Programmes, um sicherzustellen, daß diese einsahen, warum das Anfangsgehalt relativ niedrig lag. Durch den Einsatz dieses Ausbildungsverfahrens hatte die Bank nie Schwierigkeiten, gute Bewerber einzustellen und zu behalten.

	TDM
Gehälter für Führungspersonal (0,8 Mann-Jahre) (z. B. Ausbildungsleiter)	150
Verwaltungskosten	10
Traineegehälter (einschließlich Nebenkosten)	320
Summe	480
Eignungstests	3
Ausbildungsmaterial	4
Computerzeit	12
Hardware (z. B. Leihgebühr für TSO-Terminal)	5
Räumlichkeiten	11
Reisekosten	2
Gesamt	517
Kosten pro Trainee	51,7
Monatliche Kosten pro Trainee	10,34

Abbildung 1.2   **Budget für Einstellung und Ausbildung von zehn Trainees**

Zeit	Ausbildung	Gehalt/Monat
Eintritt	Ausbildungsinstitution	3000
	Fachhochschule	3200
	Universität	3400
6 Monate	Alle drei Gruppen	3600
12 Monate	Alle drei Gruppen	4000
24 Monate	Alle drei Gruppen	4500
36 Monate (je nach Leistung/Fähigkeit)		5–10 % Aufschlag 6– 9 % Bonus

Abbildung 1.3   Gehaltsrahmen für Nachwuchsprogrammierer

Die Bank entdeckte noch einen weiteren Vorteil der gruppenweisen Einstellung und Ausbildung. Indem verschiedene Personen das gleiche Lehrprogramm absolvierten, konnten Trainees mit Leistungsproblemen identifiziert werden und man konnte sich näher mit ihnen befassen (in einigen Fällen bedeutete dies allerdings die Entlassung). So wurden die einzelnen Vorgesetzten von der Notwendigkeit, Trainees mit Leistungsmängeln zu erkennen, entbunden. Auf diese Weise verfügte man über ein objektives Mittel zur Bewertung der Trainees und sparte dem Unternehmen Zeit und Geld, indem man unterdurchschnittliche Trainees entließ, bevor sie längere Zeit der Bank angehörten.

Während des zwanzigwöchigen Ausbildungsprogramms gingen dem Leiter der Ausbildungsabteilung bereits Anfragen anderer Abteilungsleiter bezüglich der Leistung der Trainees zu. Der Leiter der Ausbildungsabteilung, der über die Fähigkeiten seiner Trainees und die verschiedenen Anforderungsprofile informiert war, erstellte eine vorläufige Personalzuweisung für die einzelnen Trainees an die jeweiligen Abteilungsleiter. Gespräche wurden arrangiert und, sofern der Trainee und der Manager auf gegenseitiges Einvernehmen stießen, wurde der Absolvent der jeweiligen offenen Stelle zugewiesen. Sofern Probleme auftraten (z.B. gegensätzliche Persönlichkeiten), wurden weitere Gespräche anberaumt, bis eine gute Lösung gefunden war.

ZUSAMMENFASSUNG

Wenn Nachwuchsprogrammierer für ein Trainee-Programm eingestellt werden sollen, sind folgende Punkte zu überdenken:

o Planen Sie die Einstellungsphase und verwenden Sie ein einheitliches Einstellungsverfahren.

o Holen Sie die Zustimmung für das Budget im voraus ein, d.h. vor der eigentlichen Einstellungs- und Ausbildungsphase.

o Selektieren Sie die Bewerber, wann immer es während des Einstellungsprozesses möglich ist.

o Stellen Sie die Kandidaten nach ihren Fähigkeiten ein und fördern Sie diese Fähigkeiten in Anlehnung an den bestehenden Personalbedarf.

o Beachten Sie den langfristigen Personalbedarf. Einstellung und Ausbildung sollten gruppenweise durchgeführt werden.

o Legen Sie die Aufgaben der Ausbildungsabteilung während der Einstellungsphasse fest.

o Bestimmen Sie einen Gehaltsrahmen für Nachwuchskräfte und eine anschließende Gehaltsprogression für die neuen Trainees.

o Führen Sie professionelle Einstellungsgespräche durch, denen
  jeweils festgelegte Aktionen zu folgen haben.

o Legen Sie den Leistungsstandard im Ausbildungsprogramm so fest,
  daß unterdurchschnittliche Trainees frühzeitig erkannt   werden
  können.

Wenn Sie diesen Richtlinien folgen, ist es möglich, im Unternehmen
produktive und zufriedenene Programmierer auszubilden.

2 Leistungsbewertung der Programmierer

EINLEITUNG

Normalerweise sind Angestellte, die in der Datenverarbeitung mit modernen Werkzeugen oder Verfahren arbeiten (z.B. moderne Systementwicklungsmethoden), mit dem Einsatz dieser Werkzeuge bestens vertraut. Häufig wird jedoch die Frage, wie gut ein Mitarbeiter tatsächlich mit diesen Werkzeugen umgeht, vernachlässigt. Einige Vorgesetzte meinen offenbar, daß ein Lob und gelegentliches Schulterklopfen eine formale Überprüfung und Leistungsbewertung der Mitarbeiter entbehrlich machen.

Einige Unternehmen haben ehemalige Angestellte sechs Monate nach ihrem Ausscheiden aus der Firma nach ihren Kündigungsgründen befragt. Dabei wurde festgestellt, daß unter den Kündigungsgründen das Fehlen einer wirksamen Leistungsbewertung häufig genannt wurde. In vielen Fällen fällt dieses Manko schwerer ins Gewicht als finanzielle Gründe, die man oftmals als primären Kündigungsgrund angegeben hatte.

Wenn das Fehlen einer wirksamen Leistungsbewertung wirklich ein wichtiger Kündigungsgrund für Angestellte ist, sollte es geeignete Wege geben, dieses Problem zu lösen.

Ein weiterer Aspekt ist in diesem Zusammenhang zu berücksichtigen: eine regelmäßige Leistungsbewertung der Angestellten umfaßt das Ermitteln quantifizierbarer und nachvollziehbarer Beziehungen zwischen der Stellenbeschreibung, den Leistungskriterien, die für diese Stelle angesetzt werden, sowie den Informationen über den jeweiligen Leistungsstand bzw. die Kontrolle über die Erfüllung dieser Vorgaben.

ZIELE DER LEISTUNGSBEURTEILUNG

Die vorrangigen Ziele einer Leistungsbeurteilung sind:

o Überwachung der leistungsmäßigen Entwicklung der Angestellten,
  sowohl in bezug auf das Unternehmen insgesamt als auch in bezug
  auf ihre spezielle Tätigkeit und Position;

o Einführung und Kontrolle meßbarer Leistungsziele für den nächsten Kalkulationszeitraum;

o Aufbau von Planungszielen, Aktionsprogrammen und Schulungsmaßnahmen für jeden Mitarbeiter der beschriebenen Stellen (sowohl
  für laufende als auch für zukünftige Verantwortungsbereiche);

o Einhalten unternehmensweiter Grundsätze und Richtlinien bezüglich der Personal-, der Lohn- und Gehaltspolitik.

Beachten Sie, daß sich die Rechtfertigung einer gewünschten Gehaltserhöhung nicht unter diesen Zielvorgaben befindet. In der Tat
hängt eine kombinierte Leistungs- und Entgeltbeurteilung von der
Objektivität der Leistungsbewertung ab. Wenn ein Manager einem
seiner Mitarbeiter unbedingt eine Gehaltserhöhung zukommen lassen
will, die - aus welchen Gründen auch immer - vielleicht nicht
gerechtfertigt ist, könnte dieser Manager versucht sein, bei der
Leistungsbeurteilung zu übertreiben und das tatsächliche Leistungsvermögen des Mitarbeiters nicht objektiv wiederzugeben.

Die Leistungsbeurteilung erfordert einen Rahmen, in dem die lei-
stungsmäßige Entwicklung eines Angestellten bewertet werden kann,
unabhängig von der Verfügbarkeit von Geldmitteln, mit denen die
eingesetzte Arbeitskraft zu entlohnen ist. In der Tat bieten Beurteilungen dem Vorgesetzten eine Möglichkeit, Einkommensstufen oder
eventuelle Gehaltsdifferenzen zusammen mit dem für die Gehaltshöhe
zuständigen Abteilungsleiter zu korrigieren. Dabei ist es jedoch
wichtig, diese Leistungsbeurteilungen regelmäßig durchzuführen.
Wenn nur einmal jährlich sogenannte Leistungsbeurteilungen durchgeführt werden, die lediglich dazu dienen, erkannte Ungerechtigkeiten
bei der Einkommenseinstufung, ungeachtet der tatsächlichen Lei-
stungsentwicklung, nachträglich zu vertuschen, wird eine gerechte
Korrektur dieser Differenzen verhindert.

Eine Leistungsbeurteilung kann auch für ein persönliches Gespräch
zwischen dem Angestellten und seinem Abteilungsleiter über die
bereits erreichten und noch zu erreichenden beruflichen und technischen Leistungen benutzt werden. In diesem Gespräch können Leistungsziele ausgehandelt werden, so daß eine einseitige Zielvorgabe
durch den Abteilungsleiter vermieden wird.

Die Rolle des Abteilungsleiters als "Trainer" seiner "Mannschaft"

Die Rolle eines Abteilungsleiters kann mit der eines Trainers einer
Mannschaft verglichen werden. Jedem Spieler (in diesem Vergleich
ist damit der Angestellte gemeint) wird gesagt, was zu tun und wie
dies im Normalfall zu tun ist. Sobald das Spiel (also das Projekt)
läuft, gibt der Trainer nur noch wenige Anweisungen. Ein Trainer,
der den Spielplan nicht dem Spielverlauf anpaßt, wird weder von den
Spielern akzeptiert, noch ist er erfolgreich im Aufbau oder in der
Erhaltung seiner siegreichen Mannschaft.

Gleichwohl ist der einzelne Spieler verantwortlich für eine Spiel-
unterbrechung, wenn er auf dem Spielfeld eine gefährliche oder
außergewöhnliche Situation beobachtet hat, die er dem Trainer mel-
det und zur Diskussion stellt, so daß der Trainer weitere Unterstützung anbieten kann. In diesem Sinne ist der Erfolg einer Mannschaft genauso wichtig, wie der Erfolg jedes einzelnen Spielers.

Die Leistungsbeurteilung bezieht die Unternehmensleitung, die direkten Vorgesetzten sowie die verschiedenen Gruppenleiter in die
Aus- und Weiterbildung sowie in die Beratung der Angestellten mit
ein. Zusätzlich erleichtert die Leistungsbeurteilung dem Leiter und
dem Personal sich als Mitglieder eines Teams zu fühlen. Sie führt
auch zu der Einsicht, daß persönliche Leistung in direktem Verhältnis zu Disziplinarmaßnahmen seitens der Geschäftsleitung oder zum
Gehalt steht.

ARTEN DER LEISTUNGSBEURTEILUNG

Leider wird die Leistungsbewertung oftmals als eine Tätigkeit angesehen, die wie folgt abläuft: ein Vordruck wird ausgefüllt; anschließend zitiert man den betroffenen Angestellten zu sich, um
einige mehr oder weniger belanglose Worte miteinander zu wechseln;
der Vordruck wird von beiden Seiten unterschrieben und schon kann
die Arbeit wieder ihren gewohnten Gang nehmen. So einfach sollte
man es sich jedoch nicht machen.

Angestellte können erfahrungsgemäß in drei Kategorien eingestuft
werden:

o Überdurchschnittliches Leistungsvermögen;
o Leistungsdurchschnitt;
o Leistungsschwache Mitarbeiter.

Abbildung 2.1 zeigt die Leistungsstufen, in die die zu beurteilen-
den Mitarbeiter fallen und die für sie vorgesehenen Ausbildungs-
maßnahmen zur Leistungsverbesserung. Abbildung 2.2 zeigt die Zusammenhänge bei einer Karriereplanung. Diese Maßnahmen und Verhaltens-
weisen sind bei der Vorbereitung der Leistungsziele für Angestellte
zu berücksichtigen.

Spitzenkräfte leisten natürlich mehr als leistungsschwache Mitarbeiter und sollten daher auch mehr eigene berufliche Fortbildungsmaßnahmen außerhalb der Arbeitszeit wahrnehmen. Ein leistungsschwacher Mitarbeiter, den das Unternehmen unter Umständen entlassen will, wird jedoch häufig länger als erwartet auf seiner Stelle belassen, da es nicht immer gelingt, kurzfristig einen adäquaten Ersatzmann zu benennen. Dennoch ist es oft das beste, diese Angestellten so früh wie möglich aus ihrer verantwortlichen Position zu entlassen. Für diese Mitarbeiter dürfen aus diesem Grund auch keine Schulungsmaßnahmen mehr geplant werden.

Leistungskategorie / Schulungsmaßnahmen	Spitzenkräfte		Leistungsdurchschnitt		Leistungsschwache Mitarbeiter	
	aktuelle	zukünftige	kurzfristig	langfristig	halten	entlassen
Eigene Fortbildung	hoch	hoch	überdurchschnittlich	durchschnittlich	niedrig	wird nicht erwartet
Unterricht/ Arbeitskreise/ Seminare	zur Abrundung des Wissens	Schlüsselwissen für zukünftige Projekte	Ausgleich fehlender Fertigkeiten	Ausgewählte Wissensbereiche zur Weiterbildung	Erhalten bestehender Fertigkeiten	—
Training/Beratung	intensiv	intensiv	Erweitern/ Ergänzen von Fertigkeiten	Vorbereiten auf eventuelle Beförderung	Erhalten bestehender Fertigkeiten	Erhalten minimaler Fertigkeiten bis zur Entlassung
Einbeziehung in andere Unternehmensaktivitäten	hoch	hoch	häufig	nach Bedarf	selten	—

Abbildung 2.1 Bedarf an Schulungsmaßnahmen in Abhängigkeit zur Leistung

Beteiligte bei der Leistungsbewertung

Bei der Leistungsbewertung wirken drei Beteiligte mit: das Unternehmen, der Vorgesetzte und der betreffende Angestellte. Wirkungsvolle Kommunikation zwischen diesen drei Parteien ist für die Durchführung von Leistungsbewertungen wesentlich.

Die Aufgaben der drei Beteiligten kann man wie folgt umreißen:

o Das Unternehmen
  - bietet ein leistungsförderndes Arbeitsklima zur persönlichen Entfaltung;
  - fordert zugleich ein möglichst hohes Leistungsniveau;
  - erwartet von leitenden Angestellten, daß diese die Entwicklung ihrer Mitarbeiter fördern;
  - erkennt eventuellen Schulungsbedarf und ermöglicht die notwendige Schulung;
  - schafft finanzielle und sonstige (z.B. durch Aufstiegsmöglichkeiten) Anreize.

o Der Vorgesetzte
  - betreut und leitet seine Mitarbeiter;
  - verlangt sofortige und langfristig wirksame Leistungsbeweise in
    jedem Aufgabengebiet;
  - erwartet von seinen Angestellten Unterstützung bei seiner Rolle
    als "Trainer".

o Der betroffene Angestellte
  - muß Eigenmotivation im Arbeitsumfeld und für die Gestaltung
    seiner eigenen beruflichen Entfaltung mitbringen;
  - erwartet Ratschläge bei der Wahl seines Karriereweges;
  - erwartet Unterstützung von seiten des Unternehmens und von
    seiten seines direkten Vorgesetzten;
  - erkennt die Verantwortung für die Umsetzung seiner Ausbildung;
  - entlohnt das Unternehmen durch gesteigerten Arbeitseinsatz.

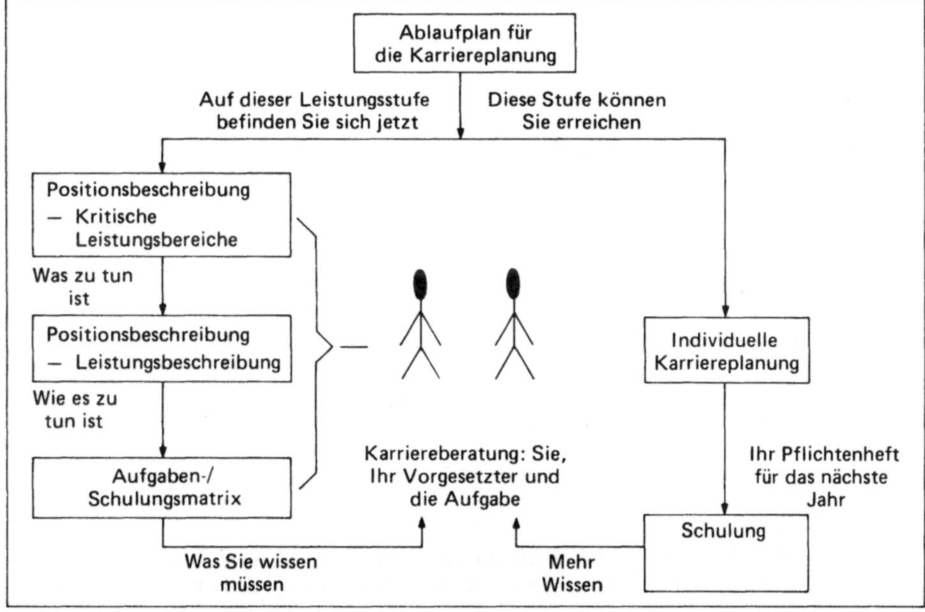

Abbildung 2.2 Das Verhältnis zwischen Leistungsbeurteilung und Karriereplanung

VORBEREITEN DER LEISTUNGSBEURTEILUNG

Als eine der anspruchsvollsten, schwierigsten, aber auch loh-
nendsten Führungsaufgaben erfordert die Leistungsbewertung Zeit.
Zeit, über die die Manager ständig klagen, daß sie die knappste
aller Ressourcen sei. Zeit muß jedoch immer dann ausreichend zur
Verfügung stehen, wenn es gilt, Mitarbeiter zu befragen, um beispielsweise Arbeitsleistungen zu korrigieren; ferner wenn Zielvorgaben für die Mitarbeiter unangemessen gesetzt worden sind, oder
wenn Schulungsmaßnahmen auszuarbeiten sind, um Fehler, die mangels

Mitarbeiter unangemessen gesetzt worden sind, oder wenn Schulungsmaßnahmen auszuarbeiten sind, um Fehler, die mangels Wissen verursacht wurden, abzustellen. Oft ist es zeitaufwendiger, ein Lei-
stungsproblem zu korrigieren, als eine Beurteilung durchzuführen.
Mehr als fünf Stunden sollte aber die Vorbereitung und Durchführung
einer sorgfältigen, wirkungsvollen Leistungsbeurteilung für eine
einzelne Person nicht in Anspruch nehmen.

Überwachen und Bewerten der Leistung

Zu den ersten Schritten gehört die Durchsicht der Zielvorgaben. Es
soll die Gesamtleistung des Angestellten gemessen und damit dessen
Stärken und Schwächen festgestellt werden. Diese vorbereitenden
Arbeiten dürften nicht länger als eine bis eineinhalb Stunden pro
zu bewertender Person in Anspruch nehmen.

Besprechung

Nachdem sich der Vorgesetzte und der Angestellte auf die Bewertung
vorbereitet haben, werden die Leistung, der Arbeitseinsatz und die
in Zukunft zu verfolgenden Ziele besprochen. Diese Abfolge ist in
der Regel einzuhalten. Länger als eine Stunde sollte auch ein
solches Gespräch nicht in Anspruch nehmen.

Verhandlung

Wenn die Leistungsbewertung konsequent und regelmäßig vorgenommen
wird, dürften nur geringe Meinungsverschiedenheiten auftreten. Es
können jedoch mehrere Gespräche notwendig sein, um sich auf Leistungsziele zu einigen, die für beide Seiten akzeptabel sind.

Endbearbeitung

Die Vervollständigung und Abstimmung der Unterlagen mit den allgemeinen Unternehmensabläufen (nach der Bewertung aller Mitarbeiter
und der Einordnung in eine Rangfolge) sollte etwa 15 Minuten Aufwand beanspruchen.

DIE HILFSMITTEL

Die im folgenden Abschnitt aufgeführten Hilfsmittel erleichtern die
Durchführung einer Leistungsbeurteilung.

Mustervordrucke, einheitliche Maßstäbe

Wenn das Unternehmen keine Mustervordrucke und einheitliche Maßstäbe bereithält, wird dringend empfohlen, solche Hilfsmittel zu
entwickeln und konsequent einzusetzen. Eine Vereinheitlichung hilft
auch, arbeitsrechtliche Konsequenzen zu vermeiden, die auftreten
können, wenn Mitarbeiter meinen, daß voneinander abweichende Maßstäbe angelegt werden.

Stellenbeschreibungen

Die Stellenbeschreibung jedes Angestellten muß besondere Klauseln
enthalten, in denen festgelegt wird, welche Tätigkeit wie durchzuführen ist. Außerdem sind die Kompetenzen und Verantwortungsbereiche genau festzulegen und für jeden Angestellten gegeneinander
abzugrenzen.

Arbeitsanweisungen

Genaue Arbeitsanweisungen müssen die Projektanforderungen, die
Regeln und Richtlinien für die Systementwicklung, die abteilungsspezifischen Normen und Vorgehensweisen sowie die im Unternehmen
gesetzten einschlägigen Zielvorgaben und die Verfahren zu deren
Erreichung beschreiben.

Aufträge

Die Zielvorgaben für den Beurteilungszeitraum müssen so niedergelegt werden, daß sie für eine eventuelle Durchsicht verfügbar sind.
Das gleiche gilt für eine Aufstellung der Aufträge, die die Erfüllung der Ziele gefördert oder vermindert haben könnten.

Vorangegangene Beurteilungen

Vorangegangene Beurteilungen müssen ebenfalls für eine eventuelle
Durchsicht bereitliegen, um Trendentwicklungen, wie häufige mangelhafte Erfüllung der Vorgaben oder regelmäßige Übererfüllung der
Vorgaben, zu erkennen.

Festlegen des Gesprächstermins

Um sicherzugehen, daß alle Beteiligten genügend vorbereitet sind,
sollte dem Angestellten spätestens eine Woche vor dem Geprächstermin eine Kopie des Leistungsbeurteilungsbogens mit Erläuterungen
zugehen. Wenn besondere oder zusätzliche Zielvorgaben ebenfalls im
Beurteilungsbogen bewertet werden sollen, sind diese nochmals zu

überprüfen und dem Angestellten zur gleichen Zeit (möglichst in
schriftlicher Form) zu übermitteln. Ebenso kann man dem Betreffenden auf Wunsch bei der Selbsteinschätzung helfen.

DAS GESPRÄCH FÜR DIE LEISTUNGSBEURTEILUNG

Die Leistungsbeurteilung beginnt am besten in einer Form des gegen-
seitigen Interviews, in dem die Beteiligten ihre unterschiedlichen
Erwartungen vorbringen. Weil davon auszugehen ist, daß ihre Differenzen sachlich begründet und nicht persönlicher Art sind, braucht
dabei kein einseitiger Kompromiß herauszukommen. Da hartes Taktie-
ren beim Verhandeln üblicherweise als Zeichen beruflicher Reife
gilt, wird dieses Gespräch kein optimales Ergebnis bringen. Die
folgenden Vorschläge sollen helfen, nachteilige Auswirkungen solcher Gespräche zu vermeiden.

Ort und äußere Umstände

Führen Sie das Gespräch nicht an einem lauten Ort oder in Anwesen-
heit anderer Personen. Führen Sie das Gespräch zum Beispiel nicht
in einem Restaurant, in dem Gäste, Essen und Bedienung die Kommunikation erschweren.

Am besten befindet man sich an einem neutralen Ort (z.B. in einem
Besprechungsraum), in dem sich die Beteiligten von ihrem Schreib-
tisch lösen können. Versichern Sie sich außerdem, daß das Gespräch
nicht unterbrochen wird; von keiner Person sollten während des
Gespräches Telefonanrufe angenommen werden. Verhaltensforscher
konnten feststellen, daß es jedesmal, wenn ein Gespräch unterbrochen wurde, zwischen fünf und zehn Minuten dauerte, bis Konzen-
tration und Gesprächsfluß wiedergewonnen waren.

Die Atmosphäre soll so entspannt und kollegial wie möglich sein.
Formale Hürden sollten nicht aufgebaut werden.

Das Gespräch

Das Gespräch muß ein Dialog sein und darf sich nicht zu einem
Monolog entwickeln. Alle Beteiligten, insbesondere der DV-Manager,
sollten auch gute und aufmerksame Zuhörer sein. Es dürfen Notizen
gemacht werden und es ist erlaubt, darin immer nachzulesen, wenn es
erforderlich ist, so daß die Beteiligten verstehen und inhaltlich
darin übereinstimmen, was sie besprochen haben.

Verhandlung

Wenn es zu Meinungsverschiedenheiten über die Beurteilung kommt, muß der Vorgesetzte zur Konfliktlösung und zum Ausgleich befähigt sein. Die Lösungen hat er im Rahmen der erwähnten, zur Leistungsbeurteilung möglichen, Mittel zu suchen. Vereinbarungen außerhalb dieses vorgegebenen Rahmens führen oft zu zusätzlichen Konflikten, wenn sie nicht schriftlich niedergelegt werden und ihre Interpretation gemeinsam durchgeführt wird. Sondervereinbarungen können leicht zu einem "Eigentor" führen und sind daher kein adäquates Mittel, um mangelhafte Leistungen zu verbessern.

Arbeitsrechtliche Anforderungen

Folgende Punkte dürfen nicht übersehen werden:

o Die Übereinstimmung der Leistungsbeurteilung mit dem geltenden Arbeitsrecht ist zwingend und mitnichten freiwillig;

o Im Falle der Anfechtung der Beurteilung werden die angesetzten Maßstäbe und Verfahren einer Überprüfung unterzogen;

o Es ist festgestellt worden, daß die Übereinstimmung der Leistungsbeurteilung mit dem geltenden Arbeitsrecht heute viel häufiger und genauer als in der Vergangenheit überwacht wird.

DAS FESTLEGEN DER ZIELVORGABEN

Wir unterscheiden zwei Arten möglicher Zielvorgaben für die Leistungsbeurteilung: die qualitativen und die quantitativen Ziele.

Qualitative Ziele

Allzuoft sind alle festgelegten Zielvorgaben nur qualitativer Art und enthalten Aussagen, wie:

o Wird ein Produktionsniveau eingehalten, das mit dem Durchschnittsergebnis des Teams übereinstimmt?

o Stehen die Zielvorgaben im Einklang mit denen der Geschäftsleitung?

Obwohl der Nutzen qualitativer Ziele außer Frage steht, sind sie zu konkretisieren, damit der Einzelne genau versteht, was von ihm erwartet wird. Zum Beispiel können qualitative Ziele besser und deutlicher so formuliert werden:

o Das Ziel muß den Anforderungen, die im Systemhandbuch beschrieben werden, entsprechen;

o Das Ziel muß dem Standard X entsprechen.

Unter Berücksichtigung der Tatsache, daß die Mitarbeiter normalerweise mit den allgemeinen Anforderungen des Unternehmens und ihrer
Position vertraut sind, sind qualitative Zielvorgaben auf ein not-
wendiges Minimum zu begrenzen.

Quantitative Ziele

Leistungsziele sind so weit wie möglich in quantitativer Form
festzulegen. Im allgemeinen sollten zwischen drei bis fünf Zielvorgaben gesetzt werden, damit diese Vorgaben auch erreicht werden
können. Bei mehr als fünf Zielsetzungen drohen Tätigkeit, Ergebnis
und Beurteilung zu ungenau zu werden. Weniger als drei Ziele über
einen gleichen Zeitabschnitt zu verteilen, macht es auf der anderen
Seite schwieriger, genügend Details zu kontrollieren.

Eine quantitative Zielvorgabe sollte mindestens folgende Elemente
umfassen:

o Eine genaue Beschreibung der Aufgabe, die zu erfüllen ist;

o Festlegen der einzuhaltenden Richtlinien;

o Eine Aufgliederung der Gesamtaufgabe in operationale Teilaufgaben
   unter Berücksichtigung der für jede Teilaufgabe geltenden Richtlinien;

o Der Bezug der Aufgaben zu den Projektphasen bzw. zur Projektplanung, versehen mit den Terminvorgaben, insbesondere mit der Angabe des spätesten Erfüllungstermins, zum Beispiel:

   Das Programm A in System B ist mit den besprochenen und im
   Katalog XY aufgeführten Zusätzen zu vervollständigen. Der
   Teststandard E und der Dokumentationsstandard F sind zu benutzen. Das fertige Programm hat spätestens zum Zeitpunkt T
   vorzuliegen.

o Eine Aussage über den Wert der Erfüllung der Zielvorgabe für die
   Bewertung des betroffenen Angestellten, zum Beispiel:

   Das Erreichen dieser Zielvorgaben wird 50 Prozent der nächsten Beurteilung ausmachen, auf der Grundlage des besprochenen Plans.

MOTIVATION DER MITARBEITER

Eine wirksame Motivation für Mitarbeiter, ihre Leistung zu verbessern, erfordert Anreize. Den positiven Anreiz bilden oft Gehaltssteigerungen, bei Nichterreichung der Vorgaben drohen Streichungen der Zuschläge. Im Regelfall differieren diese Gehaltsunterschiede im Bereich von plus/minus drei bis sechs Prozent vom Durchschnittsgehalt. Beim gegenwärtigen Stand der wirtschaftlichen Entwicklung und unter Berücksichtigung der Steuerprogression kann dies jedoch keine ausreichende Motivation sein. Es sollten daher nicht ausschließlich finanzielle Anreize geschaffen werden.

Gewichtung der Leistungsvorgaben

Einmal vereinbarte Ziele werden als normale, erwartete Leistung angesehen, wobei das Maß der davon abweichenden Leistung beurteilt werden kann. Gewichtete Zielvorgaben, die außergewöhnliche Leistungen definieren, können wie folgt beschrieben werden:

o Das Ziel lautet, das Projekt nach Plan im Rahmen eines Budgets von X DM, das vorher bestimmt worden ist, abzuschließen. Bei Abschluß wird die Leistungsprämie sein:

   - Nach Plan, unter Budgetansatz
     = normale Gehaltssteigerung
       + 10 % der eingesparten Budgetbeträge

   - Vor Plan, unter Budgetansatz
     = normale Gehaltssteigerung
       + 25 % der eingesparten Budgetbeträge

   - Später als Plan oder über Budgetansatz
     = keine Steigerung

o Das Ziel ist, das Softwarepaket XYZ erfolgreich und übereinstimmend mit dem Anbietervertrag und dem Zeitplan zu implementieren und die Benutzer so zufriedenzustellen, daß weniger als vier Beschwerden in den ersten drei Monaten des Einsatzes registriert werden müssen:

   - Sollte diese Zielvorgabe erfüllt werden, haben Sie 50 Prozent ihrer Leistungsprämie verdient;

   - Wenn der Zeitplan um mehr als einen Monat verfehlt wird oder wenn mehr als vier Beschwerden von seiten der Benutzer notiert werden müssen, wird die Leistungsprämie auf 35 Prozent sinken;

- Wenn der Zeitplan um mehr als drei Monate verfehlt wird oder wenn mehr als zehn Beschwerden über den vereinbarten Zeitraum auftreten, wird das Ziel als nicht erreicht angesehen.

Diese Beispiele zeigen, daß die Gewichtung der Ziele einerseits die Quantifizierung von Prämien fördert, andererseits aber genaue Kontrollen, eine genaue Definition und konsequente Durchführung erfordert. In den meisten Fällen nutzt jedoch eine motivierende Atmosphäre, in Verbindung mit fairen und festen Zielsetzungen und -auswertungen, sowohl dem einzelnen Mitarbeiter als auch dem Unternehmen.

WEITERE VERFAHREN

Die Rangliste

Der Zweck einer Rangliste besteht darin, alle Beschäftigten in der Reihenfolge ihrer Leistung, von der Spitzenklasse bis zum Totalausfall, aufzulisten. Die Rangliste wird nach dem Urteil des Abteilungsleiters aufgestellt und dann durch die Leistungsbeurteilungen verfeinert. Zum Beurteilungszeitpunkt werden Ungereimtheiten im Urteil minimiert, weil sich die Person, die die Rangliste aufstellt, beispielsweise fragen muß:

o Warum habe ich diesen Angestellten für diese Position vorgesehen? Stimmt diese Plazierung mit dem Ergebnis der Leistungsbeurteilung überein?

Wie beurteilt man zwei ebenbürtige und gleich erfolgreiche Mitarbeiter?

Dieses Problem tritt auf, wenn zwei oder mehr Mitarbeiter der gleichen Leistungsstufe zuzurechnen sind und nur einer von ihnen zur Beförderung ausgewählt werden kann. Hier können sachbezogene Fragen zur Einschätzung verwandt werden, indem man die Angestellten einzeln einer Art Stichwahl unterzieht. Diese Stichwahl kann in Form eines kurzen Interviews erfolgen oder auch aus einem schriftlichen Test bestehen. Dabei darf jedoch nie vergessen werden, Fairneß walten zu lassen. Jeder Mitarbeiter soll die gleiche Chance haben.

Abbildung 2.3 zeigt Fragen und die möglichen Gewichtungen, die vergeben werden können.

Diese Verfahren helfen jeden Mitarbeiter einzuschätzen. Die Punkte werden durch Multiplikation des numerischen Antwortwertes mit der jeweiligen Gewichtung berechnet. Dann werden alle Punkte summiert. Das Ergebnis wird als Entscheidungsmaßstab für die Beförderung angesehen.

Individuelle Einschätzung	Gewichtung
1. Gezeigte Fähigkeit, Projekte innerhalb von Zeitvorgaben und im Rahmen des Budgets (+/− 5 Prozent) fertigzustellen $\underline{3}$ gewöhnlich besser $\underline{2}$ Wie geplant $\underline{1}$ Gewöhnlich verfehlt	x 3
2. Befolgung von Grundsätzen und Verfahren (z. B. Vorgaben für eine Standardisierung) $\underline{3}$ Immer $\underline{2}$ Zufriedenstellend $\underline{1}$ vernachlässigt Vorgaben	x 1
3. Verhältnis zu den Anwendern $\underline{3}$ Weniger als zwei Beschwerden/Jahr $\underline{2}$ Drei bis fünf Beschwerden $\underline{1}$ Mehr als sechs Beschwerden	x 3
4. Qualität der Produktion $\underline{3}$ Durchweg über dem Durchschnitt $\underline{2}$ Erreicht den Durchschnitt $\underline{1}$ Unter dem Durchschnitt	x 2
5. Quantität der Produktion $\underline{3}$ Durchweg über dem Durchschnitt $\underline{2}$ Erreicht den Durchschnitt $\underline{1}$ Unter dem Durchschnitt	x 2
6. Erreichen vereinbarter Zeile $\underline{3}$ Gewöhnlich bessere Leistung $\underline{2}$ Erreicht 2/3 der Zielvorgaben $\underline{1}$ Erreicht weniger als 2/3 der Zielvorgaben	x 1
7. Erarbeitet konstruktive Vorschläge außerhalb des zugewiesenen Projektbereichs $\underline{3}$ Oft (z. B. 2−3 mal/Jahr) $\underline{2}$ Manchmal (einmal/Jahr) $\underline{1}$ Selten	x 1
8. Kann Kenntnisse aus Schulungsmaßnamen (Kursen/Seminaren) für Projekte umsetzen $\underline{3}$ Immer $\underline{2}$ Manchmal $\underline{1}$ Selten	x 1
9. Konsequenz und Sorgfalt bei der Projektplanung und -einschätzung $\underline{3}$ Planvorgaben werden in nahezu allen Fällen erreicht (keine Intervention seitens der DV-Ableitungsleitung erforderlich) $\underline{2}$ Planvorgaben werden in etwa 80 % der Fälle erreicht $\underline{1}$ Planvorgaben werden in weniger als 80 % der Fälle erreicht	x 3
10. Kennt und unterstützt aktiv Führungsziele $\underline{3}$ Immer $\underline{2}$ Gewöhnlich $\underline{1}$ Selten	x 2

Abbildung 2.3 Typische Fragen zur Beurteilung von Angestellten

Die Gesamtrangliste des Unternehmens

Es kann eine Gesamtrangliste aller Angestellten eines Unternehmens oder einzelner Abteilungen zusammengestellt werden. Benutzt man eine solche Gesamtrangliste, kann die Geschäftsleitung:

o Unstimmigkeiten in der Bewertung zwischen den Abteilungen und/
  oder den Abteilungsleitern erkennen.

o Kandidaten erkennen:
    - die für Förderungsmaßmahmen geeignet sind;
    - die für eventuelle Beförderungen in den nächsten 12 bis 24
      Monaten in Frage kommen.

VERFAHREN ZUR LEISTUNGSBEURTEILUNG

Regulär durchgeführte Leistungsbewertungen verschaffen die zur
Beurteilung der Programmierer erforderlichen Informationen. Die
Verwendung standardisierter Vordrucke und Verfahren erleichtert
dieses Vorgehen, seine Ausführung und planmäßige Anwendung. Zudem
wird die Kommunikation zwischen Abteilungsleitern und Angestellten
erleichtert und die Einhaltung der arbeitsrechtlichen Bestimmungen
gefördert.

Die weiteren Ausführungen beschreiben standardisierte Verfahren zur
Planung, Vorbereitung und zur Durchführung von Leistungsbeurteilungen und zeigen die verschiedenen Formblätter, die benutzt werden
können.

SCHRITTE ZUR LEISTUNGSBEURTEILUNG

Die einzelnen Schritte, die bei der Durchführung einer effektiven
Beurteilung notwendig sind, einschließlich der Vorbereitung, der
Diskussion selbst und der Folgerungen, werden in den folgenden
Abschnitten erklärt.

Planungsverfahren

o Überprüfen Sie gemeinsam mit dem Angestellten die Stellenbeschreibung, die Definition der Aufgaben, die Anforderungsstan-
  dards und alle anderen Faktoren, die die Stelle betreffen.

o Setzen Sie Ziele. Diskutieren Sie knapp die Leistungsschätzung
  und die Karriereplanung, soweit relevant.

Während des Jahres

o Informieren Sie die Angestellten regelmäßig über ihre Stärken und
  Schwächen.

o Stellen Sie fest, in welchem Umfang jeder Angestellte zur Erfüllung der Zielvorgaben beiträgt. Setzen Sie Zielvorgaben bei Bedarf neu fest.

o Überwachen Sie die Leistung und notieren Sie Ihre wesentlichen Beobachtungen. Prüfen Sie zwischenzeitlich, ob die Vorgaben erreicht wurden oder ob die Beobachtungen einen korrigierenden Eingriff sinnvoll erscheinen lassen.

Vor der formalen Bewertung

o Legen Sie den Termin für das Gespräch fest.

o Diskutieren Sie die Vorgehensweise (z.B. wer hat während des Gesprächs welche Funktion?).

o Bereiten Sie sich auf die Diskussion vor:
    - Der Angestellte soll sich selbst leistungsmäßig einschätzen;
    - Der Vorgesetzte sollte seine Stellungnahme über den betroffenen Angestellten vorbereiten.

Die Diskussion

o Diskutieren Sie die Leistung des Angestellten und belegen Sie ihre Auffassung.

o Verhandeln Sie, falls erforderlich, über differierende Meinungen, mit dem Ziel einer Übereinkunft.

o Gehen Sie gemeinsam die Stellenbeschreibung, die Arbeitsanforderungen und die Aufgaben durch.

o Setzen Sie neue oder vorgesehene Ziele fest.

o Diskutieren Sie die Karriereplanung.

o Erlauben Sie dem Angestellten seinen Kommentar auf dem Formblatt hinzuzufügen.

o Beide Parteien, der Bewertende und der Angestellte unterschreiben das Formblatt.

LEISTUNGSBEURTEILUNG UND PLANUNGSVERFAHREN

Die Arbeitsleistung jedes Angestellten ist regelmäßig zu bewerten. Diese Bewertung wird Bestandteil der Personalakte des Angestellten und beeinflußt die Vergütung, Beförderung, Schulung, Versetzung und Entlassung. Die Vordrucke der Abbildungen 2.4 bis 2.14 sind Vorschläge für die Vorbereitung der Leistungsbewertung und erleichtern ihre Durchführung.

Die Leistungsbewertung ist ein Kommunikationsmittel, mit dem die
Angestellten bei der Planung ihrer Arbeit, bei der Festlegung der
Leistungsziele und bei der Ergebnismessung befaßt sind. Sie erlaubt
es ihnen und ihren direkten Vorgesetzten, die Arbeitsleistung offen
zu besprechen (soweit es die gewünschten Ergebnisse betrifft). Es
fördert die Diskussion um Karriereplanung und eine planvolle Entwicklung zu ihrer Realisierung. Es wird dem direkten Vorgesetzten
ermöglicht, die Arbeitsleistung seiner Angestellten im Hinblick auf
die Anforderungen an die Position und andere Zielvorgaben objektiv
zu beurteilen.

Die Einteilung der Angestellten in Leistungskategorien

Zur Visualisierung des Leistungsniveaus eines Mitarbeiters sind
eindeutig festgelegte Kategorien wie im folgenden beschrieben zu
empfehlen.

o Neu in der Position - In diese Kategorie fallen Angestellte,
  die intensive Schulung und/oder mehr Erfahrung brauchen, um
  grundlegende Sachkompetenz zu erlangen. Ein Angestellter sollte
  nicht eher dieser Kategorie entwachsen, bis die Arbeitsleistung
  durch Erfahrung gestiegen ist. Es wird ein Zeitraum von drei
  Monaten vorgeschlagen.

o Mit Schwächen - In diese Kategorie fallen Angestellte, deren
  Leistung verbessert werden muß, um grundlegende Sachkompetenz zu
  erreichen (z.B. entspricht die Leistung nicht den minimalen Stellenanforderungen oder den vereinbarten Zielvorgaben). Die erwarteten Ergebnisse sind nicht erreicht worden. Die Verbesserung
  auf ein hinreichendes Leistungsniveau innerhalb eines vertretba-
  ren Zeitraumes ist für den Angestellten erforderlich, um
  seine Stelle zu behalten.

o Fachkundig - Eine den Anforderungen voll angemessene Leistung,
  d.h. die Leistung des Angestellten entspricht den vereinbarten
  Zielen. Mitarbeiter, die in diese Kategorie fallen, erfüllen
  konsequent alle an ihre Stellen gesetzten Anforderungen und erzielen die erwarteten Ergebnisse.

o Lobenswert - Diese Kategorie betrifft Angestellte, deren Arbeitsleistung die vereinbarten Ziele übertrifft. Dieser Mitarbeiter liegt bei der Erfüllungsquote der Anforderungen deutlich über dem Durchschnitt; es werden durchweg bessere Ergebnisse erzielt als erwartet.

o Ausgezeichnet - Angestellte in dieser Kategorie haben erwiesen,
  daß sie die Zielvorgaben in außergewöhnlich hohem Maße übererfül-
  len können. Solche Angestellte sind geradezu "Künstler" auf
  ihrem Gebiet und fallen durch ihr Leistungsvermögen sofort auf.

Sie können dadurch zu einem früheren Zeitpunkt für eine Beförderung oder zur Übernahme weiterer Verantwortungsbereiche vorgesehen werden.

LEISTUNGSPLANUNG

Das Gespräch zur Leistungsplanung

Der Vorgesetzte muß sich zur Vorbereitung auf das Gespräch anhand
folgender Unterlagen informieren:

o Die genaue Beschreibung der Position des Angestellten.

o Ziele des Unternehmens – Der Bezug auf diese Vorgaben hilft bei
  der Festlegung der Aufgaben des Angestellten, die notwendig sind,
  um die Ziele des Unternehmens zu erreichen.

o Geeignete Leistungsnachweise, die vom Angestellten im Rahmen
  seiner Tätigkeit erbracht worden sind.

Das Arbeitsblatt zur Leistungsplanung

Das Arbeitsblatt ist wie folgt auszufüllen:

o Der Vorgesetzte und der Angestellte sollen die an die Position
   gestellten Anforderungen besprechen und analog der Reihenfolge
   ihrer Bedeutung bei der Leistungsbewertung auflisten (siehe
   Abbildung 2.4).

o Besondere Zielvorgaben, die vom Angestellten zu erfüllen sind,
   sind zu diskutieren und ebenfalls in der Reihenfolge ihrer
   Bedeutung aufzulisten (siehe Abbildung 2.5).

o Allgemeine Leistungsfaktoren (z.B. solche, die sich nicht auf
   bestimmte Positionen oder Abteilungen beziehen), die für diesen
   Angestellten von Bedeutung sind, müssen angekreuzt werden (siehe
   Abbildung 2.6); notwendige Kommentare sind zu ergänzen.

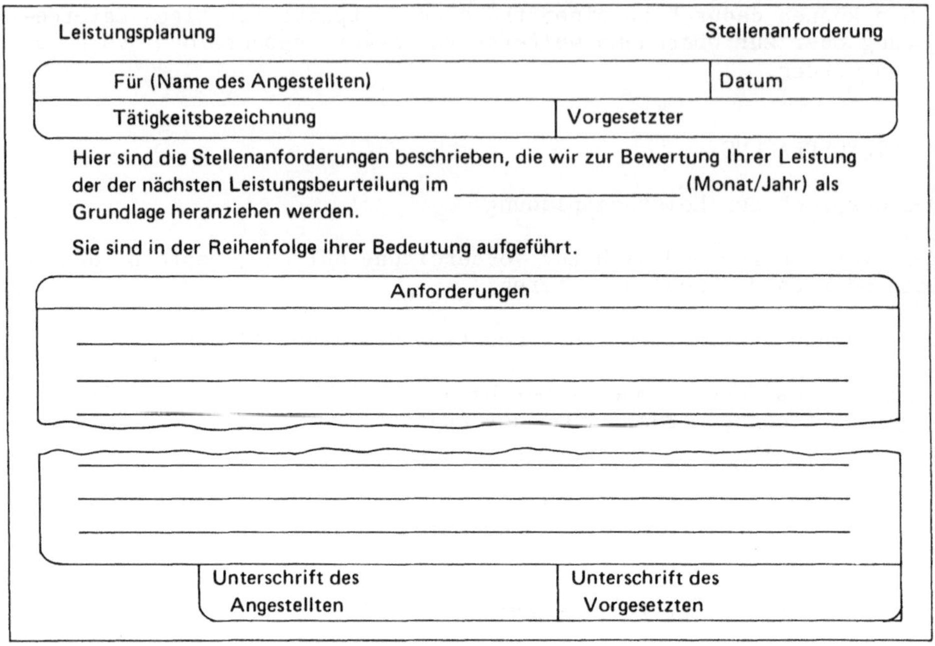

Leistungsplanung   Stellenanforderung

Für (Name des Angestellten) | Datum

Tätigkeitsbezeichnung | Vorgesetzter

Hier sind die Stellenanforderungen beschrieben, die wir zur Bewertung Ihrer Leistung der der nächsten Leistungsbeurteilung im _____________________ (Monat/Jahr) als Grundlage heranziehen werden.

Sie sind in der Reihenfolge ihrer Bedeutung aufgeführt.

Anforderungen

Unterschrift des   Unterschrift des
Angestellten   Vorgesetzten

Abbildung 2.4 Arbeitsblatt zur Leistungsplanung: Stellenanforderungen

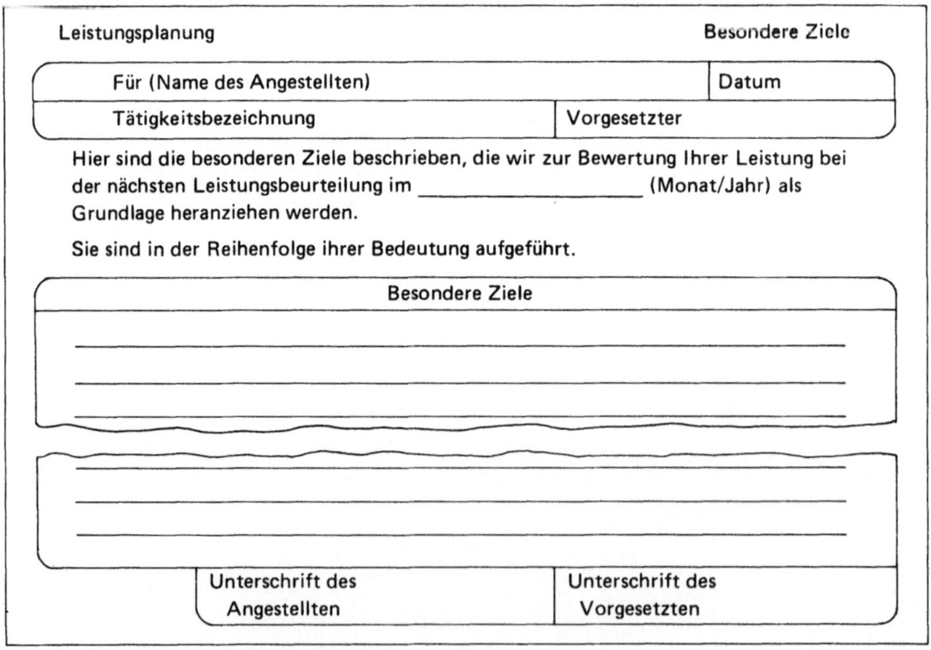

Leistungsplanung   Besondere Ziele

Für (Name des Angestellten) | Datum

Tätigkeitsbezeichnung | Vorgesetzter

Hier sind die besonderen Ziele beschrieben, die wir zur Bewertung Ihrer Leistung bei der nächsten Leistungsbeurteilung im _____________________ (Monat/Jahr) als Grundlage heranziehen werden.

Sie sind in der Reihenfolge ihrer Bedeutung aufgeführt.

Besondere Ziele

Unterschrift des   Unterschrift des
Angestellten   Vorgesetzten

Abbildung 2.5 Arbeitsblatt zur Leistungsplanung: Besondere Ziele

<table>
<tr><td>Leistungsplanung</td><td colspan="2">Allgemeine Leistungsfaktoren</td></tr>
<tr><td>Für (Name des Angestellten)</td><td colspan="2">Datum</td></tr>
<tr><td>Tätigkeitsbezeichnung</td><td colspan="2">Vorgesetzter</td></tr>
</table>

Wir werden die hier angekreuzten allgemeinen Leistungsfaktoren bei der Überwachung und Bewertung Ihrer Arbeitsleistung heranziehen. Sie werden zusätzlich zu den Stellenanforderungen und Zielen berücksichtigt, wobei sie diese nicht ersetzen.

(Zur Beachtung: Kreuzen Sie nur die wichtigsten Faktoren an. Benutzen Sie die Kommentarspalte, um das erwartete Leistungsniveau und die relative Bedeutung des jeweiligen Faktors im Hinblick auf die Gesamtleistung der Stelle näher zu erläutern.)

	Kommentare
• Qualität — Genauigkeit, Sauberkeit, Sorgfalt der fertigen Arbeit, unabhängig vom Umfang der bisher erstellten Arbeiten.	
• Quantität — Umfang der zufriedenstellend erledigten Arbeit. Schnelligkeit, mit der Aufträge ausgeführt werden.	
• Zeiteinteilung — Einhalten von Terminen; effektive Zeitnutzung für maximalen Output und/oder höchste Qualität; Pünktlichkeit, Anwesenheit.	
• Organisation — Plant und organisiert logisch die eigene Arbeit und/oder die Arbeit anderer im Sinne einer günstigen Erledigung oder Reduzierung unnötiger Tätigkeiten.	
• Wissen über die eigene Stelle — Fachkenntnisse und Fertigkeiten, die für die Stelle notwendig sind; Ausgewogenheit von praktischem, technischem oder berufsbezogenem Wissen und Erfahrung.	
• Wissen über benachbarte Bereiche — Bewußtsein über den Bezug der eigenen Tätigkeit zu anderen Unternehmensbereichen.	
• Führungsqualitäten — Fähigkeit, Fertigkeiten in der Orientierung, Motivierung und Führung von Mitarbeitern; mit gutem Beispiel vorangehen; optimaler Einsatz des Personals und anderer Ressourcen zur Erfüllung einer Aufgabe, um ein Ziel zu erreichen.	
• Eigene Entwicklung — Bewußtsein über eigene Stärken, Schwächen, Interessen; Pläne zur Verbesserung der eigenen Leistung oder zur Beseitigung von Wissensdefiziten; Erreichen von Zielen; Annahme bzw. Suche neuer Verantwortungsbereiche.	
• Eigenregie — Arbeiten mit begrenzter Aufsicht oder wenigen Anweisungen; auf eigene Initiative der Arbeit nachgehen.	
• Zwischenmenschliches Verhalten — Erfolgreiche Zusammenarbeit mit Vorgesetzten, Gleichgestellten und anderen Mitarbeitern (auch außerhalb des unmittelbaren Arbeitsbereiches); Schaffen günstiger Kundenbeziehungen.	
• Planung — Setzen der Ziele, Budgetierung, Arbeitsplanung, Prognosen.	
• Entscheidungen treffen — Entscheidungen schnell unter Einbeziehung der relevanten Faktoren und Bewertung der Alternativen treffen.	
• Kostenbewußtsein — Bewußtsein über finanzielle Auswirkungen der Entscheidungen und Aktivitäten; gutes wirtschaftliches Urteil.	
• Förderung von Mitarbeitern — Erkennen von Wachstumspotential, Entwicklung neuer Möglichkeiten und Fertigkeiten durch Betreuung und Beratung; Fairer und konsequenter Gebrauch der Disziplin; Achtung der Persönlichkeit anderer Mitarbeiter.	
• Personalwirtschaft — Wirksamer und angemessener Gebrauch von Gehalts- und Prämienprogrammen, Leistungsbeurteilung, interne Stellenausschreibung, Karriereplanung, Schulungs- und Entwicklungsmöglichkeiten, usw.	
• Positives Verhalten — Arbeitet harmonisch mit anderen ohne Vorurteile z. B. gegenüber Geschlecht, Nationalität oder Alter zusammen.	
• Weitere Verhaltensweisen	

Abbildung 2.6 Arbeitsblatt Leistungsplanung: Allgemeine Leistungsfaktoren

Vierteljährliche Überprüfungen

Wenn vierteljährliche Überprüfungen notwendig sind oder gewünscht werden, muß der Vorgesetzte das Arbeitsblatt zur Leistungsplanung überprüfen, um einen eventuellen Fortschritt des Angestellten im Hinblick auf die Erfüllung der festgelegten Zielvorgaben abschätzen zu können. Der Angestellte ist über die Überprüfung und ihr zu erwartendes Ergebnis mindestens 24 Stunden im voraus zu unterrichten. Während der Überprüfung hat folgendes zu geschehen:

o Die Zielvorgaben und die erwarteten Ergebnisse werden miteinander verglichen. Wenn geänderte Bedingungen eine Anpassung der Ziele erfordern, werden zu diesem Zeitpunkt neue oder modifizierte Ziele eingefügt (siehe Abbildung 2.7).

o Der Vorgesetzte und sein Angestellter müssen sich im klaren sein, inwiefern Fortschritte erzielt wurden und den entsprechenden Abschnitt auf dem Arbeitsblatt ausfüllen (siehe Abbildung 2.8). Das Arbeitsblatt zur Leistungsplanung wird gewöhnlich nach dieser Überprüfung in der jeweiligen Abteilung aufbewahrt.

Leistungsplanung

Das sind die Änderungen, Ergänzungen und Streichungen, die wir vorgenommen haben, mit Angabe des Datums der Überarbeitung.

Abbildung 2.7 Arbeitsblatt zur Leistungsplanung: Vereinbarte Ziele

DIE LEISTUNGSBEURTEILUNG

Das Gespräch zur Leistungsplanung, in dem zwischen dem Angestellten und dem Vorgesetzten Ziele vereinbart werden, findet binnen drei Wochen nach der letzten Bewertung statt (natürlich können Bewertung und Gespräch auch gemeinsam durchgeführt werden). Das ausgefüllte Arbeitsblatt zur Leistungsbewertung wird innerhalb einer Woche dem Geschäftsführer, der Personalabteilung und anderen betroffenen Abteilungen zur Kenntnisnahme zugeleitet. Danach ist das Arbeitsblatt wieder an den direkten Vorgesetzten zurückzugeben.

Leistungsplanung   Zwischenzeitliche Leistungsüberprüfung

Für (Name des Angestellten)   Tätigkeitsbezeichnung

Erste Überprüfung   Datum _______________

Unterschrift des   Unterschrift des
Angestellten   Vorgesetzten

Zweite Überprüfung   Datum _______________

Unterschrift des   Unterschrift des
Angestellten   Vorgesetzten

Dritte Überprüfung   Datum _______________

Unterschrift des   Unterschrift des
Angestellten   Vorgesetzten

Abbildung 2.8 Arbeitsblatt zur Leistungsplanung: Zwischenzeitliche Überprüfungen

Leistungsbeurteilung	Einschätzung des Vorgesetzten
Für (Name des Angestellten	Tätigkeitsbezeichnung
Ort	Vorgesetzter
Tätigkeitsdauer (in der Position)	Beurteilungszeitraum von—bis __________

Einschätzung des Vorgesetzten

Hier ist aufgeführt, wie ich Ihre Leistung beurteile, verglichen mit den Anforderungen, und Zielen, die wir vereinbart haben. Die angesprochenen Punkte sind in der Reihenfolge ihrer Bedeutung aufgelistet. Kommentare __________	Erwartetes Leistungsniveau		
	übertroffen	erreicht	nicht erreicht

Abbildung 2.9 Beurteilungsbogen — Einschätzung des Ableitungsleiters: Anforderungen und Ziele

Leistungsbeurteilung	Einschätzung des Vorgesetzten

Allgemeine Leistungsfaktoren

Schwerpunkt für Verbesserungen	Hier ist aufgeführt, wie ich Ihre Leistung beurteile, verglichen mit den Allgemeinen Leistungsfaktoren, wie wir sie zu Beginn dieses Beurteilungszeitraumes gesetzt haben. Die angesprochenen Punkte sind in der Reihenfolge ihrer Bedeutung aufgelistet. Kommentare __________	Erwartetes Leistungsniveau		
		übertroffen	erreicht	nicht erreicht

Abbildung 2.10 Beurteilungsbogen — Einschätzung des Ableitungsleiters: Allgemeine Leistungsfaktoren

Leistungseinschätzung   Einschätzung des Vorgesetzten

Hier ist aufgeführt, was ich als Ihre größten Stärken und Fähigkeiten ansehe, die Aufgaben, die Sie besonders gut erfüllt haben, und die bedeutsamsten Fortschritte, die Sie seit Ihrer letzten Beurteilung gemacht haben:

Ich bin der Überzeugung, daß Anstrengungen auf diesen Gebieten Ihr gesamtes Arbeitsergebnis verbessern können: (Erklärung)

Ich habe diese zusätzlichen Faktoren (wenn es sie gibt) in der Gesamteinschätzung für Sie berücksichtigt:

Gesamtleistung

Hier steht, wie ich Ihre Gesamtleistung auf der Grundlage der Leistungskriterien, die wir festgelegt haben, und unter Berücksichtigung ihrer relativen Bedeutung einschätze:

Erreicht nicht das erwartete Leistungsniveau ☐	Erreicht das erwartete Leistungsniveau ☐	Übertrifft das erwartete Leistungsniveau ☐

Abbildung 2.11 Leistungsbeurteilung — Einschätzung und Gesamturteil des Abteilungsleiters

Der Beurteilungsbogen

Eine Woche vor der geplanten Bewertung erhält der Angestellte eine
Kopie des Arbeitsblattes zur Leistungsplanung und eine Kopie der
genauen Stellenbeschreibung; beide Dokumente haben bei der Besprechung vorzuliegen. Der Vorgesetzte füllt die betreffenden Abschnitte auf dem Leistungsbeurteilungsbogen bereits vor dem eigentlichen Gespräch aus. Der bewertende Manager hat dann die Möglichkeit, das erwartete Ergebnis (wie es auf dem Arbeitsblatt zur
Leistungsplanung angegeben ist) mit dem erreichten Ergebnis zu
vergleichen (siehe Abbildung 2.9 und 2.10).

Andere Faktoren, die vom Abteilungsleiter berücksichtigt werden
können, sind eventuelle Fehlzeiten oder die Berücksichtigung von
Freizeitaktivitäten des Angestellten, die in direkter Beziehung zu
seiner beruflichen Tätigkeit stehen. Ferner darf eine Untersuchung
der administrativen Fähigkeiten des Angestellten, wie Zeiteintei-
lung, Planung, Menschenführung, Organisationstalent und Kontrolle
in die Bewertung miteinbezogen werden. Das Urteil über die Gesamtleistung (siehe Abbildung 2.11) wird später als Kriterium für eine
eventuelle Gehaltssteigerung verwandt. Das Urteil muß auf einem
Vergleich der erreichten Ergebnisse mit den erwarteten Ergebnissen
beruhen. Der Bewertende soll die Stärken und Fähigkeiten des Angestellten im Verhältnis zu seiner tatsächlichen Arbeitsleistung
hervorheben. Es sind Bereiche anzusprechen, in denen der Angestellte seine gegenwärtige Leistung verbessern kann; ferner solche Bereiche, die für die Zuerkennung zusätzlicher Verantwortung in
Frage kommen.

Leistungsbeurteilung		Einschätzung des Mitarbeiters
Für (Name des Angestellten)	Tätigkeitsbezeichnung	
Ort	Vorgesetzter	
Tätigkeitsdauer (in der Position)	Beurteilungszeitraum von—bis	

Einschätzung des Angestellten

Hier steht, wie ich meine Leistung, verglichen mit den Stellenanforderungen und den besonderen Zielen seit meiner letzten Beurteilung sehe. Die angesprochenen Punkte sind in
der Reihenfolge ihrer Bedeutung aufgelistet.

**Abbildung 2.12 Leistungsbeurteilung — Einschätzung des Angestellten: Anforderungen und
Ziele**

Leistungsbeurteilung   Einschätzung des Angestellten

Ich habe meine Leistungen und Bemühungen bei der Ausübung meiner Tätigkeit auf folgenden Gebieten gesteigert:

Ich möchte gern meine Arbeitsleistung auf diesen Gebieten verbessern:

Dies sind die Ziele für meine Tätigkeit und Karriere oder für die Verbesserung meiner eigenen Leistungen auf weiteren Gebieten:
oder
Im Augenblick bin ich mit meiner gegenwärtigen Position zufrieden und wünsche sie beizubehalten.

Diese Wege möchte ich einschlagen, um meine Leistung zu verbessern oder meine Ziele zu erreichen (z. B. mehr oder andere Hilfen von Vorgesetzten, besondere Schulungen in grundlegenden oder neuen Techniken, orientierende Schulung auf anderen Gebieten, usw.):

Abbildung 2.13 Leistungsbeurteilung — Einschätzung des Angestellten: Stärken und Ziele

Leistungsbeurteilung   Entwicklung/Kommentare

Entwicklungsplan

Ich bin der Auffassung, daß wir die folgenden Schritte verfolgen sollten, um Ihre Arbeitsleistung zu verbessern, bzw. um Ihnen dabei zu helfen, auf dem Wege zu Ihren persönlichen Karrierezielen voranzukommen.

(Wenn der Mitarbeiter zum jetzigen Zeitpunkt in seiner Stellung verbleiben möchte, notieren Sie dies entsprechend hier.)

Kommentare des Angestellten

Was denken Sie über diese Beurteilung?

____
Unterschrift des Angestellten   Datum

(Mit der Unterschrift bestätigen Sie, daß Sie diese Beurteilung gesehen und mit Ihren Vorgesetzten besprochen haben. Sie schließt nicht notwendigerweise Ihr Einverständnis mit der Beurteilung oder der Gesamteinschätzung ein.)

____
Unterschrift des Vorgesetzten   Datum

____
Überprüft von: Datum

____
ggf. weitere Überprüfung   Datum

Abbildung 2.14 Entwicklungsplan und Kommentare des Angestellten

Während des Gesprächs geschieht folgendes:

o Der Bewertende soll die Selbsteinschätzung des Angestellten
  (siehe Abbildungen 2.12 und 2.13) im Hinblick auf Verbesserungen
  seines Leistungsergebnisses in der gegenwärtigen Position und
  möglicherweise auch im Hinblick auf eine eventuelle Beförderung
  des Angestellten berücksichtigen.

o Der Angestellte soll notwendige, ergänzende Kommentare, die die
  Beurteilung betreffen, notieren (siehe Abbildung 2.14).

o Wenn nicht genügend Zeit zur Verfügung steht, um ein Arbeitsblatt
  für die Leistungsplanung der nächsten Periode vorzubereiten
  (siehe Abbildung 2.4 bis 2.7), vereinbaren der Bewertende und der
  Angestellte einen Termin innerhalb der nächsten drei Wochen, um
  das Versäumte nachzuholen.

Die Verwendung des Leistungsbeurteilungsbogens

Der Leistungsbeurteilungsbogen wird mit dem angehefteten Arbeitsblatt zur Leistungsplanung für die beurteilte Periode binnen zwei
Tagen nach dem Interview der Personalabteilung und allen sonstigen
betroffenen Abteilungen zugeleitet.

ZUSAMMENFASSUNG

Regelmäßige Leistungsbeurteilungen, die unter Verwendung der im
ersten Teil dieses Kapitels besprochenen Methoden und unter Verwendung der standardisierten Mustervordrucke und Maßstäbe entstehen,
die im letzten Teil dieses Kapitels empfohlen wurden, können den
Angestellten erläutern, wie gut sie ihre Aufgabe erfüllen und wie
ihre Vorgesetzten dazu stehen. Es wurde bereits erwähnt, daß das
Fehlen dieser Informationen häufig einen wichtigen Faktor für die
Unzufriedenheit von Mitarbeitern und für ihre spätere Kündigung
darstellt. Solche Beurteilungen erfordern einigen Aufwand für die
Vorbereitung und Durchführung; für Angestellte, die Abteilungsleiter und das Unternehmen stellen sie aber eine wesentliche Verbesserung der Situation dar.

3 Planungsverfahren

ZUR NOTWENDIGKEIT EINER AUFWANDSCHÄTZUNG

Die Abschätzung des Aufwandes bei der Erstellung von DV-Anwender-
systemen dient als Planungs- und Entscheidungshilfe für die Geschäftsleitung, wenn es gilt, Mittel zur Verfügung zu stellen oder
zu kürzen. Ebenso ist eine Abschätzung des Aufwandes vor einer
Modifikation des Endproduktes (Programmes) erforderlich.

Eine solche Abschätzung, die der Geschäftsleitung als Planungs-
grundlage dient, muß in diesem Zusammenhang allerdings mehr sein
als eine Aussage über die voraussichtlich anfallenden Kosten. Ein
brauchbarer Ansatz berücksichtigt nicht nur die Kostenseite des
Anwendersystems, sondern beinhaltet auch Zeittabellen, genaue Defi-
nitionen, Angaben über das Endprodukt, eine Auflistung aller sach-
lichen Voraussetzungen sowie eine Risikoanalyse.

Das Endprodukt der Softwareentwicklung ist eine Reihe von Programmen einschließlich ihrer Dokumentation.

Eine möglichst genaue Planung des Zeitablaufes und der Kosten soll
einerseits auf der gewünschten Programmgröße und den charakteristi-
schen Merkmalen des Programms sowie andererseits auf Umfang und Typ
der Dokumentation basieren. Die Annahmen machen ebenfalls einen
wichtigen Teil des Softwareentwicklungsplans aus. So muß eine
Reihe von Voraussetzungen, z.B. über Art und Quantität der verfügbaren Computerzeit, geklärt werden.

Drei unterschiedliche Abschätzungen müssen während der Entwicklungsphase durchgeführt werden. Die Einschätzung über die generelle
Durchführbarkeit eines Projektes ist eine relativ grobe Vorgabe,
die dazu dient, auch Alternativmodelle im Vergleich zu berücksichtigen. Eine Detailabschätzung wird durchgeführt, um die benötigten
Ressourcen zu spezifizieren und einen Kosten-/Qualitätsvergleich
der wichtigsten Alternativen durchzuführen. Eine Betriebsabschät-
zung spezifiziert, wie das Projektmanagement seine Ressourcen wäh-

rend des Projektes einsetzen wird. Diese Art der Vorgaben ist insofern eine iterative Schätzung, weil sie während des Projektes häufiger modifiziert werden kann bzw. muß.

Jede vernünftige Projekteinschätzung basiert in gewissem Maße auf der Erfahrung des Schätzenden. Das Kennzeichen einer Schätzung ist die Herleitung einer Beziehung zwischen ungewissen Aufwendungen (z.B. Zeit und Kosten), die für die Zukunft erwartet werden und den in der Vergangenheit gemachten Erfahrungen. Es gibt einige grundlegende Methoden, um derartige Beziehungen zu ermitteln: die Herleitung spezifischer Analogien, die Verwendung eines Einheitspreises, die Ermittlung des Aufwandes anhand von Prozentsätzen, die man aus anderen Projekten hergeleitet hat oder die Verwendung parametrischer Gleichungen. Statistische Analysen sind nicht zwingend Bestandteil der Verfahren.

Zieht man Analogieschlüsse, werden die Kosten für die Entwicklung neuer Software unter Verwendung der entstandenen Kosten für bereits erstellte Softwaresysteme hergeleitet. Die erfolgreiche Verwendung dieser Methode ist allerdings in hohem Maße von der Geschicklichkeit und Erfahrung des Schätzenden abhängig, der eingehend mit dem Unternehmen, den Anwendungsgebieten, dem Personal, der verwendeten Programmiersprache, der zugrundeliegenden Hardware und den Systemanforderungen der als Analogien benutzten Projekte vertraut sein muß.

Die Verwendung eines Einheitspreises schreibt die Kosten pro Einheit der gegebenen Ressourcen mit einem vorher bestimmten Preis fest (z.B. Kosten für genutzte CPU-Stunden). Die Verwendung von Prozentsätzen setzt die Kosten des vorgeschlagenen Projektes (bzw. von Teilen des Projektes) als vorherbestimmten Bruchteil der Kosten eines anderen Projektes (oder Teilen des Projektes) fest. Beide Methoden, der Einheitspreis sowie die Prozentsatzermittlung sind mit einigen Nachteilen behaftet, insbesondere liefern sie häufig nur sehr ungenaue Ergebnisse.

Eine parametrische Gleichung kann schließlich angewendet werden, um die Kosten eines vorgesehenen Projektes oder einer Aufgabe zu bestimmen. Die Schätzungen von Zeit, Kosten und des sonstigen Aufwandes sind Funktionen der erforderlichen Ressourcen und Merkmale, die für ein Projekt erwartet werden.

In der Regel sind Erfahrungswerte aus der Vergangenheit die beste Richtschnur für die Schätzung der Durchführbarkeit. Die Verwendung von Einheitspreisen läßt sich bestenfalls für Betriebsabschätzungen akzeptieren.

Die Abteilungsleiter sollten sich immer der Tatsache bewußt sein, daß eine präzise Abschätzung des zukünftigen Aufwandes bei der Erstellung eines DV-Systems nur sehr schwer möglich ist. Das kann beispielsweise dann auftreten, wenn ein als unwichtig angesehener

Faktor, der in den Voranschlägen unberücksichtigt blieb, plötzlich
zu einem entscheidenden Engpaß wird. Untersucht man ein Projekt,
das mit einem relativ schlechten und wenig komfortablen Bildschirm-
verwaltungssystem zur Entwicklung von Dialogprogrammen arbeitet,
erweist sich die Abschätzung als hinfällig, wenn sich der Anteil
der Dialogprogramme geändert hat, oder man die Entwicklung von
Dialogprogrammen entgegen den ursprünglichen Anforderungen nicht
mehr in Betracht zieht. Manager (auch wenn sie nur kleinere Projekte leiten) sollten immer bedenken, daß ihre Abschätzung des Projektes augenblicklich zu einem Zwang für sie wird.

ZUM STAND DER VERWENDETEN SCHÄTZVERFAHREN

Die gebräuchlichste Methode für die Ermittlung von Schätzwerten ist
die Verwendung von Erfahrungswerten, die man bei einem oder mehreren ähnlichen Projekten gewonnen hat. Die Verwendung solcher Werte
führt in der Regel immer dann zum Erfolg, wenn Erfahrungen aus
vergleichbaren Projekten eingesetzt werden können. Projekte gelten
dann als vergleichbar, wenn sie eine Reihe gemeinsamer Merkmale
aufweisen, z.B. die Programmgröße, die Komplexität der Anwendung
oder die Art der Verarbeitung (Batch oder Online).

Man versucht, die gesammelten Erfahrungen zu quantifizieren, um
brauchbare Vorgaben ermitteln zu können. Voraussetzung ist hier
eine Ausgangsschätzung der Größe eines Projektes in Form der aus-
führbaren Anweisungen, z.B. ausgedrückt durch die Anzahl der Programmzeilen (der Lines of Code). Eine Einschätzung der Produktivität der Programmierer schließt sich dieser Ausgangsschätzung an. Im
Idealfall werden die Daten aus den letzten durchgeführten Projekten
hergeleitet. Die Schätzung wird dann der Komplexität des Projektes
und anderer relevanter Faktoren angepaßt. Wenn dies geschehen ist,
erhält man den Personalbedarf, z.B. ausgedrückt in der Anzahl der
benötigten Mann-Monate. Schließlich müssen noch die Prozentsätze,
die den gesamten Projektverlauf wiederspiegeln, abgeschätzt werden.

Wolverton (1) ermittelte in diesem Zusammenhang folgende Werte:

Phase	Anteil
Analyse und Entwurf	40 %
Codierung und Fehlersuche	20 %
Test	40 %

Von James (19) stammen folgende Werte:

Phase	Anteil
Analyse	20 %
Entwurf	19 %
Codierung	22 %
Test	28 %
Dokumentation	11 %

Will man das Vorgehen vereinfachen, so kann man während des Projektes (z.B. am Ende der Entwurfsphase) eine Übersichtskontrolle durchführen. Dies geschieht auf der Basis der Erfahrungswerte für den Anteil einer Phase am Gesamtaufwand. So läßt sich beispielsweise die Zeitschätzung für die Projektphasen Codierung und Test auf das gesamte Projekt hochrechnen. Dieses Vorgehen ist jedoch mit einigen Mängeln behaftet:

o Es basiert auf einer Ausgangsschätzung der Projektgröße, die möglicherweise ungenau ist;

o Ein genauer Projektverlauf ist nicht immer abzusehen;

o Die ermittelten Prozentsätze müssen nicht unbedingt für das aktuelle Projekt gelten;

o Veränderungen der Komplexität können den Schätzfehler weiter vergrößern.

Ohne Widerspruch zu den oben beschriebenen Bedenken, kann eine gewissenhafte quantitative Abschätzung durchaus zu korrekten Ergebnissen führen; es sollte dazu eine Datenbank zur Verfügung stehen, die die aus vergangenen Projekten gesammelten Informationen speichert; diese Datenbank sollte natürlich zum größten Teil Daten enthalten, die auf das geplante Projekt anwendbar sind.

Eine Abwandlung der Verwendung von Erfahrungswerten sind Gruppenabschätzungen, aus denen die Durchschschnittswerte der individuellen Vorgaben ermittelt werden. Solche Gruppenabschätzungen sind insbesondere für Durchführbarkeits- oder Ressourcenvorgaben interessant. Bei dieser Methode kann der Schätzung jedes Teilnehmers die gleiche Gewichtung zugemessen werden; die Gewichtung kann aber auch variiert werden, wenn dafür Gründe vorliegen. Jeder Abschätzende könnte beispielsweise gebeten werden, eine pessimistische, eine optimistische und eine besonders wahrscheinliche Einschätzung abzugeben. Gäbe man der Abschätzung mit der höchsten

Wahrscheinlichkeit die stärkste Gewichtung, so könnte ein gewichteter Durchschnitt errechnet werden. Das Problem dieser Vorgehensweise und aller anderen quantitativen Methoden ist die Gefahr, in reine Zahlenspiele abzugleiten, die eine rechnerische Genauigkeit vortäuschen, die möglicherweise gar nicht gegeben ist.

Putnam (2) entwickelte eine Methode, die bei Anwendung auf einige Projekte der US-Army Erfolge aufwies. Seine Methode erzeugt Einschätzungen über das Personal, die Kosten und die aufgewendete Zeit, um einen jeweils angestrebten Stand in der Entwicklung des Softwaresystems zu erreichen, wobei Putnam im wesentlichen vier Faktoren anspricht: Ressourcenaufwand, Entwicklungsdauer, verstrichene Zeit und Entwicklungsstand der Technik. Das System versucht die Manager mit ausreichenden Informationen zur Abschätzung des finanziellen Risikos und des Investitionswertes eines neuen Softwareentwicklungsprojektes zu versorgen, bevor es genehmigt wird. Ferner liefert dieses System weitere Möglichkeiten zur Aktualisierung der Schätzungen, sobald das Projekt in Angriff genommen worden ist.

Die von Putnam entwickelte Methode mag vom analytischen Standpunkt her sehr interessant sein, es gibt jedoch keinen Beweis, daß sie genauer ist als andere Methoden, die in diesem Abschnitt zitiert worden sind.

Viel Aufmerksamkeit erweckt seit einiger Zeit Maurice Halsteads Theorie, die auch als "Software Science" bekannt geworden ist (3). Diese Theorie versucht präzise, objektive Maßeinheiten über die Komplexität der Software zu liefern, ferner über die Programmgröße sowie den Zeitaufwand, der zur Implementierung eines Programms benötigt wird, vorherzusagen.

Trotz ihres einfachen Aufbaus hat Halsteads Theorie viele Anhänger gefunden und eine Anzahl statistischer Untersuchungen ergab eine hohe Korrelation zwischen den Voraussagen und den tatsächlichen Meßergebnissen nach der Implementierung des Softwaresystems.

Trotz aller Aufmerksamkeit, die den Einschätzungsproblemen bei Softwareentwicklungen gewidmet wird, muß bemerkt werden, daß keine dieser Methoden auch nur annähernd so genau ist, wie die Geschäftsführung und Abteilungsleiter es gerne möchten.

EINFLUSSFAKTOREN AUF DIE PROGRAMMIERUNG

Barry Boehm entwickelte einen Überblick über die Kostenfaktoren, die beim Umgang mit Software und bei der Softwareentwicklung anfallen (4). Boehm schätzte die Softwarekosten der US-Air Force allein im Jahr 1972 auf etwa eineinhalb Milliarden Dollar. Diese Zahl läßt den Betrachter sicherlich überrascht aufhorchen, da sie etwa 70 Prozent des DV-Budgets der US-Air Force und fast fünf Prozent des

Gesamtbudgets der US-Air Force ausmacht. Selbst unter Berücksichtigung des Einwandes, daß die US-Air Force kein repräsentatives
Unternehmen ist, kann man dennoch davon ausgehen, daß Softwareerstellung für jedes Unternehmen ein äußerst kostspieliger Faktor
ist.

Noch wichtiger erscheint jedoch der Aspekt, daß sich die Softwarekosten schnell ausweiten können. Boehms Gutachten zeigt, daß etwa
40 Prozent der Kosten für die Wartung der Programme benötigt werden; es ist daher sehr wichtig, den Lebenszyklus der Software zu
beachten. Boehm schlägt ferner vor, daß im wesentlichen folgende
Kostenfaktoren zu berücksichtigen sind:

o Personal – hier ist vor allem die bisweilen stark schwankende
  Produktivität des Programmierpersonals von Bedeutung (5);

o Management – ein Manager, der das Projekt angemessen koordinieren
  kann, der in der Lage ist, neue Entwicklungsverfahren und Hilfsmittel zu bewerten und der schwierige Entscheidungen treffen
  kann, wird einen völlig anderen Einfluß auf die Programmierung,
  für die er verantwortlich ist, haben, als jemand, der diese
  Qualitäten nicht aufweisen kann;

o Hardware – zu starke Beschränkungen seitens der Hardware und nur
  begrenzt zur Verfügung stehende Programmierungszeit können die
  Arbeiten ernsthaft beeinflussen; Softwarekosten werden bei solchen Engpässen sprunghaft ansteigen.

Werkzeuge und Erfahrungen

Der Gebrauch von Programmierwerkzeugen wie z.B. Programmbibliothe-
ken oder Utility-Programmen hat Einfluß auf die Arbeitseffektivität
des Programmierers und die Qualität der Programme. Zugleich bewirken diese Hilfsmittel niedrigere Gesamtkosten während des Lebens-
zyklusses des Anwendungssystems. Es ist allerdings wichtig zu betonen, daß die Kosten für den gesamten Lebenszyklus des Softwaresystems bestimmt werden müssen; eine Festlegung allein für die
Entwicklungsphase reicht nicht aus. Programmierhilfsmittel erfordern in der Regel Investitionen, die nicht unbedingt durch den
Produktivitätszuwachs gedeckt werden; auch der positive Effekt
höherer Zuverlässigkeit wird sich erst in der Wartungsphase be-
merkbar machen. Es ist ebenso wichtig, daß auch Hilfsmittel wie
Arbeitsblätter, Standards sowie Planungs- und Entwurfshilfen verfügbar sind.

Die Programmiersprache

Die Programmiersprache und die Erfahrung des Programmierers mit
dieser Sprache sind ebenfalls wichtige Faktoren. Der Manager, der
für den technischen Bereich zuständig ist, wird hier unglücklicherweise mit mehreren gegensätzlichen Auffassungen konfrontiert. Beispielsweise erachtet man COBOL gewöhnlich als besser geeignet für
kaufmännische Anwendungen als FORTRAN, obwohl die Compilierung
oftmals doppelt so lange dauern kann. Der Manager muß also die
Eignung einer Programmiersprache für den vorgesehenen Zweck ermitteln, bevor die Entwurfs- und Codierphase beginnt.

Oft machen sich Programmierer für den Einsatz maschinenorientierter
Sprachen (Assembler) stark, um die mutmaßliche Effizienz des Ob-
jektcodes zu verbessern. Bei Verwendung eines guten Compilers einer
höheren Programmiersprache lassen sich jedoch ebenso gute Programme
erzeugen. Da beispielsweise ein Statement in COBOL etwa vier bis
acht Statements in Assembler ersetzt, kann durch die Verwendung
einer geeigneten höheren Programmiersprache eine Steigerung der
Programmierproduktivität erreicht werden.

Ungeachtet der verwendeten Programmiersprache ist die Erfahrung des
Programmierers ein wichtiger Faktor, sowohl was die Produktivität,
als auch die Zuverlässigkeit bei der Programmentwicklung angeht.
Ebenso bedeutend sind aber auch die Erfahrungen, die das Programmierteam mit einer ähnlichen Anwendung gesammelt hat. Gute Kenntnisse des Rechnersystems, auf dem die Programme entwickelt bzw.
letzendlich eingesetzt werden, sind ebenfalls von Bedeutung.

Nelson (6) gibt hier Beispiele dafür, wie wichtig einige dieser
Faktoren sein können. So erwähnt er eine Differenz von mehr als 40
Prozent in der Ausnutzung der Hauptspeicherkapazität, hervorgerufen
durch einen besseren Kenntnisstand der Programmierer über den verwendeten Rechner.

Nelson führt weiterhin eine neunzigprozentige Senkung der Codier-
kosten beim Einsatz von Entscheidungstabellen an. Diese Ersparnis
erzielt man durch den Gebrauch von Flußdiagrammen und durch verbesserte Systementwurfs- und Auswertungsverfahren.

Das Erstellen von Dialogprogrammen

Ein wichtiger Trend, der die Kostenschätzung nachhaltig beeinflußt,
ist der zunehmende Anteil der Online- bzw. Dialogprogrammierung.
Edward Lias (7) berichtete über ein Experiment zur Messung des
Einflusses der Dialogprogrammierung auf die Kosten der Systementwicklung. Auch Sackmann (5) hat Daten über eine Anzahl verschiedener Studien zu diesem Thema gesammelt. Die Resultate waren im
allgemeinen einheitlich. Walston und Felix (12) faßten ihre Ergebnisse in folgender Hypothese zusammen: je höher der Anteil der

Dialogprogramme, desto geringer ist die Programmierproduktivität, die z.B. im Verhältnis Programmzeilen zu Mann-Monat gemessen wird.

Weitere Faktoren

Das Umfeld der eigentlichen Programmiertätigkeit kann starken Einfluß auf die Kosten und die Programmierziele selbst haben. Die Turnaround-Zeit (entspricht der Bearbeitungszeit eines Jobs), z.B. zur Durchführung von Testläufen, beeinflußt die Produktivität, die Zuverlässigkeit der Programme und die Arbeitsgewohnheiten der Programmierer. Für die Programmierer ist es dabei günstiger, einen größeren Zeitblock mit konzentriertem Systemzugriff zur Verfügung zu haben, als mehrere auf den Tag verteilte Zeiteinheiten. Leider sind längere Zeiteinheiten am Stück nicht immer verfügbar.

Eine strenge Disziplinierung ist kurzfristig gesehen eine sehr aufwendige Möglichkeit, um diese Probleme zu umgehen (denn die Entwicklung und Verfolgung von Standards ist kostspielig), aber sie führt langfristig zu effizienter und zuverlässiger Software, die obendrein schneller erstellt wird. Dieser Sachverhalt trifft im übrigen auch auf die Nutzung der Peripheriegeräte, Arbeits- und Datenspeicher zu.

Für die Entwicklung von Softwareprojekten ist Kontinuität wichtig. Es gibt zwei Kostenfaktoren, die die Kontinuität empfindlich stören können: Personalwechsel und allzu häufige Dienstreisen. Personalfluktuation führt ganz offensichtlich zu Problemen. Der Störeffekt häufiger Reisen der Mitarbeiter der Programmmierabteilung wird manchmal übersehen. Ein Produktivitätsverlust kurz vor, während und unmittelbar nach einer Reise ist jedoch unschwer zu erkennen.

Anwendungsfaktoren

Es liegt in der Natur der Sache, daß die Entwicklung eines DV-Systems eine präzise Zeitplanung und die Ermittlung des Ressourcenbedarfs voraussetzt. Weitere in diesem Zusammenhang wichtige Faktoren sind:

o Charakteristika der Dateien - z.B. die Anzahl und die Art der Felder jeder Ein- und Ausgabe für das zu entwickelnde System; die Anzahl der Felder, die zur Definition der Datenbank benötigt werden; die Anzahl und die Art der Ein- und Ausgabeformate (z.B. Bildschirmaufbau beim Erfassen eines Geschäftsvorfalls);

o Die Größe des Projektes - die Anzahl der Zeilen im Quellcode und die Anzahl der Programme im Anwendungssystem;

o Komplexität des Projektes - die Unterscheidung, ob es sich um System- oder Anwendungssoftware handelt; die Anzahl der Verzweigungen im Programm;

o Umfang der Dokumentation - umfaßt die Systemdefinition, die funktionellen Dokumentationen und Beschreibungen; Anwendungshandbücher; Testspezifikationen sowie eine Entwurfs- und Implementierungsdokumentation.

ZUR PROBLEMATIK DER EINGESETZTEN SCHÄTZVERFAHREN

Grenzen historischer Daten

Der Mangel adäquater Erfahrungswerte ist - darüber herrscht Einigkeit unter den Experten - die hauptsächliche Quelle für die Schwierigkeiten beim Erstellen genauer Abschätzungen. Dieser Sachverhalt ist nicht weiter verwunderlich, da es sich bei der Programmierung um eine relativ junge Disziplin handelt. Weiterhin sind die existierenden Datenbestände nicht unbedingt verständlich. Die betriebswirtschaftlichen Zusammenhänge der Programmierung werden häufig ebensowenig verstanden wie die Zusammenhänge großer DV-Systeme. Aus diesem Grund ist es eine wesentliche Aufgabe für den Leiter der Systementwicklung, die Kostenfaktoren, die die Programmieraktivitäten beeinflussen, besser zu verstehen. Begleitend ist eine Organisations- und Ablaufstruktur aufzubauen, die diese Faktoren beschreibt.

Obwohl einige Daten über den Softwareentwicklungsprozeß verfügbar sind, sind diese zumeist nur bruchstückhaft und nicht überzeugend. In den USA wurden zwar zahlreiche Untersuchungen durchgeführt, die Ergebnisse sind aber keineswegs allgemeingültig für die Softwarentwicklung.

Die Arbeitsleistung der Programmierer eines großen Unternehmens schwankte beispielsweise zwischen 100 und 1.000 Instruktionen pro Mann-Monat: Worin liegen die Unterschiede begründet? Diese und ähnliche Fragen konnten durch die vorhandenen Daten und die Analyse nicht geklärt werden.

Beim OS/360-Projekt wurde eine Arbeitsleistung von weniger als 100 Maschineninstruktionen pro Mann-Monat ermittelt. Das OS/360-Projekt war etwa 10 mal umfangreicher als ein anderes Projekt, das im Ergebnis knapp über 100 Instruktionen einer höheren Programmiersprache pro Mann-Monat hatte, obwohl in dieser Kalkulation im Gegensatz zum OS/360-Projekt auch der Entwurf und die Testphase berücksichtigt wurden.

Aus diesen Aussagen zu schließen, daß umfangreichere Systeme schwieriger zu entwickeln sind, wäre sicherlich verfehlt. Wir wissen beispielsweise nicht, welche Faktoren in diese Kalkulationen

Eingang gefunden haben, d.h. wir wissen nicht, ob diese beiden eben
zitierten Beispiele überhaupt vergleichbar sind.

Die Folge ist, daß man Analogieschlüsse, die auf Daten vergangener
Projekte beruhen, nur selten tatsächlich verwenden kann, um aktuelle Projekte vorauszuplanen. Darüberhinaus muß beachtet werden,
daß gerade im Bereich der Datenverarbeitung eine rasche technolo-
gische Entwicklung zu verzeichnen ist. Neue Geräte, Werkzeuge,
Verfahren oder Arbeitsweisen können beispielsweise dazu beitragen,
die Produktivität zu erhöhen, wodurch Erfahrungen der Vergangenheit
und die Daten aus diesen Projekten unbrauchbar werden.

Produktschwierigkeiten

Obwohl sich manche Faktoren im Rahmen der Softwareerstellung quantifizieren lassen (z.B. Kosten, Geschwindigkeit bei der Ausführung
einer bestimmten Funktion auf einem gegebenen System oder die
Ressourcennutzung), gilt dies für viele andere Faktoren leider
nicht. Wie jeder Leiter der Systementwicklung weiß, gibt es unglücklicherweise viele kritische Einflußgrößen, die nicht quanti-
fizierbar sind, da sie nicht meßbar sind. Beispielsweise gibt es
keine einheitliche Definition der Begriffe "Softwarezuverlässig-
keit" oder "Akzeptanz eines Softwarepaketes", weil diese Begriffe
einer genauen Messung nicht zugänglich sind. Die Zeit und der
Aufwand, ein System zu modifizieren oder es an eine neue Umgebung
anzupassen, kann ebenfalls nicht präzise geschätzt werden.

Ähnlich kritisch ist das Fehlen von Grundsätzen, die die "Komplexität" einer Softwarefunktion definieren. Untersuchungen von Brooks
(9) erbrachten in diesem Zusammenhang ebenfalls nicht die gewünschten Erfolge.

Mitarbeiter

Die Produktion von Gebrauchsgütern ist ein festgelegter Prozeß, bei
dem die einzelnen Arbeiter (z.B. am Fließband) präzise, festgelegte
und streng reglementierte Aufgaben ohne Spielraum für eigene
Kreativität zu erfüllen haben. Demgegenüber liegt es in der Natur
des Programmierberufes, daß auf der einen Seite interessante und
kreative Arbeiten (z.B. Entwurf und Codierung) und auf der anderen
Seite eher langweilige Tätigkeiten (z.B. Testen und Dokumentation)
zu verrichten sind. Zudem wird für gewöhnlich auch die geschickte
Erfüllung einer Programmieraufgabe für wichtiger gehalten als die
rechtzeitige Fertigstellung der Programme. Das gleiche gilt für die
Berücksichtigung kostenmäßiger Beschränkungen und einer optimalen
Ressourcennutzung.

Programmierer und Manager in der Systementwicklung tendieren grundsätzlich zu einer optimistischen Betrachtung der Aufgaben. Sie
betrachten die Erstellung von Programmcode als die Hauptaufgabe der
Softwareentwicklung und vernachlässigen dabei die Planung, den
Entwurf und das Testen. Dabei nimmt die Codierphase für gewöhnlich
nur 20 Prozent der gesamten Arbeiten in Anspruch.

LaBolle zieht in seiner Untersuchung einen interessanten Vergleich
zwischen dem Kauf und der Herstellung von Fernsehgeräten und der
Softwareentwicklung (10). Der Käufer eines Fernsehgerätes kann ein
Geschäft betreten und zwischen den zahlreichen angebotenen Modellen
auswählen. Er kann die Modelle betrachten und vergleichen, indem er
die Qualität (z.B. die Bildqualität) untersucht, Testergebnisse,
die z.B. in Zeitschriften veröffentlicht wurden, zu Rate zieht und
andere für ihn relevante Faktoren berücksichtigt (z.B. Stromver-
brauch, Bedienungsfreundlichkeit, Zuverlässigkeit).

Für den Vergleich von Computerprogrammen gibt es solche Möglichkeiten leider nicht. Computerprogramme werden aufgrund funktionaler
Spezifikationen, die kaum einen Spielraum für quantitative Messun-
gen aufweisen, entwickelt und es existiert selten zuverlässige
beschreibende Information über sie.

Der für die Produktion von Fensehgeräten zuständige Produktionsleiter erzielt Vorteile aus der Verwendung von Standardbauteilen
und erprobten Verfahren zur Vorhersage und Messung der Leistung;
ein umfangreicher Datenbestand kann benutzt werden, um zu schätzen,
was von den Arbeitern während ihrer Arbeit erwartet wird. Der
Produktionsleiter verfügt ferner über erprobte Verfahren zur Qualitätskontrolle. Der Leiter der Softwareentwicklung wird hingegen mit
dem Fehlen von Standards für Produkte, Produktkomponenten, Aktivitäten, Personalbedarf und Leistungsmessungen konfrontiert. Das sind
elementare Unterschiede.

EMPFOHLENE GRUNDSÄTZE UND VERFAHRENSWEISEN

Genaue Schätzungen können ohne die Berücksichtigung des gesamten
Projektmanagements nicht erstellt werden. Einheitliche Verfahren
und Bedingungen, die im Zeitablauf konstant bleiben, sind ebenso
von Bedeutung. Ferner muß der Softwareentwicklungszyklus in eine
standardisierte Phasenfolge gebracht werden, so daß sinnvolle Ver-
gleiche zwischen Projekten möglich sind. Die folgende Aufstellung
gibt einen Überblick über diese Phasenfolge:

o Definition - Das technische Problem wird definiert und ein Plan
  wird aufgestellt. Eine grundlegende Produktbeschreibung kann
  festgelegt werden, obwohl zu diesem Zeitpunkt vorrangig darauf
  geachtet wird, welches Problem gelöst werden soll - und nicht,
  wie es gelöst werden soll.

o Entwurf – Eine vorgeschlagene Lösung wird akzeptiert, nachdem die
  einzelnen Alternativen bewertet worden sind. Der Projektplan und
  die Produktbeschreibung werden vervollständigt. Der Detailentwurf
  und die Vorbereitung der Testphase werden eingeleitet.

o Programmierung – Die Programme werden codiert. Modultests werden
  durchgeführt. Ein Integrationstest ergänzt die Modultests. Die
  Programmdokumentation wird erstellt. Die Vorbereitungen für den
  System- (z.B. Leistungsmessung durch die Abteilung Qualitätskontrolle) und Akzeptanztest werden getroffen.

o Systemtest – Die Integrationstestphase wird unter Verwendung
  anderer Daten in einer möglichst realitätsnahen Umgebung durch
  die Abteilung Qualitätskontrolle wiederholt. Sofern die Anwender
  der Schulung oder der Einweisung bedürfen, ist diese vorzunehmen.

o Akzeptanztest – Das System wird dem Kunden (bzw. dem Anwender)
  mit der dazugehörigen Dokumentation zur formellen Annahme in
  Übereinstimmung mit den vorherbestimmten Kriterien übergeben.

o Installation und Inbetriebnahme des Softwaresystems an ihrem
  Einsatzort – je nach Bedarf werden noch einmal Überprüfungen und
  letzte Tests vorgenommen.

o Wartung – Erweiterungen, Modifikationen und Korrekturen werden im
  weiteren Verlauf des Einsatzes am Anwendungssystem vorgenommen.

Aus diesen Phasen des Betriebszyklusses für die Softwareerstellung
können wir funktionale Anforderungen bestimmen, die das Projektmanagement erfüllen muß. Das Entwicklungssystem soll Grundsätze,
Verfahrensweisen, Richtlinien, Methoden und Werkzeuge bereitstel-
len, die den Projektleitern folgendes ermöglichen:

o Ermittlung der erforderlichen Ressourcen und des Zeitbedarfs
  anhand der Funktionen des Systems; Lieferung präziser Kosten-
  schätzungen in den Bereichen Personal, CPU-Nutzung, Umstellungen
  und Ausrüstung; Kontrolle des Budgets.

o Aufbau einer sinnvollen Berichtsstruktur, die umfassende Kon-
  trollmöglichkeiten bietet. Sie umfaßt sowohl Berichte des technischen DV-Personals als auch der Führungskräfte (z.B. der Projektleiter).

o Einteilen des gesamten Entwicklungszyklusses bis zur Erfüllung
  der Gesamtaufgabe in sinnvolle (Teil-)Phasen, wobei zwischen
  primären und sekundären Zielen in jeder Phase zu unterscheiden
  ist.

o Bestimmen einer angemessenen Projektorganisation aus einer Serie
  von Alternativen, deren Vor- und Nachteile man gegeneinander
  abwägt.

o Hilfestellungen bei der Vorbereitung der Softwaretestphase, indem
  Ziele, Verfahren und Verantwortlichkeiten für diese Phase definiert und festgelegt werden.

o Einsatz von Verfahren, die Änderungen am Anwenderprogramm kontrollieren können; zu diesem Zweck werden bestimmte Dokumente
  erstellt und Kontrollinstanzen für die gewünschten Änderungen
  eingesetzt, um die vom Kunden (bzw. Anwender) gewünschten Änderungen zu implementieren.

o Festlegen der Verfahrensweisen für die Projektbeschreibungen und
  -unterlagen und für alle Projekterläuterungen (Dokumentation).

o Vorschläge für externe und interne Schulungsmaßnahmen des Personals zur Unterstützung des Projektes.

o Vorschläge für Installationsverfahren und den Betrieb des fertiggestellten Systems.

o Unterstützung bei der Beschaffung technischer Daten für die Pro-
  jektierung von Zeitplänen, einschließlich der Durchführung von
  Plan-/Ist-Vergleichen in allen Phasen des Entwicklungszeitraums
  und für alle Arbeitseinheiten (z.B. hergeleitet anhand der Modulstruktur).

VORSCHLAG EINER METHODE ZUR ABSCHÄTZUNG

Die im folgenden aufgelisteten Richtlinien können zur Abschätzung
bei größeren Softwareentwicklungprojekten angewandt werden. Damit
sind Projekte gemeint, mit deren Erstellung mehr als acht Vollzeit-
kräfte befaßt sind und die wahrscheinlich umfangreicher als 100.000
Programmzeilen sind (11).

Systementwurfsphase

o Bedarfsanalyse - 5 bis 19 Mann-Wochen, abhängig von der Art des
  Projektes;

o Grobentwurf (Spezifikation) - ein bis drei Mann-Monate;

o Systementwurf - zehn Prozent der gesamten Mann-Monate;

o Kontrolle des Systementwurfs mit dem Auftraggeber (z.B. in Form
  strukturierter "Walkthrough-Gespräche") - drei Mann-Tage pro Ent-
  wurfsdokument;

o Schulung/Einweisung – einen Monat für die Programmierer, wenn die Analytiker die fertiggestellte Spezifikation übergeben.

Erstellung/Programmierung

o Entwicklung des Systemtestplans – ein Mann-Monat je geschätzte 10.000 Instruktionen;

o Programmentwurf (Detail) – ein Mann-Monat je 1.000 Instruktionen;

o Entwurf der Programmdateien – ein Mann-Monat je 1.000 Felder;

o Einbringen der Systemdateien (die von mehr als einem Programm verwandt werden) – zwei Mann-Monate je 10.000 Maschinen-Instruktionen;

o Programmcodierung – grobe Schätzung: ein Mann-Monat je 5.000 Maschinen-Instruktionen.

Programmtest

o Sich vertraut machen mit den Verfahren – eine Woche;

o Individueller Programmtest durch die Programmierer – schätzungsweise 20 Prozent des gesamten Testaufwandes;

o Testen der Subsystemmodule – zwischen 0 und 30 Prozent des gesamten Testaufwandes in Abhängigkeit von der Anzahl der Subsysteme;

o Systemtest – ungefähr 50 Prozent des Testaufwandes.

Abschätzungen des Zeitaufwandes für Entwurf, Codierung, Fehlersuche und Testphase

Die folgenden Formeln können zur Bestimmung der von der Entwurfs- bis zur Testphase benötigten Mann-Monate zugrunde gelegt werden:

$$\text{Mann-Monate} = 5{,}2 \times (1.000 \text{ Programmzeilen})^{0{,}91} \tag{12}$$

oder

$$\text{Mann-Monate} = 4{,}495 \times (1.000 \text{ Programmzeilen})^{0{,}781} \tag{13}$$

Zu beachten ist, daß sich die zweite Formel auf Projekte mit weniger als 10.000 Programmzeilen bezieht.

Projektverwaltung

Richtlinien für das Sammeln und Ermitteln von Daten für die Erstellung und Kontrolle des Projektplans stellen einen wesentlichen Bestandteil bei der Unterstützung der Projektverwaltung dar. Genaue, pünktlich gelieferte und verständliche Informationen werden vom Führungspersonal für die Planung, Organisation und Kontrolle von Softwareentwicklungsprojekten benötigt. Ein ununterbrochener Informationsaustausch zwischen den verschiedenen am Projekt beteiligten Hierarchiestufen erleichtert die Abwicklung und Erstellung eines Anwenderprogramms. Standards sind auf allen Führungsebenen bei der Softwareentwicklung anwendbar, weil die vom Führungspersonal benötigten Informationen, abgesehen von Details, im wesentlichen gleich sind.

Zugleich werden sich die Manager der Tatsache bewußt, daß bei der Betrachtung von Projektdaten verschiedene Probleme auftreten können, die ihnen in größerem Umfang flexible Entscheidungen abverlangen. In diesem Zusammenhang ist der Mangel an Erfahrung über die Leitung der Softwareentwicklung das Hauptproblem. Zu diesem Thema wurden bereits viele Studien durchgeführt, die jedoch außer einer Aufzählung der möglichen Schwierigkeiten und der Beschreibung der Komplexität dieses Problemfeldes nur wenig zur Problemlösung beigetragen haben.

So wissen wir nicht genau, welche Daten benötigt werden, wann sie benötigt werden, oder in welcher Form sie benötigt werden, um gründliche Abschätzungen zu erstellen. Ein solches Wissen wird man wahrscheinlich auch nicht aus weiteren Studien gewinnen können, sondern allenfalls durch Überwachung und Bewertung der bekannten Problemfelder sowie durch die Verfeinerung und Modifikation bereits angewandter Verfahren.

Ein Begleitproblem betrifft die Schwierigkeit beim Einschätzen der Leistung der Programmierer. Die meisten der hier diskutierten Schätzverfahren und Vorgaben beziehen sich auch auf die Bestimmung und Prognose der Leistung der Programmierer. Deshalb sind die so entstandenen Einschätzungen ebenso kritisch zu betrachten, wie Einschätzungen im Bereich der übrigen Faktoren, die bei der Softwareentwicklung eine Rolle spielen. Der Umfang des Quellcodes, gemessen in Programmzeilen pro Zeiteinheit, ist zu einer weitverbreiteten Maßeinheit geworden; der wesentliche Mangel dieser Definition ist die fehlende Genauigkeit. Es ist nämlich erwiesen, daß bei einer präzisen Abschätzung Faktoren wie Korrektheit, Effizienz und Komplexität der Programme mitberücksichtigt werden müssen. Aber eine Einschätzung in diesem Bereich wird trotz aller Bemühungen immer ungenau bleiben.

Die für die Aufwandschätzung notwendigen Anforderungen an die
Datenermittlung und an die Berichtsstruktur sollten als Methodenpa-
ket zusammen mit den anderen Verfahren aus dem Bereich der sogenannten "Strukturierten Techniken" implementiert werden. Diese
Verfahren erfordern verstärkte Datensammlung, Analyse und Berichterstattung der vom Projektmanagement benötigten Daten und, um wirklich effektiv zu sein, Unterstützung durch eine Softwareentwick-
lungsdatenbank. Eine Datenbankbibliothek erlaubt es beispielsweise,
Informationen zu sammeln und standardmäßig aufzubereiten. Hierbei
verschmelzen als Bestandteile der Datenbank technische, betriebswirtschaftliche und administrative Informationen. Datenbanken erfordern allerdings disziplinierte Entwicklungsmethoden, die für
einige Mitarbeiter vielleicht nicht immer willkommen sind.

Ein Berichtssystem benutzt als Eingabewerte einen Grundbestand aus
geschätzten und aktuellen Daten über die Projektumgebung, die Beschreibungen der Systemmodule, den Verbrauch an Ressourcen und die
Kosten der eigentlichen Programmerstellung. Die Daten werden in
einer Datenbank gespeichert. Während des Projektverlaufs werden
neue Daten hinzugefügt, alte werden gestrichen oder ersetzt. Zusätzliche Funktionen, z.B. für das Summieren oder Sortieren, müssen
ebenfalls existieren.

Die Berichte werden zur Projektunterstützung und zur Dokumenta-
tionserstellung (die z.B. bei zukünftigen Projekten genutzt werden
können) aufbereitet. In Berichten können die funktionellen Anforderungen an das System durch allgemeingültige Begriffe (und nicht
durch DV-spezifische Begriffe) formuliert werden, z.B.: Summieren,
Kumulieren, Modifizieren, Berichten oder Archivieren.

Zwei Arten von Daten werden benötigt, um ein Projekt zu planen und
zu leiten: Planwerte werden während der Planungsphase des Projektes
entwickelt und werden dabei teilweise aus Daten ehemaliger Projekte
abgeleitet. Istwerte werden im Fortgang des Projektes ermittelt.
Innerhalb dieser beiden Klassen können fünf Arten von Daten unterschieden werden:

o Die Projektumgebung - allgemeine Daten zumeist statischer Art,
  die das Projektumfeld definieren (z.B. wieviel Stunden pro Tag
  steht dem Projekt Rechnerzeit zur Verfügung);

o Modulbeschreibungen - normalerweise automatisch gesammelte Daten,
  die auf Programme, Module oder Unterprogramme eines Projektes
  bezogen werden können;

o Servicedaten - diese Daten beziehen sich auf alle sonstigen Ser-
  viceleistungen, die nicht direkt mit der Projektentwicklung zusammenhängen (z.B. Lieferzeit bei Geräteausfall und Ersatzliefe-
  rung);

o Kostendaten – Daten über alle Kostendaten, z.B. Personalkosten
  oder Reisekosten, fallen in diese Kategorie;

o Produktionsdaten – in diese Kategorie fallen alle Merkmale, die
  die Produktion beeinflussen, einschließlich der Daten zur Qualitätskontrolle und Programmierdaten (z.B. Änderungen im Quellcode, Verbesserungen, Änderungen der   funktionalen Anforderungen
  oder die Fehlerbehandlung).

Ein Projektleiter benötigt Informationen über die allgemeinen Merkmale des Projektes, den Stand des Projektes und der Programme, die
Qualität der produzierten Softwareprodukte, die Ressourcennutzung
und die Einhaltung der Standards und Richtlinien. Folgende Berichte
liefern diese Informationen:

o Statistiken über Programme, Programmodule und Unterprogramme;

o Produktionsstatistiken;

o Nutzung der Computerressourcen;

o Systementwurfs-/Programmstruktur;

o Trennung Plan-/Ist-Daten;

o Kombinationen der vorhergehenden Kategorien.

Einzelne Statusreports sollten nach Möglichkeit in einem festen Be-
richtszyklus erstellt werden. Dieser Zyklus wird vom Management
bestimmt und hängt normalerweise vom Bedarf der Kunden ab. Alle
Berichte müssen jedoch bei Bedarf sofort verfügbar, also abrufbe-
reit, sein (auch aus diesem Grund empfiehlt sich die DV-Unterstüt-
zung bei der Bearbeitung). Die Projektleiter zeichnen für die
Ermittlung aller Daten und für das rechtzeitige Erstellen der
Berichte verantwortlich. Sie sollten allerdings einen Teil der
Verantwortung, sofern möglich, an andere Führungsebenen oder Pro-
jektmitarbeiter delegieren.

Berichterstattung an das Management

Der Inhalt der Berichte an die Firmenleitung läßt sich aus den oben
genannten Daten ableiten. Aufbauend darauf lassen sich weitere
Berichte erstellen. Die nachfolgend aufgeführten Berichte sind
primär technischer Natur und betreffen direkt das Projekt:

o Statusberichte – werden von den Managern benutzt, um den Status
  des Quellcodes während der Codier- und Testphase zu überwachen.

o Berichte über Änderungen in Programmteilen – werden von den Programmierern und den Managern benutzt, um Programmeinheiten und
  die laufende Aktualisierung des Systems während der Codier- und
  Testphase zu überwachen.

o Zeitzuweisung – zur Überwachung, Optimierung und Zuweisung von
  Ressourcen (z.B. CPU-Zeit) während der Entwurfs- und Erstellungs-
  phase.

o Projektablaufkontrolle – wird von Projektleitern und von der
  mittleren Unternehmensleitung zu Planungs- und Kontrollzwecken
  verwendet.

o Systemkostenberichte – werden von Managern aller Führungsebenen
  benötigt, insbesondere von Projektleitern bei der Überwachung
  der Kostensituation.

AUSBLICK

Wie gezeigt wurde, wird der Leiter der Softwareentwicklung mit dem
Fehlen geeigneter Daten über bereits abgewickelte Projekte konfrontiert. Ferner kennt er meist nicht die genauen Abläufe und
Zusammenhänge, die einen bestimmten Projektverlauf beeinflussen.
Als Konsequenz ist es ihm nicht möglich, den notwendigen Arbeits-
aufwand für ein gegebenes Softwareentwicklungsprojekt zu bestimmen.
Schließlich stehen der Unternehmensleitung nur wenige standardisierte Verfahren und Möglichkeiten zur Kontrolle der Durchführung
des Projektes zur Verfügung.

In den letzten 15 bis 20 Jahren gab es eine Reihe bedeutender
Entwicklungen bei der Softwareerstellung. Eine dieser Trendentwicklungen ist die zunehmende Anwendung von Online-Systemen, die bereits diskutiert worden ist. Der Trend zum strukturierten Programmieren ist eine weitere fundamentale Neuerung. Auf diesem Gebiet wurden viele Experimente durchgeführt, die insgesamt den ersten seriösen Versuch darstellten, die Softwareentwicklung und ihre
vielen Zusammenhänge und Teilaspekte zu erfassen. Ebenso ist in
diesem Zusammenhang von Bedeutung, daß die durchgeführten Experimente zu der Erkenntnis führten, daß das Programmieren nicht nur
ein einfacher Bestandteil im Rahmen der Softwareentwicklung ist,
sondern daß es sich um ein neues Aufgabenfeld mit eigenen Regeln
und Ablaufproblemen handelt. Das strukturierte Programmieren wird
basierend auf folgenden Komponenten beschrieben (14):

o Top-Down strukturiertes Programmieren;

o Unterstützung durch Programmbibliotheken/Datenbanken;

o Programmentwurfssprachen (PDL = Program Design Language).

Obwohl der Einfluß (insbesondere dessen Ausmaß) der Programmentwurfssprachen auf die einzelnen Schätzverfahren noch nicht bewiesen
ist, sollten sie dennoch im Hinblick auf ihre Wirkung auf den
Systementwurf zum Einsatz kommen.

Die Anwendung des top-down strukturierten Programmierens kommt der
Standardisierung und der Verbesserung von Kontrollverfahren deutlich entgegen. Die Top-Down-Entwicklung und -Integration reduziert
vor allem die nicht vorhersehbaren Kosten, die beispielsweise durch
das Neuerstellen von Schnittstellen zwischen Programmteilen oder
Modulen anfallen. Daraus ergeben sich wiederum bessere Möglichkeiten für ein Abschätzen des Arbeitsumfangs.

Die kritischen Punkte der Anforderungen

Viele Entwickler neuer Programmiersprachen konzentrierten sich
darauf, dem Programmierer größere Freiheit bei der Anwendung des
Werkzeuges, mit dem Programme ausgedrückt werden, einzuräumen. Es
hat sich jedoch gezeigt, daß die meisten groben Softwarefehler
durch Probleme der Spezifikation und des Entwurfs verursacht wurden. Codierfehler lassen sich zumeist dann vermeiden, wenn man
einfache Programme schreibt; d.h. es erscheint günstiger, die
Programmiersprachen zu vereinfachen als sie mit einer Vielzahl von
Funktionen auszustatten, die mehr verwirren als nutzen.

In diesem Zusammenhang sei auf eine Untersuchung von Boehm hingewiesen (15), in der er festgestellt hat, daß das Entdecken von
Spezifikationsfehlern erst während der Programmierphase bis zu 50
mal teurer ist als das Entdecken dieser Fehler vor Beginn der
Programmierphase.

Weiterhin ist zu überdenken:

o Top-Down-Tests sind extrem schwierig, wenn es keinen genau festgelegten "Top" gibt.

o Das Testen ist schwierig, wenn man gegen unzureichend festgelegte
  und obendrein fehlerhafte Anforderungen testet.

o Die Anwender und das Management sind meist schwer zu überzeugen,
  daß sie einen großen Teil der Projektentwicklung mittragen und
  daß ungenaue Angaben über die Zielsetzung der Computeranwendung
  und schlechte Projektspezifikationen der Grund für verfehlte
  Softwareentwicklung und Programmfehler sind.

Derzeitiger Stand und zukünftige Technologie

Die Anforderungen an ein Softwaresystem werden üblicherweise um-
gangssprachlich formuliert. Diese Darstellungsform ist häufig mehr-
deutig und widersprüchlich. In den letzten Jahren hat es viele
Versuche gegeben, die Situation durch die Entwicklung von Spezifi-
kationssprachen und automatische Programmiersysteme zu verbessern.
Teichroew und Sayani (16) haben ein solches System entwickelt, das
primär für betriebswirtschaftliche Anwendungen eingesetzt werden
konnte. Dieses System benutzt eine formalisierte Sprache, die es
dem Entwerfenden erlaubt, ein Softwaresystem zu entwickeln, in dem
fest definierte Stammwörter benutzt werden können.

Dijkstra (17) und Mills (18) haben ebenfalls eine Reihe von Vor-
schlägen zur Softwareentwicklung veröffentlicht.

ZUSAMMENFASSUNG

Der Einfluß vieler Faktoren und Entwicklungstendenzen auf die Pro-
grammierkosten ist bekannt, wird aber nur unzureichend verstanden.
Einige der wichtigsten Fragen, die weiterer Untersuchungen und des
weiteren Verständnisses bedürfen, sind:

o Wie hoch ist die Arbeitsleistung eines Durchschnittsprogrammie-
  rers und welche Faktoren beeinflussen sie? Wie wissen wir, wann
  wir die passenden Parameter zur Bestimmung der Arbeitseffektivität gefunden haben? Wie können wir erfahren, nachdem man die
  Daten eines spezifizierten Projektes ermittelt hat, woher die
  resultierende Produktivität hervorgerufen wurde (z.B. durch den
  Projektumfang, durch die Qualität der Entwurfsspezifikation oder
  durch welche Faktoren)? Ist eine hohe Fehlerquote ein Resultat
  der Projektgröße oder das Resultat unzureichender funktionaler
  Spezifikationen?

o Wie beinflußt die Komplexität ein Softwareprojekt? Wolverton (1)
  führt einen Kostenanstieg eines komplexen Projektes um das drei-
  bis fünfeinhalbfache des Durchschnitts an, wobei wir allerdings
  nicht wissen, welche Faktoren in welchem Umfang die Komplexität
  eines Projektes bestimmen.

o Welche Ressourcenengpässe (z.B. begrenzter Speicherplatz) beeinflussen die Programmierleistung und die Zuverlässigkeit?

o Wie und in welchem Umfang wird die Arbeitsleistung von den Fähigkeiten der Programmierer und von dem verwendeten Teamkonzept
  beeinflußt?

Der Leiter der Softwareentwicklung kann viel dazu beitragen, einige
dieser Fragen für sein Unternehmen zu beantworten. Die Einführung
des strukturierten Programmierens ist ein guter Anfang. Von den
vielen anderen (wahrscheinlich) einflußreichen Faktoren, sollte den
folgenden besondere Aufmerksamkeit zuteil werden:

o Die Nutzung von Hilfsmitteln bei der Programmierung;
o Die präzise Formulierung der funktionalen Anforderungen;
o Die Eignung der verwendeten Programmiersprache;
o Die Durchlaufzeiten während der Testphase;
o Die Programmierverfahren und -standards;
o Der Umfang der Programme (z.B. gemessen in Programmzeilen);
o Die Komplexität des Projektes;
o Der Umfang und die Art der Dokumentation;
o Die Anzahl der Dateien pro Programm;
o Die Zugriffsmethoden und Datenstrukturen.

Wenn diese Informationen einmal zusammengestellt sind, sollten sie
durch weitere Daten ergänzt werden. Dann kann der Projektleiter
die Programmierverfahren in seinem Unternehmen verfeinern, um die
Leistung und Zuverlässigkeit der unter seiner Regie entwickelten
Software zu verbessern.

Quellenangaben:

1. Wolverton, R.W.: "The Cost of Developing Large Scale Software",
    TRW-SS-72-01, März 1972.
2. Putnam, L.H.: "A General Empirical Solution to the Macro Soft-
    ware and Estimating Problem", IEEE Transaction on Software
    Engineering, Vol. SE-4, No. 4, Juli 1978.
3. Halstead, G.H.: "Elements of Software Science", New York:
    Elsevier North-Holland Inc., 1977.
4. Boehm, B.W.: "The High Cost of Software", Proceedings of a
    Symposium on the High Cost of Software, Stanford Research
    Institute, Menlo Park CA, 1973.
5. Sackman, H.: "Man Computer Problem Solving", Pennsauken, NJ:
    Auerbach Publishers, 1970.
6. Nelson, E.A.: "Management Handbook for the Estimation of Compu-
    ter Programming Cash", SDC, Santa Monica CA, 1967.
7. Lias, E.J.: "On-Line vs. Batch Costs", Datamation, Dezember
    1974.
8. Kosy, D.W.: "Air Force Command and Control Information Proces-
    sing in the 1980s: Trends in Software Technology", R-1012-PR,
    Rand Corporation, 1974.
9. Brooks, F.P.: "Why is Software Late?", Data Management, August
    1971, S. 18-21.
10. LaBolle, V.: "Estimation of Computer Programming Costs", SDC,
    Santa Monica CA, 1964.
11. Farr, L., LaBolle, V. und Norman Withworth.: "Planning Guide
    for Computer Program Development", SDC, Santa Monica CA, 1965.

12. Walston, C.E. und C.P. Felix: "Programming Measurement and Estimation", IBM Systems Journal No.1, 1977, S. 54-73.
13. Doty Associates, Inc.: "Software Cost Estimation Study", Vol. 1, 2, Juni 1977.
14. Structured Programming Series: "Programming Language Standards", RADC-TR-74-300, Vol. 1, 1974.
15. Boehm, B.W.: "Software Engineering", TRW-SS-76-08, 1976.
16. Teichroew, D. und Sayani, H.: "Automation of System Building", Datamation, August 1971, S. 25-30.
17. Dijkstra, Edger: "A Discipline of Programming", Englewood Cliffs NJ, Prentice-Hall, 1976.
18. Mills, Harlan: "Structured Programming", Reading MA, Addison-Wesley, 1979.
19. James, F.G.: "Software Cost Estimation Methodology", IEEE Proc of National Aerospace Electronic Conf., S. 22-28, 1977.

Literatur:

Baker, F.T.: "Chief Programmer Team Management of Production Programming", IBM Systems Journal, Vol. 2, No. 1 (1972), S. 56 - 73.

4 Grundelemente der modularen Programmierung

EINLEITUNG

Im Systementwurf stellt ein Modul eine in sich geschlossene Einheit dar, die eine bestimmte Aufgabe oder eine Anzahl von Aufgaben erfüllt, um die Arbeit des gesamten Systems zu unterstützen. Wenn die Zuordnung der Aufgaben zu Modulen erfolgreich vorgenommen wurde und die Modulschnittstellen definiert sind, können Module voneinander unabhängig entwickelt und getestet werden. Sie können dann sogar unabhängig voneinander verändert oder ersetzt werden, auch wenn sie schon in ein umfassenderes Gesamtsystem integriert worden sind. Das Ergebnis ist, daß Änderungen am System viel leichter bei einem modularen System vorgenommen werden können, als bei einem nichtmodularen System.

Der Einsatz von "Modulen" kommt bei der Computerhardware viel deutlicher zur Geltung als bei der Computersoftware. Der Grund ist, daß die Hardwareentwicklung weitaus zwingendere Entwicklungsprozesse erfordert als die Softwareentwicklung. Diese ist im wesentlichen frei von irgendwelchen Zwängen, was beispielsweise dazu führte, daß sich Softwareexperten nicht einmal über eine einheitliche Definition des Begriffes "Softwaremodul" einigen konnten.

Obwohl häufig Softwaremodule mit Unterprogrammen gleichgesetzt werden, wächst die Erkenntnis, daß Unterprogramme nicht notwendigerweise in sich geschlossene Einheiten sind und nicht notwendigerweise unabhängig entwickelt und verändert werden können. In diesem Kapitel soll folgende Definition zugrunde gelegt werden: ein Softwaremodul ist eine Sammlung von Programmen und Daten, die jeweils einen separat modifizierbaren Aspekt eines umfassenden DV-Systems zusammenfaßt. Da zum Beispiel Dateneingabeformate häufigen Änderungen unterworfen sind, sollten alle Programmteile, die die Dateneingabe realisieren, zu einem Modul gehören.

Auf der Basis dieser Definition werden in diesem Kapitel die Grundlagen des modularen Programmentwurfs erläutert. Dabei werden eine
Reihe allgemeiner Probleme der Softwareentwicklung aufgezeigt, die
durch den Einsatz modularer Programmentwurfstechniken gemildert
werden können; ferner werden die Grundkonzepte und die Methodik zur
Erstellung eines modularen Entwurfs dargestellt und eine Erläuterung der Leistungsaspekte, die mit dem modularen Programmentwurf
zusammenhängen, gegeben.

DER EINFLUSS DES MODULAREN ENTWURFS AUF DIE SOFTWAREENTWICKLUNG

Abbildung 4.1 zeigt die Hauptphasen im Lebenszyklus eines Softwareproduktes. Da die Softwareentwicklung zumeist durch zeitliche Engpässe belastet wird, glaubt man, durch eine Verkürzung der Entwurfsphase diese Engpässe zu beseitigen. Aus einer Verkürzung der
Entwurfsphase folgt jedoch meist eine Anzahl unvorhersehbarer Verzögerungen und Überschreitungen der Kostenvorgaben während der
Programmier- und Integrationsphase; auch werden häufig Programme
entworfen, die unzuverlässig und schwer zu pflegen sind.

Im Gegensatz dazu verlangen modulare Entwurfsmethoden einen wesentlichen Schwerpunkt auf die Entwurfsphase zu legen, in der die
Softwarestruktur systematisch zu entwickeln und eingehend zu dokumentieren ist. Diese Anstrengungen können dann die Probleme, die in
den folgenden Entwicklungsschritten auftreten werden, verringern,
indem die Programme leichter zu codieren, zu integrieren und zu
pflegen sind. Solche Vorteile treten jedoch nicht automatisch auf:
modulare Entwurfsprinzipien bieten keinen allgemeingültigen Algorithmus für die Softwareentwicklung an. Jeder Anwendungsbereich
bringt seine eigenen speziellen Entwurfsprobleme mit sich. Deshalb
müssen diese Prinzipien von erfahrenen Praktikern angewendet werden, wenn ein guter Entwurf erstellt werden soll.

Problem 1: Änderungen sind sehr kostenintensiv

Bestehende Programme sind oftmals schwierig zu modifizieren, so daß
es bisweilen kostengünstiger wäre, sie völlig neu zu programmieren.
Häufig stellt sich beispielsweise das Problem, überhaupt den richtigen Codeabschnitt zu finden, der geändert werden soll, entweder
weil die Originalstruktur nur schwer zu verstehen ist oder weil
eine Programmstruktur nach mehreren Änderungen nicht mehr auffind-
bar ist.

Veränderungen an einem Teil eines Programms bewirken oft einen
sogenannten Welleneffekt, indem sie Fehler in Programmteilen hervorrufen, die von der Veränderung nicht unmittelbar betroffen sind.
Wenn den Programmänderungen nicht eine umfangreiche Testphase
folgt, können neue Programmversionen freigegeben werden, die mit
Fehlern behaftet sind, die erst im Rahmen von Wartungsarbeiten

entstanden sind. Viele dieser Probleme können allerdings dann vermieden werden, wenn man die Notwendigkeit von Änderungen gleich
beim Entwurfsaufbau mit berücksichtigt.

Es ist eine weitverbreitete Fehleinschätzung unter Softwareentwicklern, daß von einem bestimmen Zeitpunkt an keine Änderungen in
den Spezifikationen eines Softwareprojekts mehr vorgenommen werden.
Funktionale Anforderungen und Systemschnittstellen werden jedoch
nie endgültig festgelegt sein; sie verändern sich ständig in allen
Phasen des Entwicklungszyklusses des Anwenderprogramms. Dafür gibt
es viele Gründe: die ursprünglichen Anforderungen sind oft zu
kompliziert, um vollständig dargelegt zu werden, und die Spezifika-
tionsmethoden sind oft zu primitiv, um sicherzustellen, daß alle
Aspekte entsprechend berücksichtigt werden. Darüberhinaus resultie-
ren notwendige Änderungen aus veränderten Benutzeranforderungen,
aus neuen Betriebssystemversionen, aus Hardwareänderungen oder
einfach nur aus Modifikationen von bereits spezifizierten Teilen
des Systems.

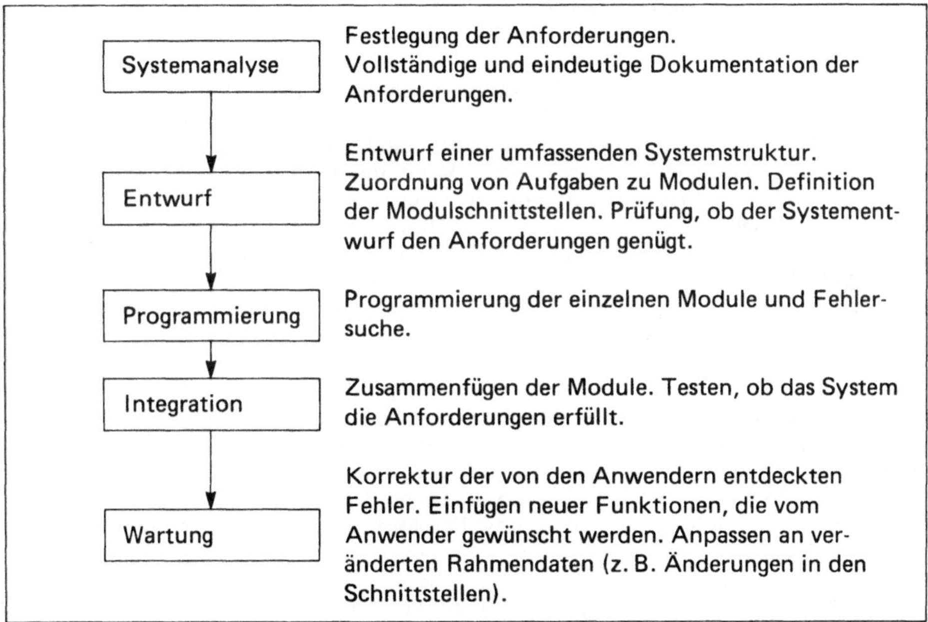

Abbildung 4.1 Die Phasen des Softwarelebenszyklus

Vorteile modularer Programmierung

Unvorhergesehene Änderungen können Grundannahmen für ein ganzes
System ungültig machen, indem sie Änderungen in vielen Programmteilen erfordern. Modulare Programmiertechniken können helfen, die mit
der entsprechenden Änderung verbundenen Codeabschnitte zu isolie-

ren, so daß man in sich abgeschlossene, leicht aufzufindende und
relativ kleine Programmsegmente betrachten kann. Wenn keine Veränderungen an der Modulschnittstelle vorgenommen werden müssen, kann
der Programmierer zuversichtlich sein, daß sich durch die Veränderungen keine Fehler in andere Teile des Systems einschleichen.

Es ist unmöglich, ein Programm zu entwerfen, in dem man jede denk-
bare Veränderung leicht durchführen kann. Wenn es jedoch möglich
ist, eventuell notwendige Veränderungen von vornherein mit in Betracht zu ziehen, kann man ein Programm so entwerfen, daß Änderungen leichter zu realisieren sind.

Problem 2: Kommunikation und Ausbildung sind sehr kostenintensiv

Entsprechend von Brooks Gesetz (1) bringt "zusätzlicher Personal-
einsatz ein in Verzug geratenes Softwareprojekt weiter in Verzug".
Dieser zusätzliche Verzug hat zwei Ursachen: erstens durch den
erhöhten Kommunikationsbedarf unter den Mitarbeitern und zweitens
durch die gestiegenen Kosten für die Ausbildung und Einweisung
neuer Programmierer.

Der Zeitaufwand, der für den Austausch der Querinformationen benötigt wird, hängt im wesentlichen davon ab, in welchem Umfang sich
die verschiedenen zu programmierenden Funktionen gegenseitig beeinflussen und voneinander abhängen. Wenn unterschiedliche Programme
in hohem Maße voneinander abhängen, muß der Programmierer des einen
Programms viel Zeit darauf verwenden, die Probleme der anderen
Programme und die Methoden zu ihrer Lösung kennenzulernen. Würde
man darauf verzichten, wären die individuellen Softwareprodukte
nicht aufeinander abgestimmt und paßten demzufolge nicht zueinan-
der.

Es kann immer wieder beobachtet werden, daß der Erfolg eines Projektes im wesentlichen von den Personen abhängt, die den Überblick
über das Gesamtsystem haben und wissen, wie es arbeitet. Das führt
nicht nur dazu, daß diese Personen von ihrer eigentlichen Arbeit
abgelenkt werden, um die Fragen anderer Programmierer zu beantworten, sondern auch dazu, daß das Projekt während ihrer Abwesenheit
verzögert wird.

Durch die hohe Personalfluktuationsrate, die charakteristisch für
Programmierabteilungen ist, werden zusätzliche Probleme geschaffen.
Die Ausbildung neuen Personals ist sehr zeitintensiv, teuer und
trägt nicht direkt zum Projektfortschritt bei. Wenn ein Programm in
hohem Maße von einem anderen Programm abhängt, so daß ein neuer
Programmierer erst den größten Teil des Gesamtsystems kennen muß,
um einen kleinen Teil davon bearbeiten zu können, kann es Monate
dauern, bevor er zum Projektfortschritt beitragen kann.

Vorteile modularer Programmierung

Modulare Programmierung bewirkt eine Aufteilung des Projektes in überschaubare, gut dokumentierte Teilaufgaben. Diese Aufteilung reduziert den Umfang der Informationen, über die man zur Aufgabenerfüllung verfügen muß. Die Arbeiten an einem Modul können voranschreiten, ohne daß man ständig über Arbeiten an anderen Teilaufgaben informiert sein muß. Die Ausbildung und Einbindung neuen Personals wird vereinfacht, da die Programmierer produktiv an Programmteilen arbeiten können, ohne daß sie das ganze System kennen müssen.

Problem 3: Die Integration erweist sich oft als aufwendig

Die Integrationsphase gegen Ende der Systementwicklung kann bisweilen große Probleme mit sich bringen. Versäumnisse, Mißverständnisse oder nicht präzise definierte Annahmen können dazu führen, daß Programmkomponenten, die während der Einzeltests einwandfrei liefen, nach dem Zusammenfügen aller Teilkomponenten nicht mehr funktionieren. Auch kann es sich als sehr schwierig erweisen, die aufgetretenen Fehler genau zu lokalisieren.

Vorteile modularer Programmierung

Die modulare Programmierung kann dazu beitragen, daß es weniger Überraschungen während der Systemintegration gibt, weil modular gestaltete Software durch einfache Schnittstellen und klare Zuordnung der Verantwortlichkeiten charakterisiert wird. Viele Doppeldeutigkeiten und Mißverständnisse können aufgedeckt werden, bevor sie in die einzelnen Komponenten einfließen, sofern die Modulspezifikationen noch einmal durchgesehen werden, bevor die Codierung beginnt. Daraus folgt, daß ein Modul, das den Einzeltest bestanden hat, wahrscheinlich besser in das Gesamtsystem paßt. Da die einzelnen Module gut dokumentiert sind, können auftretende Probleme leichter behandelt werden.

Problem 4: Die Dokumentation ist entweder nutzlos oder nicht vorhanden

Die Softwarewartung kann durch eine schlechte Dokumentation erschwert werden, weil sie üblicherweise nicht von dem gleichen Programmierer durchgeführt wird, durch den das System (oder Systemteile) entwickelt wurde. Darüberhinaus wird die Softwaredokumentation meist erst nach Abschluß der eigentlichen Entwicklungsarbeiten entweder durch die Softwareentwickler erstellt, die häufig keine guten Autoren sind, oder durch Personen, die zwar problemlos Schriftstücke verfassen können, aber schlechte Programmierer sind.

Auch wenn der Programmentwickler die Dokumentation erstellt, kann sie für eine außenstehende Person, die nicht zum Entwicklungsteam gehört, nicht eindeutig genug strukturiert und ausformuliert sein. Eine nutzlose Dokumentation ist schlechter als gar keine, da sie der Firmenleitung fälschlicherweise die Sicherheit gibt, daß die zur Wartung der Software notwendigen Informationen schriftlich vorliegen.

Vorteile modularer Programmierung

Die Dokumentation sollte parallel zur Softwareentwicklung verfaßt werden. Eine Rückkopplung vom Erstellen der Dokumentation zur Programmerstellung erhöht die Qualität des Entwurfs. Wenn ein Aspekt des Entwurfs nicht eindeutig beschrieben werden kann, läßt er sich für gewöhnlich auch besser entwerfen. Wichtige Informationen gehen häufig unter, wenn sie nicht bereits während der Entwurfsphase festgehalten werden; Notizen gehen verloren, und bisweilen werden Faktoren vergessen, die den Entwurf beeinflußt haben. Die modulare Entwurfsmethode schreibt vor, daß die Dokumentation das einzige Produkt des Entwurfs sein soll; die Codierung kann nicht beginnen, bevor die Dokumentation genehmigt ist.

Wiederverwendbarkeit der Ergebnisse modularer Programmierung

Ein weiterer Vorteil der modularen Programmentwicklung ist die Wiederverwendbarkeit einiger Programmteile an verschiedenen Stellen des Gesamtprogramms und in anderen Softwareprodukten. Gut definierte Module, die allgemeine Funktionen wie das Sortieren oder das Berechnen statistischer Größen beinhalten, können oft ohne Veränderungen in andere Systeme übernommen werden. Manchmal kann man sogar einen gesamten modularen Entwurf in ein neues System übernehmen, wobei nur einige der Module an die neue Umgebung angepaßt werden (z.B. Änderung in den Schnittstellen).

DAS GRUNDKONZEPT

In diesem Abschnitt sollen einige grundlegende Konzepte der modularen Programmierung vorgestellt werden, wobei einfache Beispiele die Aussagen verdeutlichen. Das hier zugrundeliegende Beispiel ist ein Programm zur Verwaltung eines Adressenverzeichnisses.

Die erste Anforderung an dieses Programm ist die Pflege der Datei, in der die Adressen gespeichert sind. Weiterhin soll das Programm Daten nach verschiedenen Kriterien sortieren und als Liste ausgeben können, wobei die Möglichkeit gegeben sein muß, zwischen verschiedenen Arten von Listen auszuwählen.

Die Adressendatei setzt sich aus verschiedenen Quellen zusammen, zum Beispiel aus der Abonnentenliste einer Zeitschrift, der Mitgliederliste eines Sportvereins usw. Diese Listen haben jeweils unterschiedliche Satzformate. Unser Programm muß daher in der Lage sein, Eingabedaten mit unterschiedlichem Format zu verarbeiten; die entsprechenden Module müssen leicht zu verändern sein, wenn es gilt, neue Eingabeformate zu berücksichtigen. Um den Kunden eine Auswahl zu bieten, müssen von vornherein verschiedene Listenformate verfügbar sein. Darüberhinaus sollen weitere Formate problemlos hinzugefügt werden können.

Module

Ein Modul ist eine Sammlung in Verbindung stehender Programme und Datenstrukturen, die einen bestimmten Aspekt eines Systems zum Inhalt haben. Die Programme innerhalb eines Moduls basieren alle auf Informationen, die beim Entwurf anderer Programme des Systems nicht benutzt werden (siehe Abbildung 4.2). Ein Beispiel ist in diesem Zusammenhang der Magnetbandtreiber eines Betriebssystems, der die Programme zum Lesen (Programm A) und Schreiben (Programm B) von Datensätzen sowie zum Zurücksetzen des Bandes (Programm C) umfaßt. Alle drei Programme basieren auf Informationen, wie sich eine spezielle Bandeinheit bei bestimmten Programmbefehlen verhält (z.B. in COBOL der READ-Befehl zum Lesen von Datensätzen), einschließlich der Erstellung eines Übertragungsprotokolls und einer Datenübertragungsprüfung.

Module, die Informationen isolieren (d.h. Informationen werden im Hintergrund mitgeführt, werden aber beispielsweise nicht an der Benutzeroberfläche sichtbar), bieten zwei Vorteile: zum einen vereinfachen sie die Erstellung anderer Programme, weil sie diese von bestimmten Detailaufgaben befreien. Zum anderen können Änderungen am System vorgenommen werden, indem man lediglich das jeweilige Modul austauscht.

Das Erstellen von Anwendungsprogrammen wird z.B. dann einfacher, wenn man Magnetbandtreiber zur Verfügung hat, d.h. Anwendungsprogramme können auf ein Magnetband schreiben, ohne Details der Hardwareschnittstelle zur Einheit zu kennen. Der Austausch gegen eine neue Magnetbandstation kann erfolgen, ohne daß alle Anwendungsprogramme, die Magnetbänder benutzen, geändert werden müssen; es braucht nur der Magnetbandtreiber neu geschrieben werden. Beachten Sie, daß diese Module nicht notwendigerweise mit einzelnen Unterprogrammen vergleichbar sind, oder daß diese nur aus einzelnen Programmen bestehen. Sie können ebenso Datenbanken oder JCL (Job Control Language) betreffen.

Softwaremodule dienen zwei sich ergänzenden Zielen: sie sind Einheiten in der Softwarestruktur (Einheiten können unabhängig voneinander geändert werden) und sie sind Einheiten im Programmierungsprozeß (unabhängige Arbeitszuordnung). Ein gutes Modul für den einen Zweck ist im allgemeinen auch ein gutes Modul für einen anderen Zweck (Wiederverwendbarkeit), weil beide von einer eindeutigen Definition der Aufgabe des Moduls und seiner Schnittstelle abhängen. Beide Ziele sind während des Modulentwurfs zu berücksichtigen.

Die Wartung eines Softwaresystems hängt davon ab, wie gut es in einzelne Einheiten unterteilt worden ist. Wenn eine gute Unterteilung vorgenommen wurde, erfordert eine Änderung nur die Neuprogrammierung eines Moduls, ohne Änderungen am restlichen Programmsystem vornehmen zu müssen.

Die Fertigstellung eines Anwenderprogramms kann entscheidend durch eine gute Teilbereichsbestimmung und Aufgabengliederung beeinflußt werden. Ist die Unterteilung gut gewählt worden, kann jede Einheit von einem einzelnen Programmierer erstellt werden, wobei dieser sich nur sehr selten mit anderen Programmierern auseinandersetzen muß. Um ein Modul in sich selbst geschlossen zu halten, müssen die Ziele, Funktionen und Schnittstellen zu anderen Modulen präzise definiert sein. Ansonsten werden die Programmierer viel Zeit darauf verwenden, untereinander zu verhandeln, wer für was zuständig ist und wie Daten zwischen den Programmteilen übertragen werden. Wenn ein System unter diesem Aspekt gut untergliedert ist, können Programmierer meistens unabhängig voneinander Programmbereiche weiterentwickeln, ohne viel Zeit dabei zu verwenden, aufeinander zu warten oder sich gegenseitig abzustimmen.

Wenn ein Softwaresystem sehr groß ist, können verschiedene Programmierteams daran arbeiten. In diesem Fall sollte es in große Module unterteilt werden, die den verschiedenen Teams zugeordnet werden, und jedes Modul sollte weiter in kleinere Module für jeden Programmierer unterteilt werden.

Verschiedene Module erfordern oft Softwareentwickler mit unterschiedlichem Fachwissen. Wenn die verschiedenen Talente der verfügbaren Programmierer beim Modulentwurf berücksichtigt werden, kann die Gesamtproduktivität der Abteilung gesteigert werden. Diese Überlegungen sollten jedoch gegenüber den Überlegungen bezüglich der leichten Veränderbarkeit der Software zweitrangig sein; zum einen, weil die leichte Veränderbarkeit den gesamten Lebenszyklus des Anwenderprogrammes beeinflußt, und zum anderen, weil die verfügbaren und eingesetzten Mitarbeiter oft schon während der Programmierungsphase wechseln.

Jedes Modul ist ein Block im gesamten Softwaresystem und muß daher mit anderen Modulen kommunizieren, um die Anforderungen zu erfüllen, die in das gesamte System gesetzt wurden. Es gibt zwei Haupttypen von Modulen. Hilfsmodule bieten Hilfen bzw. Leistungen an, durch die die übrige Software leichter zu programmieren ist. Inhalt dieser Module können Details über periphere Einheiten, Datenstrukturen oder Algorithmen sein. Kontrollmodule benutzen die Hilfsmodule, um den Gesamtanforderungen an das System zu genügen. Inhalt dieser Module ist die Steuerung der erforderlichen Aktionen.

Die Modulhierarchie

Auch wenn Module klar definierte Aufgaben und Schnittstellen haben, kann durch ihre unübersehbare Zahl ein Gesamtsystem schwer verständlich werden, es sei denn, sie sind in einer bestimmten Weise organisiert. Eine angemessene Organisation ist der Aufbau einer Modulhierarchie (siehe Abbildung 4.3), wobei eine Teilmengenbeziehung zwischen einem Modul und seinem übergeordneten Modul vorliegt. Module gehören daher zu Modulklassen, und Modulklassen können selbst wieder als Module angesehen werden. An der Spitze der Hierarchie steht eine kleine Anzahl von Modulen oder Modulklassen, die zusammen die Systemanforderungen erfüllen. Jedes Modul wird in kleinere, spezialisiertere Module unterteilt, die zusammen die Anforderungen des übergeordneten Moduls erfüllen. Die Module auf der untersten Stufe sind so einfach, daß eine weitere Unterteilung nicht notwendig ist.

Die Modulhierarchie erlaubt einem (neuen) Mitarbeiter, ein Softwaresystem kennenzulernen, indem er zunächst die Module der obersten Stufe studiert und analysiert, wie diese zusammenarbeiten, um den Gesamtanforderungen zu genügen; anschließend werden der Reihe nach die untergeordneten Module studiert und es wird analysiert, wie diese zusammenarbeiten. Der Leser muß nur eine kleine Anzahl von Modulen zum jeweiligen Zeitpunkt beachten. Ein Programmierer kann bei der Programmpflege das zu ändernde Modul finden, indem er auf der höchsten Hierarchiestufe beginnt und sich von dort aus in tiefere Modulhierarchiestufen vorarbeitet, bis er das richtige Modul erreicht hat. Auf jeder Stufe hat der Softwareentwickler nur eine kleine Anzahl von Modulen zur Verfügung, aus denen er auswählen kann. Die Änderung von Modulen auf höherer Ebene ist eine Teamaufgabe; Module auf niedrigerer Stufe können von einem einzelnen Programmierer überarbeitet werden.

Modulschnittstellen und Zugriffsfunktionen

Jedes Hilfsmodul muß eine gut definierte Schnittstelle aufweisen, damit die Programmierer unabhängig voneinander arbeiten können. Die Schnittstelle zu einem Modul muß aus allen Informationen bestehen, die andere Programmierer von diesem Modul haben müssen, um ihre eigenen Module schreiben zu können. Schnittstellenbeschreibungen bestehen aus zwei Teilen:

o Beschreibung aller zugrunde gelegten Annahmen, die Anwenderprogramme zu diesem Modul machen können;

o Beschreibung der Programmkonstruktionen, die im Quellprogramm
  benutzt werden dürfen.

Die Programmkonstruktionen sind einzelne Programme (oder Programmteile), die man Zugriffsfunktionen nennt. Wenn der Rest des Softwaresystems ein Hilfsmodul benutzt, muß eine Zugriffsfunktion aufgerufen werden, die von diesen Hilfsmodulen gestellt wird. Die
Beschreibung der Zugriffsfunktion sollte das Format des Aufrufs,
die Parameterbeschreibung, Parameterbegrenzungen, die Wirkung von
Aufrufen auf zukünftige Aufrufe, mögliche Fehlerquellen bei Aufrufen und Restriktionen der Aufruffolge (siehe Abbildung 4.4) umfassen. Im Beispiel des Magnetbandtreibers rufen Anwenderprogramme
einen Magnetbandzugriff auf, um einen Satz auf das Magnetband zu
schreiben.

Modul- name	Modul- typ	Modulinhalt	Informationen	Änderungsgründe
Adressen- speicher- modul	Hilfs- modul	speichert und sucht die Adressen- daten zu einer Person	verbirgt Auswahl und Aufbau der Datenstruktur, mit deren Hilfe eine Person im Computer ge- speichert wird; ferner ob die Datei vollständig im Hauptspeicher steht oder (zumindest teilweise) auf Magnetplatte gespeichert wird.	Änderungen in der Größe der Adres- sendatei, des verfügbaren Speicher- platzes oder hinsichtlich der gefor- derten Zugriffszeit können ent- sprechende Änderungen an den Programmen erforderlich machen.
Eingabe- einheiten- modul	Hilfs- modul	liest Sätze oder Zeichen von einer Eingabeeinheit (z. B. Kartenleser oder Magnetbandeinheit).	verbirgt die vom Gerät verwen- deten Befehle und Datenformate (z. B EBCDIC ASCII).	Veränderungen durch Austausch des Gerätes gegen ein neues.
Eingabe- format- modul	Hilfs- modul	benutzt Programm im Eingabe- einheitenmodul, um Adressen zu lesen; analysiert Eingabesätze nach verschiedenen Kriterien und speichert die Adressenvariablen.	verbirgt das Format der Eingabe- daten, inklusive des Aufbaus der Felder, der Feldbegrenzer, der Feldgröße usw.	Änderungen/Ergänzungen deshalb, weil viele Adressenlisten benötigt werden und diese Listen unterschied- liche Format haben.
Ausgabe- einheiten- modul	Hilfs- modul	schreibt Zeichen oder Zeichen- ketten an eine Ausgabeeinheit (z. B. Drucker).	verbirgt die vom Gerät verwen- deten Befehle und Datenformate (z. B. EBCDIC, ASCII).	Veränderungen, wenn das Gerät gegen ein neues ausgetauscht wird.
Ausgabe- format- modul	Hilfs- modul	benutzt Programme im Ausgabe- einheitenmodul, um Adressen in einem gewählten Format aus- zugeben.	verbirgt Details über das gewählte Format.	Änderungen/Ergänzungen deshalb, weil verschiedene Kunden unter- schiedliche Adressenlisten haben möchten; auch die Forderungen eines Kunden können sich im Laufe der Zeit ändern.
Auswahl- modul	Hilfs- modul	bestimmt für eine gegebene Adresse, ob sie zu einer bestimm- ten Menge gehört.	verbirgt die spezifischen Ent- scheidungskriterien.	die Kriterien könnten sich ändern, weil verschiedene Kunden Listen mit unterschiedlichen Personenkreisen wünschen.
Befehls- format- modul	Hilfs- modul	benutzt Programme des Eingabe- einheitenmoduls, um Befehle vom Anwender einzulesen.	verbirgt Format und Quelle der Benutzereingaben (d. h. ob Optionen auf JCL-Karten oder in einer separaten Eingabedatei stehen oder von einem Terminal kommen). Hält voreingestellte Werte (Defaults) für den Fall bereit, daß der Benutzer Eingabe- fehler macht.	Änderungen deshalb, weil der Be- nutzer ein Format umständlich fin- det oder verschiedene Vorgabewerte (Defaults) haben möchte.
Haupt- kontroll- modul	Kon- troll- modul	ruft Programme in allen anderen Modulen auf, um die vorgegebene Aufgabe zu erfüllen.	verbirgt die Folge der Aufrufe, die erforderlich ist, um die An- forderung zu erfüllen.	

Abbildung 4.2 Das Adressenverwaltungssystem: Eigenschaften der Module

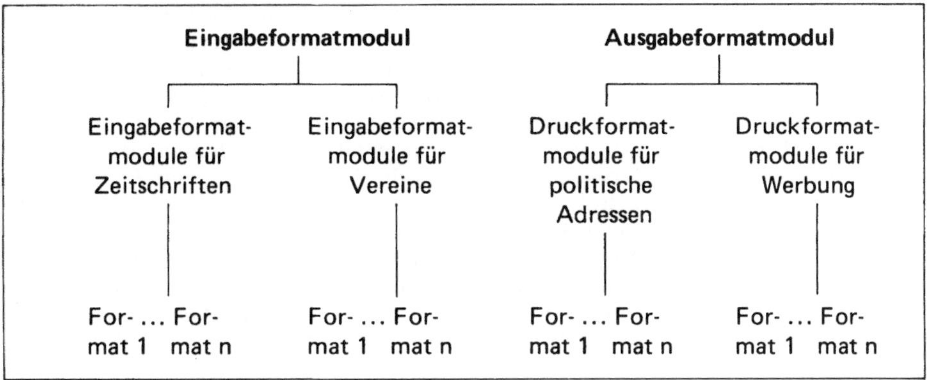

Abbildung 4.3 Ausschnitt aus einer Modulhierarchie

Die Informationen, die zu einer Schnittstelle gehören, müssen sorgfältig ausgewählt und dokumentiert werden. Wenn nicht genügend
Informationen für die Schnittstelle verfügbar sind, passen die
Module möglicherweise nicht zusammen. Im Beispiel des Magnetbandtreibers könnte das der Fall sein, wenn ein bestimmter Benutzer
wissen will, wieviel Platz noch auf dem Magnetband zur Verfügung
steht und die Modulschnittstelle über keine Zugriffsfunktion verfügt, die diese Information geben könnte.

Modulspezifikationen

Die Dokumentation des Modulentwurfs besteht hauptsächlich aus Spezifikationen, d.h. aus genauen Angaben, was das Modul leisten muß,
wenn es korrekt arbeitet. Diese Spezifikationen dienen den Pro-
grammentwicklern als Information für eigene Programmierarbeiten.
Sie werden manchmal als "Black-Box"-Spezifikationen bezeichnet,
weil sie nur das nach außen sichtbare Modulverhalten definieren.

Es gibt drei Haupttypen von Modulspezifikationen: Schnittstellenspezifikationen für Hilfsmodule (siehe Abbildung 4.5), Aufgabenspezifikationen für Kontrollmodule (siehe Abbildung 4.6) und Anwendungsspezifikationen für Modulverbindungen (siehe Abbildung 4.7).

Schnittstellenspezifikationen

Schnittstellenspezifikationen geben Informationen über die Schnitt-
stelle als solche an die Programmierer anderer Module weiter. Diese
Spezifikationen dienen zwischen dem Entwickler eines Moduls und den
Teamkollegen als Übereinkunft darüber, was das Modul leisten soll.
Wenn das Modul den Spezifikationen entspricht, wird es mit anderen

Modulen korrekt zusammenarbeiten. Die anderen Programmierer sollten sich bei Fragen zu einem Modul stets auf die Schnittstellenspezifikation beziehen können. Sollten sie dort keine Antworten auf ihre Fragen erhalten, dürfen sie auf keinen Fall eigene Annahmen über die Schnittstelle treffen. Informationen, die nicht in der Schnittstellenspezifikation enthalten sind, sind Bestandteil des eigentlichen Moduls. Sofern es nicht möglich ist, eigene Programme unter Zuhilfenahme der Schnittstellenspezifikation zu schreiben, kann auch die Schnittstelle selbst korrekturbedürftig sein. Die Forderung, daß sich Anwender eines Moduls nur auf die Modulspezifikationen beziehen, hat den Zweck, den Umfang der Kommunikation unter den Programmierern zu begrenzen, so daß Eigenheiten eines Moduls nicht von Programmierern anderer Module benötigt werden.

Adressenspeichermodul
> Suche_Adressennummer: zeigt die Anzahl der Adressen in der Datei
> Erzeuge_Adresse (Personen-ID): legt einen neuen Satz in der Datei
> > an und ordnet ihn der Personen-ID zu; erhöht Suche_Adressennummer um eins
> Suche_Straße (Personen-ID): zeigt den Straßennamen der der Personen-ID zugeordneten
> > Person
> Setze_Postleitzahl (Personen-ID, Postleitzahl): speichert eine Postleitzahl für die durch
> > Personen-ID gekennzeichnete Person

Eingabeeinheitenmodul
> Lies_Karte: liest die nächste Karte vom Kartenleser

Eingabeformatmodul
> Setze_Eingabeformat (Format-Code): bestimmt das Eingabeformat für alle folgenden
> > Eingaben, bis ein neuer Format-Code angegeben wird
> Lies_Satz: ruft Lies_Karte (oder andere Programme im Eingabeeinheitenmodul — ab
> > hängig vom Eingabegerät —) auf, um Daten zu lesen; analysiert die Daten nach
> > Sätzen und Feldern; aktiviert das Adressenspeichermodul, um die Daten anderen
> > Programmen zugänglich zu machen.

Ausgabeformatmodul
> Setze_Ausgabeformat (Format-Code): legt das Ausgabeformat für einen bestimmten
> > Personenkreis fest
> Schreibe_Satz (Personen-ID): druckt die Adresse, die zur Personen-ID gehört und korri
> > giert Leerzeichen und Zeichensetzung gemäß dem gewählten Format. Sucht die
> > Daten (anhand des Adressenspeichermoduls), die gedruckt werden sollen.

Auswahlmodul
> Wähle_Personenkreis (Personen-ID): bestimmt den zu bearbeitenden Personenkreis an
> > hand Personen-ID

Befehlsmodul
> Eingabe_Option (Format-Code, Medium-Code): setzt entweder die vom Anwender ge
> > wählten Eingabeoptionen oder vorgegebene Standardwerte (Defaults) ein

Abbildung 4.4 Beispiele für Zugriffsfunktionen

Funktionsname: Suche_Straße   Modul: Adressenspeichern
    Eingabeparameter:

Name	Typ	Beschreibung
Personen-ID	Integer	Identifiziert eine Adresse

    Funktionswerttyp: Zeichenkette
    Funktionswert: die anhand von Personen-ID ermittelte Straße
    Auswirkungen: keine (d. h. keine Seiteneffekte)
    Fehlerbehandlung: wenn die Personen-ID nicht zwischen eins und Suche_Adressen-
        nummer liegt, zeigt das Fehlermodul die Art des Fehlers an (hier: Parameter außer-
        halb des Bereiches). Wenn das Feld "Straße" der Adresse undefiniert ist (d. h.
        Setze_Straße wurde für die entsprechende Personen-ID nicht aufgerufen), dann
        zeigt das Fehlermodul den Fehler "Undefiniertes Feld" an.

Funktionsname: Lies_Satz   Modul: Eingabeformat
    Eingabeparameter: keine
    Funktionswerttyp: keiner
    Funktionswert: keiner
    Auswirkungen: diese Funktion kann erst aufgerufen werden, nachdem "Setze_Eingabe-
        format" und "Setze_Eingabemedium" aufgerufen wurden. Liest den nächsten
        Satz aus dem durch "Setze_Eingabemedium" festgesetzten Eingabemedium; ana-
        lysisert den Satz entsprechend dem durch "Setze_Eingabeformat" bestimmten
        Eingabeformat. Nachdem dieses Programm aufgerufen wurde, können andere Pro-
        gramme die Adressenspeicherungsprogramme aufrufen, um die Werte aus dem
        neuen Satz zu lesen.
    Fehlerbehandlung: wenn das angenommene Format nicht dem Satzformat entspricht,
        wird der Fehler "Falsches Format" angezeigt.

Abbildung 4.5 Beispiele für Schnittstellenspezifikationen

Spezifikationen des Hauptkontrollmoduls

Benötigte Daten:
1. Was soll das Modul tun? (Eingabe, Drucken, oder beides)
2. Welches Eingabemedium und welches Format sollen gewählt werden, wenn das Modul neue Adressen aufnehmen soll?
3. Welche Druckformat und welche Auswahlkriterien sollen gewählt werden, wenn eine Adressenliste gedruckt werden soll?

Anforderungen: (d. h. was ist das Ergebnis eines Systemlaufs?)
1. Wenn benötigte Daten fehlen, dann drucke die entsprechenden Fehlermeldungen aus.
2. Wenn Eingaben erforderlich sind:
    — wenn das Format korrekt ist und zur Eingabe paßt, dann können die Adressendaten der Eingabedatei vom Adressenspeicherungsmodul gefunden werden;
    — wenn das Format nicht erkannt wird oder nicht zur Eingabe paßt, dann wird eine Fehlermeldung gedruckt.
3. Wenn eine Ausgabe benötigt wird:
    — Alle Adressen im Adressenspeicherungsmodul werden entsprechend den Auswahl-kriterien im gewählten Format gedruckt, wenn Druckformat und Auswahlkriterien korrekt sind;
    — Wenn Optionen nicht erkannt werden, wird eine Fehlermeldung ausgegeben.

Abbildung 4.6 Beispiel für eine Aufgabenspezifikation

Aufgabenspezifikationen

Die Aufgabenspezifikation für ein Kontrollmodul gibt an, welcher Teil der Systemanforderungen abgedeckt werden soll. Diese Spezifikationen können als Querverweis auf die gesamte Systemspezifikation erfolgen.

Anwendungsspezifikationen

Die Anwendungsspezifikationen begrenzen die Wechselbeziehung zwischen Modulen, indem sie für jedes Programm angeben, welche anderen Programme oder Programmteile es aufrufen kann. Diese Begrenzungen sind notwendig, damit das Softwaresystem nicht zu verschachtelt wird. Anwendungsspezifikationen zeigen ebenso die Kontrollstruktur des gesamten Systems auf.

Haupt__Kontrolle benutzt:	Eingabe__Option	Festlegen Eingabeformat und Eingabemedium
	Lies__Satz	Liest einen neuen Satz und schreibt ihn in die Datei
	Suche__Personen-ID	prüft eine Adresse, ob sie in der Liste gedruckt werden soll
	Schreibe__Satz	druckt eine gewählte Adresse
Eingabe__Option benutzt:	Lies__Karte	liest eine Kontrollkarte auf dem Kartenleser
Lies__Satz benutzt:	Lies__Karte	liest eine Karte vom Kartenleser
	Erzeuge__Adresse	erzeugt eine neue Adresse in der Datei
	Setze__Postleitzahl	speichert ein Postleitzahlenfeld für die Adresse
Suche__Personen-ID benutzt:	Hole__Namen	liest das Titelfeld einer Adresse
Schreibe__Satz benutzt:	Hole__Straße	liest die zu druckenden Straßendaten
	Schreibe__Zeile	schreibt eine Zeile auf dem Drucker

Abbildung 4.7 Beispiele für Anwendungsspezifikationen

Die bisher dargelegten Konzepte bilden die Grundlage modularer
Programmierung. Entwurf und Implementierung modularer Programme
können die Produktivität eines Programmentwicklers auf folgende Art
steigern:

o durch Programmentwürfe, die leichter zu codieren sind;
o durch Programmteile, die leichter zu integrieren sind;
o durch Programme, die leichter zu verändern sind;
o durch Reduzierung der notwendigen Kommunikation innerhalb des
  Projektteams;
o durch Reduzierung der erforderlichen Ausbildungszeit für Mitarbeiter, die während der Projektentwicklung neu ins Team kommen;
o durch Entwurfsdokumentationen, die die Programmpflege unterstützen;
o durch Erzeugung wiederverwendbarer Module und Entwürfe.

DIE METHODIK DES MODULAREN PROGRAMMENTWURFS

Die zur Zerlegung von Softwaresystemen notwendigen Schritte müssen
nicht unbedingt sequentiell durchgeführt werden: das Ergebnis eines
Schrittes muß nicht vollständig festgelegt sein, bevor der nächste
Schritt begonnen werden kann. Vorangegangene Schritte können wie-
derholt werden, wenn beim Ausarbeiten der Details späterer Schritte
Fehler im Gesamtentwurf auftreten.

Das fertige Produkt des Modulentwurfs ist eine Dokumentation und
kein Programmcode. Die Moduldokumentation kann während der Lebens-
dauer eines Programmes zu folgenden Zwecken eingesetzt werden:

o Durchsicht des Entwurfs mit Prüfern (z.B. in Form eines "strukturierten Walkthrough-Gespräches");
o Herausarbeiten der Arbeitszuordnungen für Programmierer;
o Definition der Modulschnittstellen, Reduzierung der Kommunikation
  zwischen den Programmierern;
o Anleitung bei der Integration der Module und Suche nach Fehlerquellen;
o Anleitung der für die Programmwartung zuständigen Programmierer
  bei der Suche nach den richtigen Modulen.

In den folgenden Abschnitten wird die angemessene Dokumentation für
jede Phase der Programmentwurfsplanung durchgesprochen. Dabei werden die Fragen vorgestellt, die man bei einer Prüfung der Entwurfs-
dokumentation stellen sollte.

Schritt 1: Identifizierung der Inhalte

Der Systementwickler sollte, basierend auf den Systemanforderungen, seinem Wissen aus dem Anwendungsgebiet und der Erfahrung mit ähnlichen Softwareprojekten, alle Aspekte eines Anwendungssystems auflisten, von denen anzunehmen ist, daß sie einmal geändert werden müssen. Um seine eigene Erfahrung zu erweitern, sollte sich der Projektleiter mit den Anwendern verständigen, um ihre Ideen für zukünftige Systemerweiterungen zu berücksichtigen; er sollte Änderungen, die bei ähnlichen Systemem aufgetreten sind, beachten und mit anderen erfahrenen Software-Ingenieuren durchsprechen. Es ist wichtig einzusehen, daß Systemanforderungen nicht für alle Zeiten als festgelegt und unveränderbar gelten.

Zugleich ist es sehr wichtig, die Aspekte des Systems einzugrenzen, bei denen zu erwarten ist, daß sie schwieriger zu programmieren sind. Wenn man dies bei der Systementwicklung berücksichtigt, können z.B. Algorithmen, bei denen von vornherein der Verdacht besteht, daß sie fehlerträchtig sein werden, in einem Modul isoliert werden, welches dann von einem Spezialisten programmiert und getestet wird.

Um die einzelnen Module klein und verständlich zu halten, sollten sie in einer den Umständen entsprechenden Detaildarstellung erläutert werden. Das Softwaresystem gilt dann als ausreichend untergliedert, wenn die Arbeitszuordnung und die Aufgabenstellung, die ein Modul verwirklichen soll, so gestaltet ist, daß es ein einzelner Programmierer bearbeiten kann; ferner wenn es angebracht ist, ein Modul vollständig zu ersetzen, wenn sich seine Eigenschaften wesentlich geändert haben.

Die Abbildungen 4.8 und 4.9 zeigen mögliche änderungsbedürfte Komponenten auf, die allgemein in der Datenverarbeitung und in Echtzeitsystemen gefunden wurden. Die Listen sind allerdings nicht vollständig und stellen nur einen Auszug dar.

Das Ergebnis dieses Entwurfsschritts ist eine detaillierte Liste aller Komponenten und deren Änderungsmöglichkeiten. Die Beschreibung der Module sollte sich nicht auf Details beziehen, die zu den Inhalten anderer Module gehören. Nicht die Softwareentwickler selbst, sondern andere Mitarbeiter sollten die Dokumentation auf Vollständigkeit und Konsistenz überprüfen. Die vordergründige Frage bei diesem Schritt lautet: Sind alle Änderungsmöglichkeiten aufgeführt? Potentielle Anwender erkennen häufig weitere Änderungsmöglichkeiten, die in der Liste nicht enthalten sind.

Komponente	Gründe für Änderungen
Datenbankstruktur (logisch)	— Neue Felder im Satz erforderlich — Feldgrößen ändern sich — Es werden mehr Sätze benötigt — Für bestimmte Felder ist ein schnellerer Zugriff erforderlich
Algorithmen	— Geringere Verarbeitungszeit und/oder geringerer Speicherplatzbedarf wird verlangt — Genauere oder effizientere Algorithmen wurden erarbeitet bzw. entdeckt
Datenspeicherung (physisch)	— Der verfügbare Speicherplatz hat sich geändert — Die Art des verfügbaren Speichers hat sich geändert (z. B. von einem Modell einer Magnetbandeinheit zu einem anderen oder von Band zu Platte) — Ein schnellerer Zugriff wird verlangt
Eingabe	— Das Eingabemedium hat sich geändert (z. B. von Karte zu Bildschirm) — Reorganisation der Eingabefelder — Eine bessere Fehlerbehandlung wird gewünscht — Die Eingabesätze haben sich geändert (z. B. von unsortiert zu sortiert)
Ausgabe	— Veränderungen in der Ausgabeeinheit (z. B. von Band nach Platte oder Austausch eines Druckers)
Betriebssystemschnittstelle (z. B. Job Control Language)	— Vom Hersteller werden neue Versionen angeboten
Softwarefunktionen (aus Anwendersicht)	— Neue Berichte werden erforderlich — Es werden Änderungen des Berichtsformats gewünscht — Es müssen neue Daten zu den Eingabesätzen hinzugefügt werden

Abbildung 4.8 Beispiele für Entwurfsänderungen

Komponente	Typische Änderung
Computer	— Der Computer wird durch ein schnelleres, größeres oder billigeres Modell ersetzt — Der Computer wird durch ein Standardmodell ersetzt
Periphere Einheiten	— Speichereinheiten werden durch genauere, zuverlässigere oder schnellere Versionen ersetzt — Bildschirmgeräte werden durch flexiblere oder zuverlässigere Modelle ersetzt
Ressourcenzuordnung	— Die relative Priorität der Aktivitäten ändert sich — Ein einzelner Computer wird durch eine Anzahl von Mikrocomputern ersetzt — Die Kapazitäten der Ressourcen ändern sich (z. B. durch einen größeren Hauptspeicher)
Algorithmen	— Es werden genauere oder schnellere Algorithmen entwickelt — Es werden allgemeingültige Algorithmen entwickelt, die verschiedene spezialisierte Algorithmen ersetzen
Softwarefunktionen	— Die Präferenzen der Anwender haben sich geändert, z. B. — es werden neue Modelle benötigt — es werden neue Abfragen auf Anwendereingaben gefordert — es werden neue Bildschirmgeräte gefordert (z. B. Bildschirme, die graphische Funktionen unterstützen) — Es werden computergesteuerte Einheiten für verschiedene Zwecke benötigt (z. B. ein Plotter für eine technische Abteilung)

Abbildung 4.9 Beispiele für Änderungen bei DV-Systemen

Schritt 2: Entwurf der Modulhierarchie

Da ein Softwaresystem aus hunderten kleiner Module bestehen kann,
wird es sehr schwer sein, die Gesamtstruktur zu verstehen oder das
richtige Modul, das verändert werden soll, zu finden, es sei denn,
die Module sind in einer verständlichen Struktur organisiert.

Um einen guten Aufbau einer Modulhierarchie zu erreichen, werden
die Funktionen und die entsprechenden Module klassifiziert. Beispielsweise können alle Module, die mit peripheren Einheiten kommunizieren, in einer einzigen Klasse zusammengefaßt werden. Sofern es
mehr als zehn Klassen gibt, sollten diese in gleicher Weise wieder
in (Unter-)Klassen zusammengefaßt werden. Es gibt kein Patentre-
zept, wie man eine optimale Klassenzuordnung vornimmt; alles, was
die Transparenz des Anwendungssystems erhöht, ist zulässig, solange
sich daraus für den Softwareentwickler im weiteren Verlauf seiner
Arbeiten keine gravierenden Nachteile ergeben.

Es ist wichtig, daß die Struktur das zu entwickelnde Softwareprodukt genau beschreibt: jedem Aspekt des Gesamtsystems muß in der
Entwurfsstruktur Rechnung getragen werden, und es sollte möglich
sein, jede Funktion wiederzufinden, indem man sich von der Spitze
der Struktur nach unten weiter vorarbeitet. Es ist wichtig, daß der
Systementwickler klare Kriterien für eine Klassenzuordnung aufstellt.

Eine gute Hilfe während der Durchführung dieses Schrittes ist es,
sich an einem bereits erfolgreich arbeitenden modularen System mit
ähnlichen funktionalen Anforderungen zu orientieren.

Als Ergebnis sollte eine Programmdokumentation vorliegen, die alle
höherrangigen Modulklassen und ihre Verzweigung in kleinere Module
aufzeigt. Das Dokument sollte ein Inhaltsverzeichnis und Querver-
weise inklusive einer alphabetischen Liste aller Funktionen mit
Hinweisen auf die entsprechenden Modulbeschreibungen beinhalten.

Die Modulhierarchie sollte im Anschluß an die Erstellung auf Vollständigkeit und Konsistenz geprüft werden. Folgende Fragen sind
dabei zu stellen:

o Wird allen wichtigen Aspekten des Softwaresystems Rechnung getragen?
o Ist es leicht, das entsprechende Modul für eine Änderung zu
  finden?
o Sind die Kriterien für eine Klassenzugehörigkeit eindeutig?
o Sind die Modulbeschreibungen klar und eindeutig?

Schritt 3: Entwurf der Modulschnittstellen und die Erstellung der
Modulspezifikationen

Der nächste Schritt ist der Entwurf der Modulschnittstellen und die
Erstellung einer "Black-Box"-Spezifikation der auftretenden externen Effekte des Moduls. Wegen des engen Zusammenhangs dieser beiden
Aktionen werden sie im folgenden als ein zusammengehöriger Schritt
behandelt.

Der korrekte Entwurf einer Schnittstelle ist entscheidend dafür, ob
die Vorteile der Modularität erzielt werden können. Eine Modulschnittstelle darf sich nicht ändern, auch wenn sich Eigenschaften
innerhalb des Moduls ändern. Beispielsweise braucht die Schnittstelle eines Sortiermoduls nicht den gewählten Sortieralgorithmus
offenlegen; der Algorithmus kann dennoch jederzeit durch einen
schnelleren ersetzt werden, ohne daß es erforderlich ist, die
Aufrufe über die Zugriffsfunktionen in Anwendungsprogrammen zu ändern.

Um die Schnittstelle für ein bestimmtes Modul zu entwerfen, sind
zunächst alle Aufgaben aufzulisten, die für dieses Modul gelten,
zum Beispiel:

o es wird angenommen, daß die Eingabeliste bereits sortiert ist;
o es wird angenommen, daß der Magnetbandtreiber die Bänder automatisch zurückspult;
o es wird angenommen, daß alle Adressen, zumindest aber die Felder
  Name, Straße, Ort und Staatszugehörigkeit, enthalten sind.

Es muß angemerkt werden, daß bei Änderung derartiger Annahmen davon
abhängige Anwendungsprogramme ebenfalls geändert werden müssen.

Alle Annahmen sind ausführlich zu dokumentieren; die Dokumentation
sollte sowohl von den Softwareentwicklern als auch von Mitarbeitern, die mit dem speziellen Anwendungsgebiet vertraut sind, erarbeitet werden. Beispielsweise sollten Annahmen, die zu einem Mag-
netbandtreibermodul gemacht werden, von einem Mitarbeiter überprüft
werden, der im Umgang mit Magnetbandeinheiten vertraut ist. Ge-
sichtspunkte bei der Prüfung könnten sein:

o Treffen die Annahmen für die aktuelle Einheit zu?
o Treffen sie für auf dem Markt verfügbare Austauscheinheiten zu?
o Treffen sie für zukünftige Austauscheinheiten zu?

Die Liste der Annahmen sollte ebenfalls von den Systementwicklern
auf die Frage hin durchgesehen werden, welche Möglichkeiten durch
die getroffenen Annahmen ausgeschlossen werden und welche Alternativen wünschenswert sind.

Nachdem die Annahmen aufgelistet und geprüft sind, werden die
Spezifikationen für die Zugriffsfunktionen erstellt. Zugriffsfunk-

tionen berücksichtigen die Annahmen in einer Form, die für das
Erstellen von Programmen angewendet werden kann. Zugriffsfunktionen
sollten konsequent nach ihren Wirkungen spezifiziert werden. Zu
jeder Funktion sollten folgende Fragen gestellt werden:

o Welche Parameter erfordern sie? In welcher Reihenfolge? Welches
  sind die Einschränkungen erlaubter Parameterwerte? Was bedeuten
  die Parameter?

o Welche Auswirkungen hat ein Aufruf dieser Funktion auf zukünftige
  Aufrufe?

o Welche Fehler können mit den Zugriffsfunktionen in Verbindung
  gebracht werden? Welche Reaktionen haben zu erfolgen?

Weitere Fragen zu den Spezifikationen sollten umfassen:

o Muß das Modul initialisiert werden? Wenn ja, wie ist es zu ini-
  tialisieren? Was geschieht, wenn es nicht initialisiert wird?

o Welche Informationen oder Hilfen braucht das Modul von anderen
  Programmteilen, um korrekt arbeiten zu können?

o Welche Zeit und wieviel Speicherplatz stehen für dieses Modul zur
  Verfügung?

Die Spezifikation der Zugriffsfunktionen sollte eingehend von den
Chefprogrammierern überprüft werden. Die Prüfung sollte dabei aus
drei Teilen bestehen:

o Eine Prüfung gegen die Annahmen - Wird den Annahmen in zumindest
  einer Zugriffsfunktion Rechnung getragen? Werden zusätzliche
  Annahmen gemacht? Wenn ja, sollten diese Annahmen notiert und
  geprüft werden.

o Durchführbarkeit der Implementierung - Kann die Zugriffsfunktion
  mit vertretbarem Aufwand implementiert werden?

o Einfluß auf andere Programme - Können Anwendungsprogramme bei
  Aufruf dieser Zugriffsfunktionen effizient erstellt werden?
  Können sie ihre eigenen Aufgaben bewältigen?

Die Aufgabenspezifikationen müssen im Sinne der gesamten Systeman-
forderung erstellt werden. Das Verfassen dieser Aufgabenspezifikationen ist sehr viel einfacher, wenn die Systemanforderungen korrekt und umfassend dokumentiert sind. Aufgabenspezifikationen beinhalten keine Beschreibungen der Zugriffsfunktionen, weil Kontrollmodule keine Zugriffsfunktionen haben.

Im Verlauf der Modulspezifizierung trifft der Programmentwickler
viele Entwurfsentscheidungen. Diese Entscheidungen sollten genauso
wie einmal erwogene Alternativen dokumentiert werden. Schwierige
Entscheidungen sind solange nicht wirklich getroffen, wie sie nicht
schriftlich niedergelegt wurden; es ist üblich, Entwurfsprobleme
solange zu diskutieren, bis es eine Fülle an Lösungsalternativen
gibt. Diese Art der Dokumentation bietet eine wertvolle Hilfe bei
der Programmwartung, wenn die gleichen Themen bei der Bewertung der
Durchführbarkeit einer geforderten Änderung behandelt werden. Das
Dokumentieren des Entwurfs erleichtert nicht nur die Programmwartung, sondern unterstützt auch die Ausbildung der Anwendungsprogrammierer, indem die Faktoren aufgezeigt werden, die den Entwurf
beeinflussen.

Schritt 4: Erstellen der Anwendungsspezifikationen

Während des Entwurfs der Programmverknüpfungen sollten zwei schwere
Fehler vermieden werden: unnötige Codekopien und wechselseitige
Abhängigkeiten. Wenn ein Modul schon eine bestimmte Hilfe bietet,
dann wäre es eine Verschwendung an Programmierzeit und Speicherplatz, wenn andere Programmierer ihren eigenen Code erstellen, um
die gleiche Hilfsfunktion zu schaffen. Wenn sie es dennoch tun,
enthält das Anwendungssystem in der Wirkung redundante Programmabschnitte, die zwar ähnlich, aber nicht völlig identisch sind, und
damit die Programmwartung unnötig erschweren.

Wechselseitige Abhängigkeiten, die existieren, wenn sich zwei Programme gegenseitig direkt oder indirekt benutzen, erschweren die
Integration des Systems. Auch das Testen erweist sich dann als
problematisch. Wenn beispielsweise das Schedulermodul eines Betriebssystems in Abhängigkeit von einem Dateiensystem zur Daten-
pflege programmiert wird und das Dateiensystem vom Scheduler zur
Verwaltung der Plattenzugriffe abhängt, kann keine der Komponenten
arbeiten, ohne daß die andere vorhanden ist bzw. arbeitet. So kann
keine Komponente ohne die andere getestet werden, was eine schrittweise Integration unmöglich macht. Weiterhin kann vermutlich keine
Komponente ohne die andere in einem anderen Softwaresystem wiederverwendet werden (z.B. kann das Schedulermodul nicht in einem
einfacheren Betriebssystem ohne Plattenzugriffe wiederverwendet
werden).

Beim Erstellen der Anwendungsspezifikationen muß der Projektleiter
alle zulässigen Verbindungen der Programme auflisten, wobei er die
zuvor erwähnten Probleme vermeiden sollte.

Der beste Anfang ist das Auflisten aller Programme, die keine
anderen Programme in irgendeiner Art benutzen dürfen: diese Programme bilden die unterste Stufe einer Hierarchie. Danach sollten
alle Programme, die andere Programme auf gleicher Ebene benutzen,
aufgelistet werden: sie bilden die nächste Stufe.

Die Dokumentation dieses Arbeitsschritts sollte eine Liste für
jedes Programm beinhalten, die die Programme aufführt, die das
jeweilige Programm benutzen darf. Zusätzlich sollte es eine Liste
aller Programme auf gleicher Stufe geben. Diese Übersicht kann
benutzt werden, um die Systemintegration zu planen; der Test kann
mit der untersten Stufe beginnen und dann mit der hinzugefügten
nächsten Stufe fortgesetzt werden usw.

LEISTUNGSASPEKTE

Die modulare Programmierung kann den Hauptspeicherbedarf und/oder
die erforderliche Ausführungszeit für ein Programm erhöhen. Wenn
dies geschieht, muß der Leiter der Abteilung Anwendungsprogrammie-
rung eine Grundüberlegung anstellen: modulare Programme sind für
gewöhnlich leichter zu verstehen, zu verändern und zu testen als
nichtmodulare Programme. An dieser Stelle stellt sich dann die
Frage, ob dies die unter Umständen geringere Leistungsfähigkeit der
Programme rechtfertigt, insbesondere unter Berücksichtigung sinken-
der Hardwarekosten und steigender Personalkosten.

Es gibt zwei Hauptursachen für Leistungseinbußen in modularen Programmen: die gestiegene Anzahl an Programmverzweigungen, hervorgerufen durch zusätzliche Unterprogrammaufrufe, und die Notwendigkeit
zusätzlicher Verarbeitung, hervorgerufen durch Zerlegung des Programms in verschiedene Module.

Programmverzweigungen

Wenn jede Zugriffsfunktion in einem Modul ein Unterprogramm ist,
können bei der modularen Programmierung wesentlich mehr Unterprogrammaufrufe vorkommen als bei nichtmodularer Programmierung.
Denken Sie an das zuvor beschriebene System zur Adressenverwaltung.
Die Schnittstelle des Adressenspeichermoduls beinhaltet eine Zugriffsfunktion "SUCHE_STRASSE(Personen_ID)", die die Straßenangabe
der durch "Personen_ID" identifizierten Person ausgibt. Wenn beispielsweise der Programmierer, der das Modul implementiert, be-
schließt, die Straße in einer Tabelle zu speichern, die Teil einer
umfassenderen Datenstruktur ist (d.h. eine Datenstruktur, die alle
Daten der entsprechenden Person bereithält), würde ein Aufruf der
Zugriffsfunktion "SUCHE_STRASSE" einen Tabellenverweis "ADRESS_DA-
TEN(Personen_ID).STRASSE" erhalten. Wenn die Benutzer nun die Eigenschaften des Moduls kennen und direkt auf die Tabelle zugreifen
würden, könnte ein Unterprogrammaufruf vermieden werden und das
Programm würde schneller ablaufen. In diesem Fall wäre es jedoch
notwendig, alle auf diese Daten zugreifenden Programme und nicht
nur die entsprechende Zugriffsfunktion zu ändern.

Das Problem kann teilweise umgangen werden, wenn man einige Zugriffsfunktionen als Makros implementiert. Wäre "SUCHE_STRASSE" als Makro implementiert, könnten alle Zugriffe durch einen entsprechenden Tabellenverweis ersetzt werden. Viele höhere Programmiersprachen bieten Möglichkeiten für die Erstellung von Makros, die man in der Entwurfsphase auf jeden Fall berücksichtigen sollte.

Zusätzliche Verarbeitung

Die Unterteilung unabhängig veränderbarer Inhalte in verschiedene Module kann zu einer steigenden Anzahl von Verarbeitungsschritten führen, weil die Programmierer die Verarbeitungen nicht zu eng miteinander verknüpfen dürfen.

Beispiel: Ein System besteht aus zwei Modulen. Modul eins übernimmt aus einem Prozeßrechner technische Daten und konvertiert diese in ein für andere Programme lesbares Format.

Modul zwei übernimmt die so aufbereiteten Daten und erstellt statistische Berechnungen, die für das innerbetriebliche Berichtswesen benötigt werden.

Würde nun der Programmierer von Modul eins auch die Berechnung der statistischen Größen realisieren, könnte er einige der Operationen, die bei der Konvertierung der Daten anfallen, zugleich für die Berechnungen verwenden.

Natürlich hat die Aufteilung der Algorithmen in verschiedene Module einen großen Vorteil: der Programmierer von Modul eins benötigt beispielsweise keine Kenntnisse der mathematischen Statistik, während der Programmierer von Modul zwei sich nicht um die Aufbereitung technischer Daten kümmern muß.

Tuning eines modularen Programms

Es ist bekannt, daß der größte Teil der Ausführungszeit eines Programms relativ wenig Programmcode umfaßt. Nachdem alle Module in das Gesamtsystem integriert wurden, kann die Gesamtleistung gemessen werden, um eventuelle Engpässe aufzufinden. Die modulare Struktur macht es leicht, Änderungen vorzunehmen, die zu einer Verbesserung führen: Algorithmen und Datenstrukturen werden isoliert, so daß es leicht ist, diese durch schnellere oder weniger umfangreiche Alternativen ohne massives Neuprogrammieren zu ersetzen.

ORGANISATIONSÜBERLEGUNGEN

Projektplanung

Modular strukturierte Software ist leichter und kostengünstiger zu
codieren, zu integrieren, zu verändern und zu warten. Sie kann
jedoch schwieriger und zeitaufwendiger zu entwerfen sein. Frühe
Investitionen in einen sorgfältigen Entwurf können sich im Verlauf
der weiteren Projektarbeiten auszahlen; diese Investitionen erfordern jedoch nicht selten hohen Aufwand an Geld und Zeit, bevor
überhaupt lauffähiger Programmcode erstellt ist.

Abteilungsleiter, die meinen, man könne Produktivität in Programmzeilen messen, werden diesen Sachverhalt möglicherweise verwirrend
finden. Es wäre jedoch ein großer Fehler, auf das Softwareteam
Druck auszuüben und es zum Programmieren zu zwingen, bevor der
Entwurf fertiggestellt ist. Eine solche Kurzsichtigkeit erweist
sich langfristig zumeist als sehr nachteilig. Die ersten gravierenden Fehler werden während der Programmier- und der Programmintegra-
tionsphase auftreten. Daher ist es wichtig, daß sich die Abteilungsleiter und Anwender bewußt sind, daß die Anfangskosten notwendig sind, um ein gutes Softwareprodukt zu erstellen.

Personal

Entwickler von Softwaresystemen sollten in der Lage sein, ihre
Konzepte in klaren, präzisen Aussagen darzulegen. Es ist wahr-
scheinlicher, daß das Produkt verständlich und korrekt entworfen
wird, wenn es nur von einer kleinen, überschaubaren Gruppe erfahrener Softwareentwickler erarbeitet wird, als wenn ein großes Programmierteam daran teilnimmt. F.P. Brooks nennt seine Entscheidung,
daß 150 statt 10 Leute das OS/360 entworfen haben, einen "Multimil-
lionen-Dollar-Fehler" (1).

Softwareentwickler sollten ihre Dokumentation von anderen Mitarbeitern sehr genau prüfen lassen. Einige Prüfer sollten mit dem
Anwendungsgebiet vertraut sein; diese Personen suchen nach Lücken,
nach Mißverständnissen bezüglich der Anforderungen und nach Annahmen, die vermutlich wieder geändert werden müssen. Andere Prüfer
sollten hingegen Programmierexperten sein: sie suchen nach schwer
zu implementierenden Modulen und nach Entwürfen, die zu ineffizien-
ten Programmen führen.

Dokumentationshilfen

Um die Dokumentation ständig aktuell zu halten, müssen ein Sekreta-
riat und ein Textverarbeitungssystem vorhanden sein. Es müssen
Verfahren eingeführt werden, durch die Dokumentationen, die beispielsweise Entwurfsänderungen wiedergeben, erstellt und verteilt

werden. Diese Verfahren sollten einerseits so sorgfältig kontrolliert werden, daß Änderungen nicht zufällig mitgeteilt werden,
andererseits aber ausreichend flexibel sein, um das Softwareteam
nicht durch übertriebenen Bürokratismus zu behindern.

ZUSAMMENFASSUNG

In diesem Kapitel wurde dem Leser ein Überblick über die Einsatz-
möglichkeiten modularer Entwurfstechniken gegeben. Es wurden die
Grundzüge vorgestellt und auf die Vorteile der Anwendung modularer
Entwurfstechniken hingewiesen.

Es wird die Aufgabe der späten achtziger Jahre sein, die erwähnten
Grundsätze zu verwirklichen, um die in der Vergangenheit aufgetretenen Probleme bei der Softwareentwicklung für die Zukunft auszuschließen.

LITERATUR:

1. Brooks, F. P., Jr.: "The Mythical Man-Month: Essays on Software
   Engineering", Reading MA: Addison Wesley, 1975.
2. Parnas, D.: "On the Criteria to be Used in Decomposing Systems
   into Modules", Communication of the ACM, Vol. 15, No. 12,
   (Dezember 1972).
3. Parnas, D.: "Designing Software for Ease of Extension and
   Contraction", IEEE Transactions on Software Engineering, SE-
   5(2), März 1979.

5 Entscheidungstabellen

EINLEITUNG

Entscheidungstabellen stellen eine wirkungsvolle Methode zur Lösung verschiedener DV-Probleme dar; sie unterstützen den Einsatz strukturierter Verfahren und können in nahezu allen Phasen der Systementwicklung eingesetzt werden: Analyse, Entwurf, Programmierung und Dokumentation. Da sie in der Tat so nützlich sind und dennoch fast immer vernachlässigt werden, kann man Entscheidungstabellen zu Recht als das "vergessene Werkzeug" der strukturierten Programmentwicklung bezeichnen.

Die Systementwicklung mit Hilfe von Entscheidungstabellen unterscheidet sich nicht wesentlich von anderen Entwicklungsverfahren, nur ist das Ergebnis besser strukturiert bzw. organisiert, d.h. die Entscheidungstabellen ermöglichen eine Top-Down-Entwicklung, bei der sowohl die Kontrollstrukturen als auch der eigentliche Code in den einzelnen Abschnitten der Tabelle formuliert werden. Die Entscheidung, im Rahmen der Entwicklungsarbeit mehrere solcher Tabellen zu erstellen, ähnelt anderen hierarchischen Entwicklungsmethoden. Charakteristisch für derartige Methoden ist das Einführen mehrerer Ebenen, die sich dann unabhängig voneinander betrachten lassen.

Normalerweise stellen Entscheidungstabellen einen Knotenpunkt der Hierarchie oder eines Unterbaumes (der Teil der Hierarchie unterhalb eines Knotenpunktes) dar. Die Aufteilung des Entwurfs in mehrere Tabellen wird durch die üblichen Überlegungen hinsichtlich der Programmgröße und der Gleichartigkeit von Programmfunktionen begründet. So könnte zum Beispiel ein kleines Programm durch zwei Entscheidungstabellen dargestellt werden: eine für die normale Verarbeitung und die Fehlerbestimmung und eine zweite Tabelle, um die Fehlerbedingungen auszusortieren und zu verarbeiten.

Da Entscheidungstabellen logische Zusammenhänge deutlich darstellen, kann man sie ebenso als Werkzeug zur Dokumentation betrachten. Während der Entwurfsphase können die Spezifikationen ohne weiteres in vorläufige Tabellen umgesetzt werden, die man mit dem Benutzer diskutieren und überprüfen kann. Diese Tabellen gehen danach in die Dokumentation ein und können beispielsweise anschließend von einer symbolischen Eingabe in einen wirklichen Lesebefehl einer gewählten Programmiersprache umgesetzt werden. Die Entscheidungstabelle kann das Medium sein, welches eine Idee buchstäblich vom Anfang der Entwicklung bis zur Implementierung und zum Testen begleitet.

Bereits während der Erarbeitung der Entscheidungstabellen ergeben sich Informationen über Art und Umfang der benötigten Testdaten, wodurch die Qualität der Programmtests verbessert werden kann.

Widerstand gegen die Benutzung von Entscheidungstabellen erscheint unbegründet; er kann an erster Stelle auf mangelnde Kenntnis über dieses Verfahren zurückgeführt werden. Obwohl Entscheidungstabellen sehr spezifisch aufgebaut sind, erfordern sie nicht mehr Sachverstand für ihren Gebrauch als andere Programmierhilfen.

BESCHREIBUNG UND DEFINITION

Entscheidungstabellen werden manchmal präziser als Entscheidungslogik-Tabellen bezeichnet. Zerlegt man den Begriff "Entscheidungslogik-Tabellen" in seine Bestandteile, wird seine Bedeutung sofort deutlich.

"Entscheidung" bezieht sich auf das Treffen einer Auswahl;

"Logik" bezieht sich auf die Auswahl auf logischem Wege, indem die gegenwärtig bekannten Bedingungen benutzt werden, um den zukünftigen Aktionsablauf zu bestimmen;

"Tabelle" bezieht sich auf die Form, in der die Beziehungen zwischen vorhandenen Bedingungen und Aktionsanweisungen aufgezeichnet sind. Die Regeln, mit denen die Bedingungen und Aktionen verknüpft werden, sind in tabellarischer Form dargestellt.

Das Lesen, Verstehen, Interpretieren und Ausführen der Aktionsanweisungen einer Entscheidungstabelle hängt von der Auswahl der passenden Regel aus der Tabelle (gestützt auf eine Auswertung der gegenwärtigen Bedingungen) und der Ausführung der ausgewiesenen Aktionen ab.

Tabellenname	Textteil	Regelteil
Bedingungsteil	(1) Bedingungen	(2) Bedingungs- anzeiger
Aktionsteil	(3) Aktionen	(4) Aktions- anzeiger

Abbildung 5.1 Aufbau einer Entscheidungstabelle

DER AUFBAU EINER ENTSCHEIDUNGSTABELLE

Der Aufbau einer Entscheidungstabelle wird in Abbildung 5.1 gezeigt. Ihre vier Hauptteile können durch zwei Dichotomien charakterisiert werden: Bedingungsteil versus Aktionsteil und Textteil
versus Regelteil.

"Bedingungsteil versus Aktionsteil" bezieht sich auf die Unterteilung der Entscheidungstabelle in Bedingungen, die beim Eintritt in
die Tabelle vorhanden sind sowie in Aktionen, die als Schußfolge-
rungen der Bedingungen durchgeführt werden bzw. unter anderen Be-
dingungskonstellationen durchgeführt würden.

"Textteil versus Regelteil" unterscheidet zwischen der Ausformulie-
rung der Bedingungen bzw. Aktionen und den darauf aufbauenden
Alternativen, die auf eine bestimmte auszuführende Handlung hinweisen. Diese vier Hauptteile lassen sich im einzelnen wie folgt
beschreiben:

o Bedingungen (1) - Fragen, die dazu verwendet werden, den Zustand eines Verfahrens oder Programms beim Eintritt in die Tabelle zu bestimmen.

o Bedingungsanzeiger (2) - die möglichen Antworten bzw. Alternativen auf die in (1) gestellten Fragen, wobei jede Antwort
  einen möglichen Zustand des Verfahrens oder Programms darstellt.
  Jede Spalte identifiziert einen anderen Verlauf der Aktion oder
  des Verfahrens (eine Regel).

o Aktionen (3) - eine geordnete Liste von Aktionen, aus der bestimmte Aktionen ausgewählt werden.

o Aktionsanzeiger   (4) – die aus dem dritten Quadranten ausgewählten Aktionen, deren Auftreten von der jeweils gültigen   Bedingungskonstellation abhängt.

Ein weiterer wichtiger Teil der Entscheidungstabelle ist der Tabel-
lenname, der dafür sorgen soll, bestimmte Tabellen zu identifizieren. Ein Beispiel für eine Entscheidungstabelle sehen Sie in Abbildung 5.2. In dieser Tabelle wird die Frage behandelt, ob man einen
Regenmantel tragen soll, wenn man zur Arbeit geht, wobei folgender
Grundsatz gegeben ist:

    "Wenn es regnet, ziehe ich einen Regenmantel an, bevor ich zur
    Arbeit gehe."

Zunächst gilt es, die hier relevante Bedingung abzufragen:

"Regnet es?". Anschließend sind im zweiten Quadranten die Bedingun-
gen zu formulieren: "Ja" (bzw. "J") für den Fall, daß es regnet und
"Nein" (bzw. "N") für den Fall, daß es nicht regnet. Dann arbeitet
man die gewählte Spalte bzw. Regel (erste Spalte: Regen; zweite
Spalte: Trocken) vertikal ab und sucht die mit einem "X" versehenen
Felder, die auf die Aktionen hinweisen, die auszuführen sind.

Regenmantel 1		Regen	Trocken
	Regnet es?	J	N
	Regenmantel anziehen	X	
	Zur Arbeit gehen	X	X

Abbildung 5.2 Regenmantel 1

Würde man beschließen, auch dann einen Regenmantel zu tragen, wenn
Regen vorhergesagt ist, muß die Entscheidungstabelle erweitert
werden (siehe Abbildung 5.3). Ein Vergleich der Regeln der Abbildungen 5.2 und 5.3 zeigt, daß für die ersten drei Regeln die auszuführenden Aktionen (Ergebnisse) identisch sind. Einigt man sich
darauf, einen Bindestrich (–) zu verwenden, um auszudrücken, daß
eine Bedingung nicht entscheidungsrelevant ist (indifferente Bedingung), lassen sich zwei alternative, aber gleichwertige Entscheidungstabellen erstellen (siehe Abbildungen 5.4 und 5.5). Sie unterscheiden sich nur darin, welche Bedingung ignoriert wird, wenn man
zwei Regeln mit gleichen resultierenden Aktionen zusammenzieht.

Zwischen den Regeln oder Bedingungen gibt es keine bestimmte Reihenfolge.

Die Entscheidungstabelle in Abbildung 5.6 stellt ebenfalls die Vorgehensweise beim Tragen eines Regenmantels dar. Beachten Sie, daß zwei Regeln und Bedingungen vertauscht werden können.

Obwohl unter einem bestimmten Betrachtungswinkel auf das Problem eine der Tabellen vorzuziehen sein mag, sind die Entscheidungstabellen der Abbildungen 5.3 bis 5.6 alle gleichwertig. Es ist manchmal nützlich, unterschiedliche Darstellungen der in einer Entscheidungstabelle festgehaltenen Vorgehensweise zu betrachten.

Regenmantel 2	Regen	Regen vorhergesagt	Regen nicht vorhergesagt	Trocken
Regen vorhergesagt?	J	J	N	N
Regnet es?	J	N	J	N
Regenmantel anziehen	X	X	X	
Zur Arbeit gehen	X	X	X	X

Abbildung 5.3 Regenmantel 2

Regenmantel 3	Regeln 1 und 2 (alt)	Regel 3 (alt)	Regel 4 (alt)
Regen vorhergesagt?	J	N	N
Regnet es?	–	J	N
Regenmantel tragen	X	X	
Zur Arbeit gehen	X	X	X

Abbildung 5.4 Regenmantel 3

Es gibt allerdings eine sogenannte kanonische Form für Entscheidungstabellen. Abbildung 5.3 und 5.4 liegen in kanonischer Form vor, Abbildung 5.5 und 5.6 hingegen nicht. Um eine Entscheidungstabelle in kanonische Form zu bringen, sind folgende Regeln zu beachten:

1. Die BEDINGUNGEN sind in aufsteigender Reihenfolge nach der
   Anzahl der nicht entscheidungsrelevanten Bedingungen (-) zu
   ordnen. Innerhalb von Bedingungsgruppen mit einer gleichen Anzahl nicht entscheidungsrelevanter Bedingungen (-) sind die
   Bedingungen nach der Anzahl der negativen Antworten zu ordnen.
   Aufgrund dieses Verfahrens befinden sich die Bedingungen mit den
   meisten positiven "Informationen" im oberen Teil der Entscheidungstabelle.

2. Die REGELN sind so zu sortieren, daß nicht entscheidungsrelevan-
   te Bedingungen vor positiven Antworten (J) und positive Antworten (J) vor negativen Antworten (N) plaziert werden, wobei die
   erste Reihe als die höchstwertige Position zu betrachten ist.
   Dieses Verfahren ist so lange durchzuführen, bis die letzte
   spezifizierte Bedingung ausgewertet wurde (siehe Abbildung 5.3).

Abbildung 5.5 verletzt das erste Ordnungsverfahren (für die Bedingungen); die indifferenten Bedingungen hätten in der zweiten Reihe
stehen müssen. Abbildung 5.6 verletzt das zweite Ordnungsverfahren;
hier müßte die zweite und die dritte Regel vertauscht werden.

Obwohl es nicht unbedingt erforderlich ist, daß Entscheidungstabellen in kanonischer Form vorliegen, sind sie jedoch in einem solchen
Fall leichter nachzuvollziehen.

ALLGEMEINE KONTROLLSTRUKTUREN

Die allgemeinen Kontrollstrukturen des strukturierten Programmierens können mit dem Konzept der Entscheidungstabellen verglichen
werden.

Die IF-THEN-ELSE-Kontrollstruktur wird in Abbildung 5.7 als Flußdiagramm und in Abbildung 5.8 als Entscheidungstabelle dargestellt.
Analog zu den Aussagen des Flußdiagramms lassen sich auch die
Aussagen der Entscheidungstabelle herleiten. Innerhalb des Flußdiagramms könnte jeder Block (z.B. "Y = C") ohne weiteres durch einen
anderen Block ersetzt werden. Das gleiche gilt für die Entscheidungstabelle.

Die DO-WHILE-Struktur wird in Abbildung 5.9 als Flußdiagramm und in
Abbildung 5.10 als Entscheidungstabelle gezeigt. Wie bei der IF-
THEN-ELSE-Struktur können die einfachen Anweisungen problemlos
durch komplexere Strukturen ersetzt werden. Dabei ist zu beachten,
wie die zu testende Bedingung von den jeweils auszuführenden Aktionen getrennt ist und wie deutlich die unterschiedlichen Aktionsab-
läufe identifiziert werden und in Beziehung zu den Bedingungsanzei-
gern gesetzt werden können.

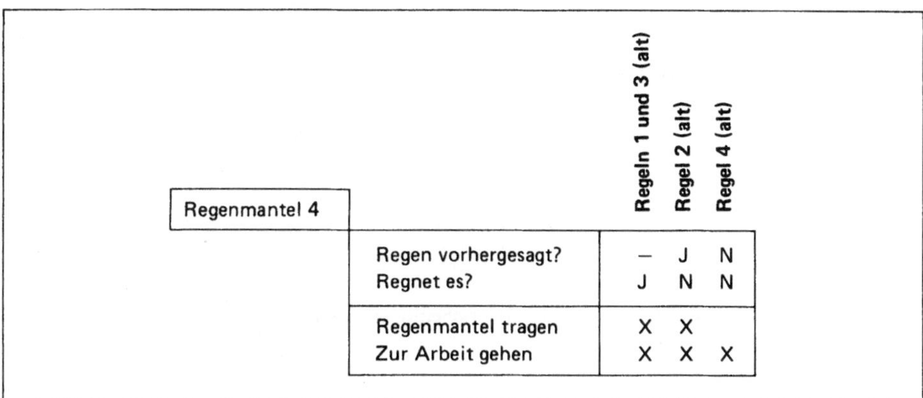

Regenmantel 4		Regeln 1 und 3 (alt)	Regel 2 (alt)	Regel 4 (alt)
Regen vorhergesagt?		–	J	N
Regnet es?		J	N	N
Regenmantel tragen		X	X	
Zur Arbeit gehen		X	X	X

Abbildung 5.5 Regenmantel 4

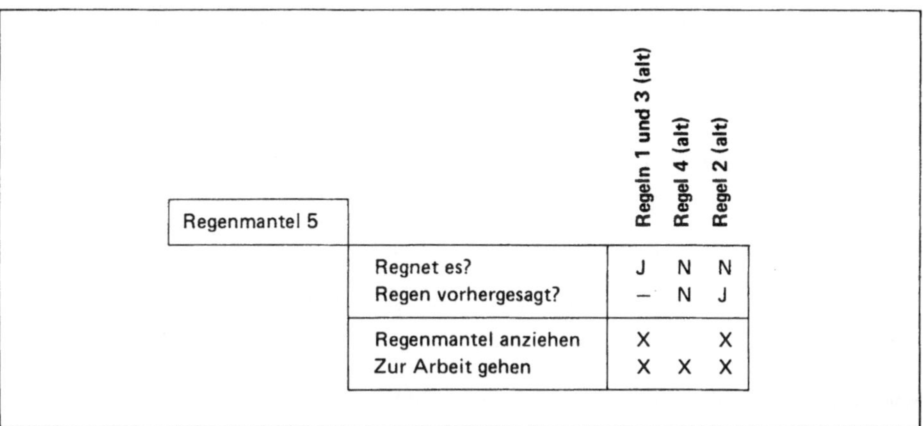

Regenmantel 5		Regeln 1 und 3 (alt)	Regel 4 (alt)	Regel 2 (alt)
Regnet es?		J	N	N
Regen vorhergesagt?		–	N	J
Regenmantel anziehen		X		X
Zur Arbeit gehen		X	X	X

Abbildung 5.6 Regenmantel 5

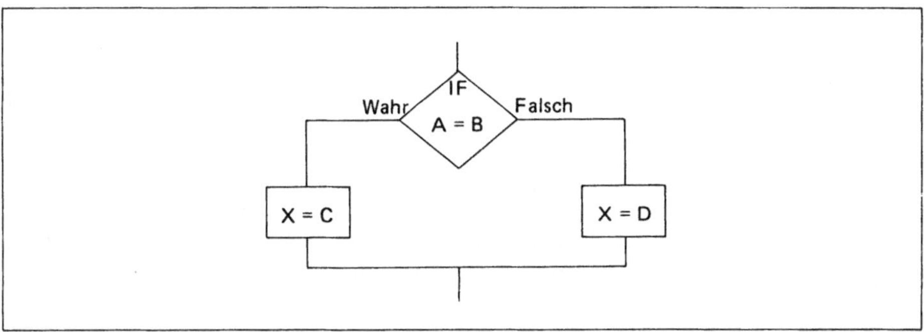

Abbildung 5.7 IF-THEN-ELSE-Konstruktion (Flußdiagramm)

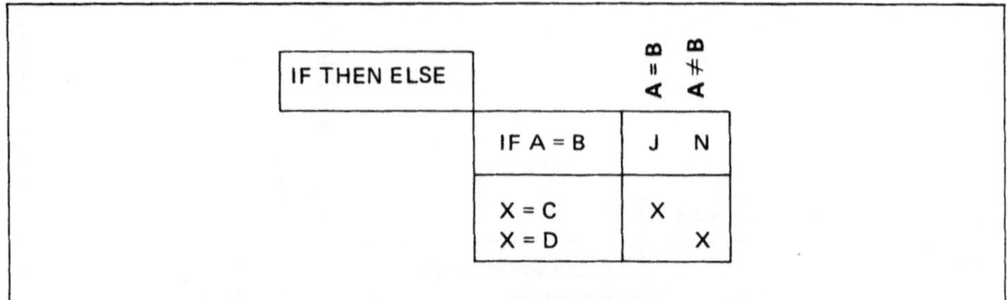

Abbildung 5.8 IF-THEN-ELSE-Konstruktion (Entscheidungstabelle)

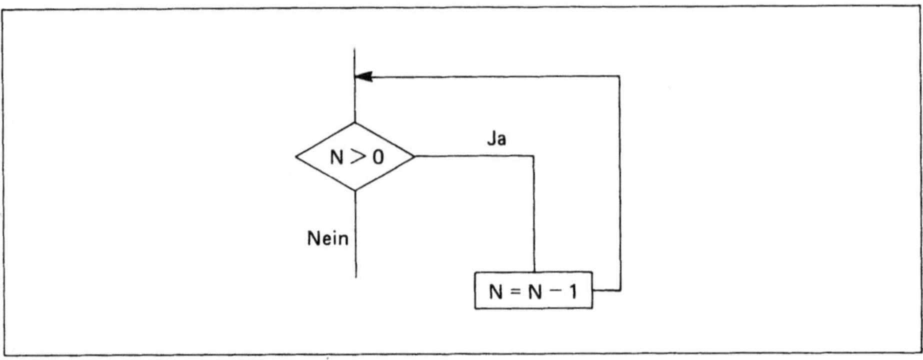

Abbildung 5.9 DO-WHILE-Konstruktion (Flußdiagramm)

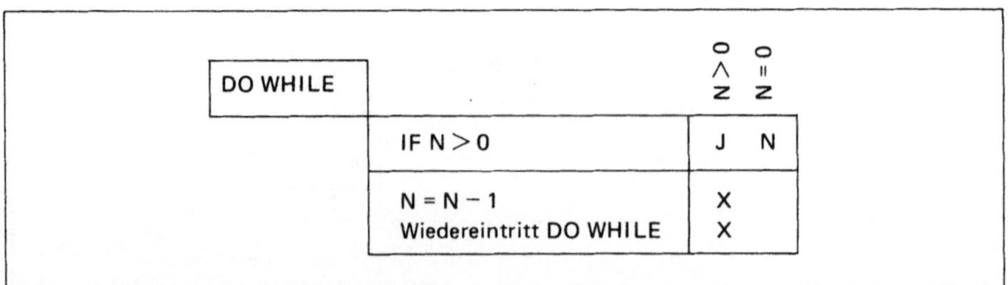

Abbildung 5.10 DO-WHILE-Konstruktion (Entscheidungstabelle)

Die CASE-Anweisung wird in Abbildung 5.11 als Flußdiagramm und in Abbildung 5.12 als Entscheidungstabelle dargestellt. Sofern es möglich ist, für "X" einen Wert vorzugeben, falls "X" nicht gleich eins oder zwei ist, z.B. die Annahme, daß "X" dann den Wert drei erhält, bieten Entscheidungstabellen bessere Möglichkeiten, diesen Sachverhalt logisch vollständig darzustellen. Wenn ferner keine der obigen Bedingungen erfüllt ist, soll es sich darüberhinaus um einen Fehler handeln, der durch die vierte Regel angezeigt wird.

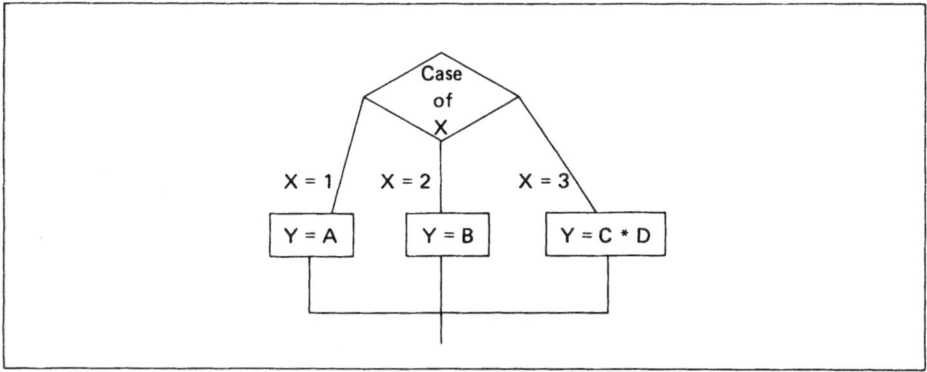

Abbildung 5.11 Die CASE-Anweisung (Flußdiagramm)

CASE Anweisung				
IF X = 1	J	N	N	N
IF X = 2	–	J	N	N
IF X = 3	–	–	J	N
Y = A	X			
Y = B		X		
Y = C * D			X	
Fehler				X

Abbildung 5.12 Die CASE-Anweisung (Entscheidungstabelle)

Das folgende Beispiel kombiniert die eben beschriebenen Kontrollstrukturen:

    Problem:
    Kartensatz lesen, Summieren von Werten aus zwei verschiedenen Kartenarten, Ausgabe der Summen und der Anzahl der gelesenen Karten.

Abbildung 5.13 zeigt eine Entscheidungstabelle in kanonischer Form, die das Verfahren zur Lösung dieses Problems zeigt; die Entwicklung des entsprechenden Flußdiagramms soll allerdings dem Leser überlassen bleiben.

SUMMIEREN	START	EOF	KARTE_1	KARTE_2
START	J	N	N	N
End-of-File (EOF)	–	J	N	N
KARTE_1 GELESEN	–	–	J	N
ANZ_LESE_VERSUCHE=0	X			
ANZ_1=0 ANZ_2=0	X			
ANZ_1=ANZ_1+X			X	
ANZ_2=ANZ 2+X				X
ANZ_LESE_VERSUCHE =ANZ_LESE_VERSUCHE+1	X		X	X
LIES X	X		X	X
START="N"	X			
WIEDEREINTRITT SUMMIEREN	X		X	X
ANZ_KARTEN= ANZ_LESE_VERSUCHE–1		X		
DRUCKEN ANZ_KARTEN ANZ_1, ANZ_2		X		

Anm.: "Start" muß vor dem ersten Tabelleneintritt mit "J" initialisiert worden sein.

Abbildung 5.13 Summieren von Werten

BEGRENZTE UND ERWEITERTE ENTSCHEIDUNGSTABELLEN

Bisher haben wir nur Entscheidungstabellen mit einer begrenzten Anzahl von Alternativen und Bedingungen behandelt. Sie sind darin begrenzt, daß als Bedingungen nur JA (J), NEIN (N) und INDIFFERENT (–) und als Aktionen nur TU ES (X) oder TU ES NICHT ( ) vorgesehen sind. Tabellen mit erweiterter Eingabe gestatten nun eine größere Bandbreite der Antworten, ähnlich wie eine CASE-Anweisung mehr Zustände zuläßt als dies mit der IF-THEN-ELSE-Befehlsstruktur möglich ist, zum Beispiel:

X = 1, 2, 3, 4, 5

Bedingungen, die nach einer Beziehung "A : B" fragen

Bedingungsanzeiger, die die Beziehung "<=>", "<", ">" usw. spezifizieren

Erweiterte
Entscheidungstabellen
(Beispiel 1)

IF X =	1	2	3
Y =	B	E	Z

Abbildung 5.14 Erweiterte Entscheidungstabellen (Beispiel 1)

Umkodierung 1

IF X = 1	J	N	N	N
IF X = 2	–	J	N	N
IF X = 3	–	–	J	N
Y = B	X			
Y = E		X		
Y = Z			X	
Fehler				X

Abbildung 5.15 Umkodierung 1

Erweiterte
Entscheidungstabellen
(Beispiel 2)

X : Y	<	=	>
A = B	X	X	
C = D		X	X
E = F			X

Abbildung 5.16 Erweiterte Entscheidungstabellen (Beispiel 2)

Umkodierung 2

IF X < Y	J	N	N
IF X = Y	–	J	N
A = B	X	X	
C = D		X	X
E = F			X

Abbildung 5.17 Umkodierung 2

unvollständige Entscheidungstabelle

$$2 + 2 + 1 + 1 = 6 \neq 8$$
$$2^1 + 2^1 + 2^0 + 2^0 \neq 2^3$$

IF X = Y	J	J	N	N
IF Q = P	J	N	N	N
IF A = B	–	–	J	N
EXECUTE T1	X			
EXECUTE T2		X		
EXECUTE T3			X	
EXECUTE T4				X

Abbildung 5.18 Unvollständige Entscheidungstabelle

Vervollständigte Entscheidungstabelle

$$2 + 2 + 1 + 1 + 1 + 1 = 8$$
$$2^1 + 2^1 + 2^0 + 2^0 + 2^0 + 2^0 = 2^3$$

IF X = Y	J	J	N	N	N	N
IF Q = P	J	N	J	J	N	N
IF A = B	–	–	J	N	J	N
EXECUTE T1	X					
EXECUTE T2		X				
EXECUTE T3					X	
EXECUTE T4						X
Fehler			X	X		

* Diese Bedingungen fehlen in Abbildung 5.18

Abbildung 5.19 Vervollständigte Entscheidungstabelle

In gleicher Weise wird auch die Aktion "Y =" mit den zahlreichen
Alternativen in verschiedenen Regeln innerhalb der Entscheidungstabelle mit erweiterten Eingaben zusammengefaßt. Obwohl solche Entscheidungstabellen wirkungsvoller erscheinen, sind sie es nicht;
tatsächlich kann alles, was durch eine erweiterte Eingabe ausgedrückt werden kann, auch als eine Kombination von Bedingungen oder
Aktionen mit beschränkter Eingabe ausgedrückt werden. Eine solche
Umkodierung wird in den Abbildungen 5.14 bis 5.17 gezeigt. Die
weiteren Ausführungen gehen daher nur auf die Behandlung begrenzter
Entscheidungstabellen ein.

EIGENSCHAFTEN VON ENTSCHEIDUNGSTABELLEN

Entscheiungstabellen zeichnen sich durch einige Eigenschaften aus,
die sie zu einem effektiven Werkzeug machen, das die Systementwicklung erleichtern kann. Zu diesen Eigenschaften zählen:

- o Vollständigkeit
- o Eindeutigkeit
- o begrenzte Anzahl von Verzweigungen
- o Unterstützung bei der Fehlersuche und beim Testen

Vollständigkeit

Mit Hilfe der Kombinatorik läßt sich feststellen, ob eine Entscheidungstabelle mit begrenzten Eingabemöglichkeiten alle möglichen
Ergebnisse einer gegebenen Situation wiedergibt.

In einer Entscheidungstabelle (mit begrenzter Eingabe) mit zwei
Bedingungen gibt es maximal vier Regeln (2 * 2); bei drei Bedingun-
gen sind es 2 * 2 * 2 = 8 Regeln, vier Bedingungen entsprechen 16
Regeln und n Bedingungen entsprechen (maximal) 2 hoch n Regeln.

Das bedeutet jedoch nicht, daß jede Entscheidungstabelle mit fünf
Bedingungen auch 32 Regeln enthalten muß, obwohl dies natürlich der
Fall sein kann, wenn jede mögliche Bedingungskonstellation tatsächlich vorkommt und jeweils unterschiedliche Aktionen auslöst. In den
meisten Fällen sind einige Bedingungen jedoch wichtiger als andere,
so daß, sobald eine bestimmte Bedingung vorliegt, andere vernachlässigt werden können.

Wenn man die Regeln abzählt, um die Entscheidungstabelle auf ihre
Vollständigkeit zu überprüfen, muß man daher auch die indifferenten
Bedingungen berücksichtigen. Denkt man darüber nach, welche Aussage
hinter dem Zeichen für Indifferenz (-) steht, kommt man zu dem
Schluß, daß ein (-) an dieser Stelle sowohl eine Regel mit einem
"J" als auch eine mit einem "N" vertritt. Daher zählt eine Regel
mit einem (-) zweifach. Eine Regel mit zwei (-) stellt vier Regeln
dar (die Regeln mit (J,J), (J,N), (N,J) und (N,N) werden dabei für

die beiden (-) eingesetzt). Drei (-) repräsentieren acht Regeln,
vier (-) 16 Regeln usw.

Beispiele hierzu werden in den Abbildungen 5.18 und 5.19 gezeigt.
Die zwei in Abbildung 5.19 mit (*) markierten Regeln fehlen in
Abbildung 5.18. Sie können versehentlich vergessen worden sein,
logisch unmöglich oder aufgrund der Spezifikation nicht relevant
sein. Auf jeden Fall müssen sie berücksichtigt werden. Einige
Systementwickler definieren eine pauschale ELSE-Bedingung, um derartige Probleme zu umgehen; dies sollte man jedoch in der Praxis
nach Möglichkeit vermeiden.

Die Eigenschaft der Vollständigkeit und die einfachen Hilfsmittel,
um diese zu überprüfen, sind als Analyse-, Entwurfs- und Program-
mierhilfe wichtig. Sie gestattet (oder erzwingt) die Überlegung, ob
bei einem gegebenen Satz von Bedingungen, die zu testen sind, alle
möglichen Eventualitäten berücksichtigt worden sind.

Häufig ist es in Programmen nicht klar, welche Fälle eines gemeinsamen Auftretens von Bedingungen berücksichtigt wurden. Vielleicht
hat auch niemand an alle möglichen Fälle gemeinschaftlichen Auftretens gedacht.

Eindeutigkeit

Regeln müssen, wenn sie gezählt werden, eindeutig sein; sie gelten
dann als eindeutig, wenn sie gegenseitig ausschließend und er-
schöpfend sind, d.h. man muß Regeln voneinander unterscheiden
können. Das bedeutet, daß sich zwei beliebige Regeln in mindestens
einer Bedingung unterscheiden müssen. Obwohl das Überprüfen von
Entscheidungstabellen auf Mehrdeutigkeiten Zeit erfordert, sollte
man auf keinen Fall darauf verzichten. Das Überprüfen auf Vollständigkeit und Eindeutigkeit ist ein nützliches Bewertungswerkzeug.
Dieses Überprüfungsverfahren kann unter Umständen auch von einem
Computer durchgeführt werden.

Begrenzte Anzahl von Verzweigungen

Die Analyse zur Bewertung von Eindeutig- und Vollständigkeit zeigt
die begrenzte Anzahl der Verzweigungen in einer Entscheidungstabelle. Daher kann bei gegebenen zu testenden Bedingungen ihre logische
Reihenfolge vollständig bewertet werden. Sie können nicht auf andere Art gemeinsam auftreten und alle identifizierten Regeln sind
ausführlich aufgeführt. Es ist dann möglich, die unter verschiedenen Regeln aufgeführten Aktionen zu vergleichen und festzustellen,
unter welchen Bedingungen eine gegebene Aktion ausgeführt wird. Es
ist auch oft sinnvoll, den Regeln aussagekräfige Namen zuzuweisen,
um die Entscheidungstabelle besser zu dokumentieren.

Fehlersuche und Testen

Wie in Kapitel zehn noch zu zeigen sein wird, sind die Bestimmung
des Testbereichs sowie die Bestimmung der Reihenfolge auszuführen-
der Anweisungen wichtige Aspekte des Testens. Die Regeln bestimmen
diese Reihenfolge, so daß sowohl der Testbereich als auch die
Befehlsfolgen anhand der Entscheidungstabelle untersucht werden
können. Fragen in diesem Zusammenhang könnten lauten: Sind während
der Testphase alle Regeln berücksichtigt worden? Sind alle möglichen Befehlsfolgen fehlerfrei durchgelaufen?

VERÄNDERUNG VORHANDENER TABELLEN

In der Systementwicklung sind Veränderungen der Entscheidungstabellen sehr wichtig; man beginnt oft mit einer vereinfachten Version
einer Tabelle und überarbeitet sie dann bei Bedarf. Veränderungen
sind auch für die Wartung vorhandener Programme wichtig, besonders
weil die Wartungskosten im Software-Lebenszyklus mehr als 50 Prozent der Gesamtkosten betragen können.

Es gibt vier Möglichkeiten zur Änderung einer Entscheidungstabelle:

    o Verändern der Anzahl der Regeln

    o Verändern der Anzahl der Bedingungen

    o Verändern der Anzahl der Aktionen

    o Neuordnen der Aktionen

Verändern der Anzahl der Regeln

Die Anzahl der Regeln in einer Entscheidungstabelle kann, wenn man
einen eindeutigen, vollständigen Satz von Regeln beibehalten will,
ohne Veränderung der Anzahl der Bedingungen nur verändert werden,
indem man eine indifferente Regel einführt oder löscht. Auf diese
Weise wird die Anzahl der Regeln verringert oder erhöht. Zum Beispiel könnte Abbildung 5.20 zur Abbildung 5.21 bzw. Abbildung 5.21
zur Abbildung 5.20 werden, je nachdem, ob man eine Regel hinzufügt
oder löscht. Diese Art der Veränderung erfolgt beispielsweise dann,
wenn es nicht mehr nötig ist, zwischen zwei Regeln zu unterscheiden, weil die resultierenden Aktionen identisch sind. Auch im
Rahmen einer Präzisierung der Aussagen der Bedingungen oder im
Rahmen einer Vereinfachung kann sich die Anzahl der Regeln verändern.

Tabelle XA			
IF X = Y	J	N	N
IF A = B	–	J	N
CALL XY	X		
CALL AB		X	
CALL Fehler			X

Abbildung 5.20 Entscheidungstabelle XA

Ergänzte XA-Tabelle				
IF X = Y	J	J	N	N
IF A = B	J	N	J	N
CALL XY1	X			
CALL XY2		X		
CALL AB			X	
CALL Fehler				X

Abbildung 5.21 Ergänzte XA-Entscheidungstabelle

Verändern der Anzahl der Bedingungen

Die Anzahl der Bedingungen verändert sich, wenn (während der Ana-
lysephase) festgestellt wird, daß eine Frage überflüssig geworden
ist oder eine zusätzliche Frage gestellt werden muß, um eine Lösung
richtig zu beschreiben.

Das Löschen einer Bedingung erfolgt, wenn alle Bedingungsalternati-
ven für die spezifizierte Bedingung indifferent geworden sind, weil
zwei Regeln zu einer zusammengefaßt werden. Wenn zum Beispiel die
Bedingung "A = B" überflüssig wird, wird die Entscheidungstabelle
von Abbildung 5.20 die Form von Abbildung 5.22 annehmen.

Manchmal fehlt eine Bedingung in der Originalentscheidungstabelle.
Solange diese Bedingung nicht explizit hinzugefügt wird, um eine
bestimmte Regel zu verdeutlichen, kann es nützlich sein, die Anzahl
der Regeln zu verdoppeln (jede Regel aus der Originaltabelle wird
in zwei Regeln aufgeteilt). Die Aktionen aus der Originalregel
werden verdoppelt und, nachdem Nützlichkeit und Notwendigkeit der
Regeln überprüft und erkannt wurden, können die Regeln mit densel-
ben Aktionen zusammengefaßt werden. Zum Beispiel nimmt die Entscheidungstabelle in Abbildung 5.20 nach Hinzufügen von "IF C = D"
und der vorgeschriebenen Erweiterung die Form von Abbildung 5.23
an. Abbildung 5.24 zeigt die Tabelle nach Durchführung einer (z.B.

extern bedingten) Änderung. Nach Zusammenfassung der Regeln mit
identischen Aktionen nimmt Abbildung 5.24 die Form von Abbildung
5.25 an.

Löschen einer Bedingung			
IF X = Y		J	N
IF A = B		–	–
CALL XY		X	
CALL Fehler			X

Abbildung 5.22 Löschen einer Bedingung

Verändern der Anzahl der Aktionen

Das Hinzufügen von Aktionen ist sehr einfach. Die neue Aktion wird
in die Liste der möglichen Aktionen eingefügt und die passenden
Eintragungen werden im vierten Quadranten vollzogen.

Neuordnen einer Tabelle

Aktionen können umsortiert werden, um die Bedeutung einer Tabelle
zu verändern. Sie können auch umsortiert werden, so daß die Bedeutung der Tabelle zwar gleich bleibt, die Bedeutung einiger Regeln
jedoch verändert wird. Innerhalb einer Regel kann eine Aktion nach
oben oder unten über jede Positionsentfernung von ihrer ursprünglichen Position aus verschoben werden, solange gewährleistet ist,
daß sie nicht über eine andere Aktion hinaus bewegt wird, deren
Ausführung von der ursprünglichen Position in der Regel abhängt.

Der Bereich, in dem eine Aktion verschoben werden kann, ohne die
Bedeutung der Tabelle zu verändern, ist bei Berücksichtigung aller
Regeln, an denen sie beteiligt ist, begrenzt. In Abbildung 5.26
könnte beispielsweise unter Berücksichtigung von Regel 1 die Aktion
"A = A-1" um eine Position nach oben (d.h. hinter "C = C-1") ver-
schoben werden und um zwei Positionen nach unten (d.h. vor "D =
D/2"), ohne die Bedeutung der Regel 1 zu verändern. Berücksichtigt
man Regel 3, so könnte man "A = A-1" bis an die zweite Position
nach oben setzen, aber nicht nach unten verschieben. Innerhalb der
Regeln 2 und 4 kann "A = A-1" beliebig bewegt werden.

Ergänzte XA-Bedingung	Alte Regelnummer	1	1	2	2	3	3
	IF X = Y	J	J	N	N	N	N
	IF A = B	–	–	J	J	N	N
	IF C = D	J	N	J	N	J	N
	CALL XY	X	X				
	CALL AB			X	X		
	CALL Fehler					X	X

Abbildung 5.23 Ergänzte Bedingung

Erweiterung XA	Neue Regelnummer	1	2	3	4	5	6
	Alte Regelnummer	1	1	2	2	3	3
	IF X = Y	J	J	N	N	N	N
	IF A = B	–	–	J	J	N	N
	IF C = D	J	N	J	N	J	N
	CALL XY	X					
	CALL AB			X			
	CALL Fehler		X		X	X	X

Abbildung 5.24 Erweiterung

Zusammenfügung von Regeln	Alte Regelnummer	1	2	3	4	5 6
	IF X = Y	J	J	N	N	N
	IF A = B	–	–	J	J	N
	IF C = D	J	N	J	N	–
	CALL XY	X				
	CALL AB			X		
	CALL Fehler	X			X	X

Abbildung 5.25 Zusammenfügung von Regeln

Kombiniert man die vier Regeln, so ergibt sich, daß "A = A-1" nach oben bis hinter "C = C-1" bewegt werden kann und nach unten überhaupt keine Bewegung möglich ist.

Es sollte aber darauf hingewiesen werden, daß es möglich ist, EINE Regel zu verändern (d.h. umzuordnen), ohne daß eine andere Regel beeinflußt wird. Zum Beispiel könnte man "PRINT A" vor die Aktion "A = A-1" plazieren und damit die Bedeutung der Regel 3 verändern, ohne die Bedeutung der Regeln 1, 2 und 4 zu beeinflussen.

Neuordnen einer Tabelle				
IF A = B	J	J	N	N
IF C = D	J	N	J	N
D = D+1			X	
C = C-1	X			
A = 2πD		X		X
A = A-1	X		X	
PRINT A		X	X	
B = B + 1				X
D = D/2	X			

Abbildung 5.26 Neuordnen einer Tabelle

ENTSCHEIDUNGSTABELLEN ALS EIN WERKZEUG ZUR PROGRAMMENTWICKLUNG

Das folgende Beispiel verdeutlicht die Verwendung von Entscheidungstabellen als ein Werkzeug zur Programmentwicklung. Es soll ein Programm entwickelt werden, das zwei Dateien zusammenfaßt.

Die folgenden Bedingungen sind gegeben:

    1. A KEY < B KEY
    2. A KEY = B KEY
    3. A KEY > B KEY

"KEY" sei ein in beiden Dateien vorhandenes Schlüsselfeld, mit dessen Hilfe in der neuen Datei dieselbe Ordnung erzeugt werden kann wie in den beiden bereits vorhandenen Dateien.

Die auszuführenden Aktionen sind wie folgt gegeben:

1. SCHREIBE einen Ausgabe-Satz von der Datei A
2. LIES einen Satz von der Datei A
3. SCHREIBE einen Ausgabe-Satz von der Datei B
4. LIES einen Satz von der Datei B

Eine vorläufige Entscheidungstabelle zum Mischen der beiden Dateien wird in Abbildung 5.27 gezeigt. In der Entscheidungstabelle wird vorausgesetzt, daß aus beiden Dateien je ein Satz vor Eintritt in die Tabelle gelesen wurde. Die Tabelle ist in der Form der Abbildung 5.27 ein unendliches Verfahren und die Spezifikationen enthalten eine Mehrdeutigkeit. "Vermische Datei A und Datei B" spezifiziert nicht, welcher Satz als erster in die Ausgabedatei zu schreiben ist, wenn ein gleicher Schlüssel gefunden wird.

Mischen Dateien A und B		$A < B$	$A = B$	$A > B$
	Regelnummern	1	2	3
A KEY < B KEY		J	N	N
A KEY = B KEY		–	N	N
WRITE A		X	?	
READ A		X	?	
WRITE B			?	X
READ B			?	X
Neueintritt Tabelle		X	?	X

Abbildung 5.27 Vorläufige Entscheidungstabelle

Um den End-Of-File-Zustand (Ende der Datei) zu behandeln, müssen zwei neue Bedingungen – Ende der Datei A und Ende der Datei B – eingeführt werden; um eine erfolgreiche Beendigung des Programms zu gewährleisten, muß eine weitere Aktion – Ende des Programms – berücksichtigt werden (siehe Abbildung 5.28). Die Vorbedingung zum Eintritt in die Tabelle ist auf einen Lesezugriff auf beide Dateien reduziert worden. Bitte beachten Sie, daß die Originalentscheidungstabelle (Abbildung 5.27) mit den Regeln 4 bis 6 der Abbildung 5.28 identisch ist, wenn beide End-Of-File-Abfragen negativ ausfallen.

Es ist sinnvoll, zunächst eine Entscheidungstabelle für die Behandlung der "normalen Fälle" zu entwickeln und diese dann für die Verarbeitung von "Sonderfällen" zu erweitern (z.B. für eine ENDE-Verarbeitung). Man kann in diesem Beispiel erkennen, daß die überarbeitete Tabelle auch dann funktioniert, wenn eine oder beide

Dateien leer sind. Beachten Sie auch die Aktionsgleichheit zwischen den Regeln 2 und 6. In gleicher Weise ähneln sich die Regeln 3 und 4. Es kann jedoch kein Aktionspaar zusammengezogen werden, da sich die Bedingungen in mehr als einem Paar von "J/N"-Entscheidungen unterscheiden.

Mischen Dateien A und B	Regelnummern	EOJ	EOF A	EOF B	A < B	A = B	A > B
		1	2	3	4	5	6
EOFA		J	J	N	N	N	N
EOFB		J	N	J	N	N	N
A < B		–	–	–	J	N	N
A = B		–	–	–	–	J	N
WRITE A				X	X	?	
READ A				X	X	?	
WRITE B			X			?	X
READ B			X			?	X
LOOP			X	X	X	?	X
EOJ		X				?	

Mischen Dateien A und B

Anm.: Vor Eintritt in die Tabelle muß je ein Datensatz aus den Dateien A und B gelesen worden sein

Abbildung 5.28 Mischen der Dateien A und B: Tabelle 2

Wie der Fall "A KEY = B KEY" (Regel 5) zu behandeln ist, muß noch festgelegt werden. Man unterbricht das Lesen und Schreiben beider Dateien, da mehrere gleiche Schlüsselfelder vorhanden sind. So könnten Sätze mit gleichen Schlüsselfeldern aus Datei A vor Sätzen aus Datei B eingeordnet werden. Dies führt zu der in Abbildung 5.29 gezeigten Entscheidungstabelle. Beachten Sie die Gleichartigkeit der Aktionen für die Regeln 3, 4 und 5. Es ist möglich, Datei A zu bearbeiten und den Status Quo der Datei B in allen drei Regeln beizubehalten.

EINZELTABELLEN VERSUS MEHRFACHTABELLEN

Zwei Faktoren, die die Entscheidung für die Verwendung von Mehrfachtabellen anstelle von Einfachtabellen beeinflussen, sind Programmgröße und Gleichartigkeit von Funktionen. Die Entscheidung, ob eine Entscheidungstabelle zu groß wird, hängt stärker von der Anzahl der Regeln ab als von der Anzahl der Bedingungen. Ungefähr ab dem Zeitpunkt, an dem es schwierig wird, die Tabelle auf einem Blatt unterzubringen (z.B. bei mehr als 50 Regeln), ist zu vermuten, daß sich Gruppen von Regeln bilden lassen. Wenn die Tabelle in

kanonischer Form vorliegt, ist diese Gruppenbildung oftmals logisch
oder auch bereits visuell offensichtlich. Ein anderer Hinweis auf
eine Gruppenbildung ist die Gültigkeit bestimmter Bedingungen für
einige wenige Regeln.

Mischen Dateien A und B	Regelnummern	EOJ	E of A	E of B	A < B	A = B	A > B
		1	2	3	4	5	6
EOFA		J	J	N	N	N	N
EOFB		J	N	J	N	N	N
A < B		–	–	–	J	N	N
A = B		–	–	–	–	J	N
WRITE A				X	X	X	
READ A				X	X	X	
WRITE B			X				X
READ B			X				X
LOOP			X	X	X	X	X
EOJ		X					

Mischen der Dateien A und B

Bei gleichen Schlüsseln: Satz A vor Satz B

Anm.: Leseversuch der Dateien A und B vor Eintritt in die Tabelle

Abbildung 5.29 Mischen der Dateien A und B: Tabelle 3

Bei einer großen Anzahl von Regeln ist es sicherlich möglich, eine
Tabelle aufzuteilen; es könnte jedoch von Vorteil sein, die vollständigen Kontrollstrukturen zur Durchsicht und zum optischen
Vergleich an einer Stelle zu haben. Eine solche Überprüfung wird
durch den Vergleich logisch gleichwertiger Regeln (haben sie oder
sollen sie gleiche oder gleichwertige Aktionen zur Folge haben?)
durchgeführt, wobei die Regeln, die bestimmte Aktionen auslösen,
verglichen werden.

ÜBERGABE DER KONTROLLE IN MEHRFACH–ENTSCHEIDUNGSTABELLEN

Eine Entscheidungstabelle kann in drei Formen ausgeführt werden:

      o Sequentiell
      o Als Unterroutine (Execute, Perform, Call-Return)
      o Durch Übergabe der Kontrolle (GOTO)

Wenn eine Entscheidungstabelle als eine CASE-Anweisung betrachtet
wird, funktioniert sie genauso wie eine strukturierte Anweisung.
Man kann sie problemlos sequentiell durchlaufen.

Die Übergabe der Kontrolle ohne Erwartung eines Rückgabebefehls ist eine Vorgehensweise, die bei der strukturierten Programmierung grundsätzlich nicht zulässig ist. Sie ist höchstens dann zulässig, wenn der GOTO-Befehl einen Wiedereintritt an dieselbe Position der Tabelle festlegt, da die Übergabe an sich selbst mit einer CASE-Anweisung innerhalb einer DO-WHILE-Schleife gleichbedeutend ist. Das ist der normale Weg, innerhalb einer Entscheidungstabelle Schleifen zu spezifizieren.

Jede Aktion, die einen GOTO-Befehl zum Inhalt hat, sollte am Ende der Aktionsliste stehen; es sollte nach Möglichkeit sogar die letzte Aktion jeder Regel sein, in der sie vorkommt. Ist dies nicht der Fall, werden alle nachfolgend in der Regel aufgeführten Aktionen vermutlich nicht mehr ausgeführt.

Ferner sollten nur Sprünge zum Anfang der Entscheidungstabellen vorgenommen werden. Jeder andere Bestimmungspunkt würde Logik und Klarheit der Entscheidungstabelle stören.

UMSETZEN EINER ENTSCHEIDUNGSTABELLE

Entscheidungstabellen dienen nicht nur als Werkzeug für Entwurf und Dokumentation, sie können auch direkt während der Implementierung der Programme verwendet werden. Das Umsetzen einer Entscheidungstabelle erfordert die Bestimmung der anzuwendenden Regeln durch eine Auswertung der Bedingungen. Dann müssen unter Berücksichtigung der Aktionsanzeiger die spezifizierten Aktionen ausgewählt und in eine Programmiersprache umgesetzt werden.

Die erste Aufgabe – die Bestimmung der Regel – kann durch die Verwendung eines Satzes verschachtelter IF-THEN-ELSE-Bedingungen erreicht werden, die vertikal aus einer kanonischen Entscheidungstabelle abgeleitet werden können. Die Aktionen können ausgeführt werden, indem die Aktionsanzeiger mit der jeweils aktiven Regel verbunden werden, d.h. jede Aktion wird in die Reihe der IF-THEN-Befehle integriert.

Verfügt man über ein Programm, das eine Entscheidungstabelle automatisch übersetzen kann, so ist es dem Entwickler möglich, die Entscheidungstabelle jederzeit zu überarbeiten und damit zu experimentieren. Das ist besonders nützlich, wenn auch die Vollständigkeit und Eindeutigkeit überprüft werden können und die Tabelle automatisch in die kanonische Form gebracht werden kann. Zur weiteren Information über automatische Übersetzungshilfen sei auf die Literatur verwiesen.

ZUSAMMENFASSUNG

Entscheidungstabellen können sowohl beim Entwurf als auch bei der Implementierung während der Programmentwicklung und -veränderung verwendet werden.

Entscheidungstabellen sind bei der Entwicklungsarbeit sehr wertvoll, da sie die Kontrollstruktur deutlich vom eigentlichen Verarbeitungsprozeß trennen. Eine Dokumentationsfunktion der Entscheidungstabelle ist die Darstellung der Kontrollstruktur in tabellarischer Form; Entscheidungstabellen sind ein hervorragendes Mittel zur Darstellung von Programmsystemen und Programmen.

Eindeutigkeit, Vollständigkeit und entsprechende Tests helfen, die Qualität der Entwicklung zu beurteilen. Entscheidungstabellen sind daher während des gesamten Programmlebenszyklus ein wertvolles Hilfsmittel.

LITERATUR:

Glass, Robert L.: "Software Reliability Guidebook", Englewood Cliffs NJ: Prentice-Hall Inc. 1979.

Hughes, Marion L., Shank, Richard M. und Stein, Elinor Svendson: "Decision Tables", Wayne PA: MDI Publications, 1968.

London, Keith R.: "Decision Tables", Princeton NJ: AUERBACH Publishers, 1972.

McDaniel, Herman: "Applications of Decision Tables", Princeton NJ: Brandon/Systems Press, 1970.

Metzner, John R.: "Decision Table Languages and Systems", New York: Academic Press, 1977.

Montalbano, Michael: "Decision Tables", Chicago IL: Science Research Associates, 1974.

Pollack, Solomon L., Hicks, Harry T. und Harrison, William J.: "Decision Tables, Theory and Practice", New York: Wiley-Interscience, 1971.

Sethi, I.K. und Chatterjee, B.: "Conversion of Decision Tables to Efficient Sequential Testing Procedures", Communications of the ACM, Bd. 23, Nr. 5 (Mai 1980), S. 279-293.

6 Übertragbarkeit von Programmen

EINLEITUNG

Eine Untersuchung in den USA (1) aus dem Jahr 1977 hat ergeben, daß sich die Kosten für die Modifizierung von Computerprogrammen zur Übertragung auf andere Rechner auf mehr als 450 Millionen Dollar belaufen. Die Höhe der Kosten für Softwarekonvertierungen ist also beachtlich und es darf als sicher gelten, daß sie in den letzten Jahren weiter angestiegen ist. Für die Unternehmen stellen diese Kosten eine große Belastung dar, da sie die Unternehmensziele nicht unmittelbar unterstützen.

An verschiedenen amerikanischen Universitäten und Forschungsinstituten werden Forschungs- und Entwicklungsprojekte durchgeführt, um übertragbare Software zu entwickeln, d.h. um Software zu erstellen, die in einem bestimmten Rahmen maschinen- und konfigurationsunabhängig ist (2, 3). Zur gleichen Zeit reagiert die Industrie in unterschiedlicher Weise, indem sie unter anderem architektonische Unterschiede im Großrechnerbereich verringert (so gibt es z.B. über ein halbes Dutzend "Abarten" der IBM 370) und die Emulationsmöglichkeiten verbessert. Bis solche Bemühungen Früchte tragen, sehen sich die Unternehmen, die Datenverarbeitung betreiben, kostenintensiven, aufwendigen Konvertierungen ihrer Software ausgesetzt. Kosten und Aufwand der Programmanpassungen können jedoch reduziert - wenn auch selten vermieden - werden, wenn man das Ziel der Übertragbarkeit im Entwurf mitberücksichtigt.

Parnas führt ein überzeugendes Beispiel dafür an, daß es wichtig ist, Programme als Mitglieder einer Programmfamilie statt als voneinander unabhängige Produkte zu betrachten (2). Er bezeichnet eine Anzahl von Programmen als Programmfamilie, wenn sie in so vielen Eigenschaften übereinstimmen, daß es sich lohnt, diese Eigenschaften zu untersuchen, bevor man sich mit den speziellen Eigenheiten des einzelnen Programms beschäftigt. Ein Beispiel für eine solche Familie ist eine Anzahl von Versionen eines kommerziellen Betriebssystems.

Parnas deutet an, daß Programme tatsächlich im Hinblick auf
mögliche Veränderungen zu entwerfen sind. Wenn dies unterlassen
wird, können verschiedene Probleme auftreten:

o Einige Änderungen werden nur unzureichend durchgeführt;
o Einige Änderungen werden überhaupt nicht durchgeführt;
o Wartungs- und Anlagekosten werden ansteigen;
o Die Programmentwicklung wird durch lange Kompilierungsläufe
  beeinträchtigt;
o An manchen Stellen werden umfassende Konvertierungen erforderlich
  sein.

Eine vollständige Portabilität wird wegen unvereinbarer Unterschiede in der Rechnerarchitektur vermutlich nicht erreichbar sein;
allerdings können mit Hilfe entsprechender Entwurfstechniken portable Programme erstellt werden. Für maschinen- und konfigurations-
unabhängige und portable Programme geben Whitten und de Maine
folgende Definition:

"Ein Quellprogramm gilt unter Berücksichtigung verschiedener
Computertypen dann als maschinenunabhängig, wenn das Programm
bei der Kompilierung und Ausführung auf jedem Computer das
gleiche Ergebnis erzielt. Ein maschinenunabhängiges Programm ist
konfigurationsunabhängig, wenn die erforderlichen Computerressourcen während der Programmausführung dynamisch zugeordnet
werden können und der für das Programm verfügbare Speicherplatz
nicht den Umfang der Daten beeinflußt, die verarbeitet werden
können. Ein Quellprogramm heißt innerhalb einer Anzahl instal-
lierter Rechner portabel, wenn es sich innerhalb dieser Rechner-
umgebung sowohl als maschinen- als auch als konfigurationsunabhängig erweist." (3)

WEGE ZUR PORTABILITÄT

Die gewünschte Portabilität kann man auf verschiedene Arten erreichen. Die Entwurfsmethode, insbesondere die modulare Programmentwicklung (d.h. die Strukturierung eines Programms in eine bestimmte Anzahl von Einheiten, die durch eine Anzahl von Regeln
verwaltet werden), kann die Portabilität entscheidend beeinflussen.
Eine andere Methode ist die Verwendung von Parametern, bei der der
Einsatz maschinenabhängiger oder softwaresystemabhängiger Teile
eines Programms durch Parameter verwaltet wird. Diese Parameter
werden von einem Preprozessor erkannt und entsprechend verändert,
um ein ausführbares Programm an die spezifische Hardware-/Soft-
warekonfiguration zu übergeben. Codierrichtlinien, die zur Erstellung übertragbarer Programme erarbeitet worden sind und Einschränkungen in der Anwendung der Programmiersprache bedeuten, stellen
den für den Programmierer unangenehmsten Weg zur Erreichung der
Portabilität dar. Einige zwingend einzuhaltende Richtlinien sind
jedoch für das Schreiben übertragbarer Programme unverzichtbar.

Der Weg, den man wählt, hängt von dem Ziel ab, welches durch Portabilität erreicht werden soll:

o Wenn die Kosten der bevorstehenden Konvertierung reduziert werden sollen, hilft der modulare Aufbau. Nicht übertragbare Teile eines modularen Programms (z.B. Teile des Codes, die herstellerspezifische Erweiterungen einer Standardsprache benutzen, weil dafür ein konkreter Anwendungsbedarf vorliegt) können auf wenige, erkennbare Module konzentriert werden.

o Wenn man zukünftige Änderungen am Entwurf erleichtern will, hilft wiederum der modulare Aufbau (wenn man vorhersehen kann, welche Teile des Entwurfs sich wahrscheinlich mit der Zeit ändern werden und wenn sich diese Teile des Entwurfs in abgrenzbaren Modulen wiederspiegeln).

o Wenn es das Ziel ist, ein gegebenes Programm auf einer Vielzahl von unterschiedlichen Hardware-/Softwaresystemen ausführen zu lassen, ist die Verwendung von Parametern eine geeignete Methode zur Erzielung der gewünschten Portabilität (siehe 4). Dieses Verfahren hilft auch, wenn Programme in verschiedenen Rechenzentren auf gleichen oder unterschiedlichen Computern ausgeführt werden.

o Codierrichtlinien erweisen sich in fast allen Fällen als nützlich.

Diese Verfahren lassen sich auch kombiniert anwenden.

MODULARE PROGRAMMIERUNG

Es gibt verschiedene Verfahren zur modularen Programmierung (siehe 5, 6, 7, 8); diejenigen, die die Portabilität betreffen, basieren auf dem Verarbeitungsfluß innerhalb der Programme (der Main-Flow-Methode) und auf der Idee der Abstraktion oder Untergliederung (der hierarchische Methode). Obwohl die Auswahl der Methode vom aktuellen Projekt abhängt, bedient man sich bei den meisten installierten Rechnersystemen einer Kombination beider Verfahren. Auch wenn sich beide Methoden teilweise überschneiden, besteht der Hauptunterschied zwischen ihnen darin, daß das Hauptprogramm-Modul die Kontrolle bei der Main-Flow-Methode behält, während bei der hierarchischen Methode die Programmkontrolle an untergeordnete Module delegiert wird.

Die hierarchische Methode

Die hierarchische Methode basiert auf dem Gedanken eines stufenweisen Programmaufbaus (in etwa vergleichbar mit den Kontrollstufen innerhalb eines Managementberichtswesens). Ein hierarchisches Pro-

gramm, das beispielsweise Berichte über verschiedene Bezirke oder
Niederlassungen drucken soll, könnte man so strukturieren, daß jede
Stufe der Berichterstattungshierarchie von einer separaten Pro-
grammstufe bearbeitet wird.

Allgemeiner formuliert, finden die Stufen eines hierarchischen
Programms ihren Ausdruck in den Abstraktionsstufen des Problems.
Der Softwareentwickler durchdenkt das Problem auf der höchsten
Stufe und löst es in Funktionen analog der einzelnen Stufen auf.
Dieser Vorgang ist vergleichbar mit dem kartographischen Erfassen
eines Gebiets, bei dem man Karten mit immer größerem Maßstab zeich-
net, wobei aber jede Karte die gleiche Größe beibehält. Die Karten
zusammen bilden dann eine Hierarchie, bei der jede folgende Karte
detaillierter ist als die vorhergehende.

Ein Entwurf kann jedoch häufig nicht problemlos "von oben nach
unten" durchgeführt werden. Es ist wichtig, die unteren Stufen
immer "im Auge" zu behalten, um Probleme vorauszusehen und sicherzustellen, daß Funktionen auf niedrigerer Stufe realisierbar sind
und daß ihr Einsatz nicht durch mangelhafte Entwurfsleistungen auf
höherer Stufe ausgeschlossen wird.

Die Main-Flow-Methode

Bei der Main-Flow-Methode liegt die Hauptkontrolle des Programms in
einem (Kontroll-)Modul, also dem höchsten Segment der Programmstruktur. Die Größe dieses Moduls kann sehr unterschiedlich sein,
wobei es sicherlich schwieriger und aufwendiger ist, größere Module
zu testen.

Die Unterschiede dieser beiden Methoden können am besten an einem
Beispiel veranschaulicht werden. Stellen wir uns den Entwurf eines
Programms vor, das anderen Programmen aus einer Liste über den
verfügbaren Hauptspeicher Speicherplatz zuordnen soll. Diese Liste
kann eine Tabelle sein, bei der jede Zeile einen freien Speicher-
block mit seiner Startadresse und seiner Länge darstellt. Zur
Programmerstellung sind einige weitere Annahmen erforderlich (z.B.
darf kein Eintrag in der Liste verändert werden, solange das Programm ausgeführt wird); diese Annahmen sind zu diesem Zeitpunkt
jedoch noch nicht von Bedeutung.

Die Verwendung der Main-Flow-Methode kann beispielsweise zu folgender Programmstruktur führen:

o Hauptkontrollmodul - kontrolliert die Verarbeitungsfolge der
  anderen Module und enthält die Schnittstellen zwischen den Modulen. Dieses Modul realisiert auch die Fehlerbehandlung.

o Speichertabellenmodul - besteht aus den Funktionen, die einerseits auf Speicherplatzinformationen in der Tabelle zugreifen und

andererseits aus dem Programm, das Einträge in der Tabelle vornimmt. Dies ist das einzige Modul, das die Einträge in der Tabelle identifizieren kann.

o Speicherauswahlmodul - besteht aus Funktionen, die geeigneten
  Speicherplatz aus dem insgesamt zur Verfügung stehenden auswählen. Die Kriterien zur Auswahl des Speicherplatzes sind nur in
  diesem Modul bekannt.

o Zuteilungsmodul - teilt den gesamten oder Teile des freien Spei-
  cherplatzes dem anfordernden Programm zu. Informationen über die
  Zuordnung von Speicherbereichen an Programme sind nur in diesem
  Modul vorhanden.

Das Programm sieht dann in etwa folgendermaßen aus:

        HAUPTKONTROLLE
        "Initialisierung"
        "Call FREIER-SPEICHER um freien Speicher zu finden"
        "Call AUSWAHL um geeigneten Speicher auszuwählen"
        "Call ZUTEILUNG um Speicher an anfordernde Programme zu ver-
          geben"
        "On ERROR leite Fehlerbehandlung ein"
        FREIER-SPEICHER
        AUSWAHL
        ZUTEILUNG

Bei der hierarchischen Methode beginnen wir mit dem einzelnen Modul:

        FREIER-SPEICHER
        "Finde Speicherplatz für das anfordernde Programm"
        "Wenn kein Speicherplatz zur Verfügung steht, leite ent-
          sprechende Fehlerroutinen ein"

An diesem Punkt müssen wir annehmen, daß eine Liste über den verfügbaren Speicherplatz existiert, die angibt, welcher Speicherplatz
gerade frei ist. Wir können das Programm verfeinern, indem wir
bestimmte Entscheidungen darüber treffen, wie die Liste aussehen
soll, in welcher Folge die Elemente in der Liste stehen, und welche
Suchverfahren angewandt werden sollen. Das Programm könnte dann
folgendermaßen aufgebaut sein:

        HAUPTKONTROLLE
        "Initialisierung"
        "Call FREIER-SPEICHER um freien Speicher zu finden"
        "Wähle den Speicher aus und teile ihn dem Programm zu"
        "Im Fehlerfall leite Fehlerbehandlung ein"
        FREIER-SPEICHER

Wir können dann bestimmen, daß nicht irgendein Speicher, sondern
der optimale Speicher zugeteilt werden soll, und weiterhin, daß wir
nur soviel Speicher an das Programm vergeben, wie benötigt wird, um
den restlichen Speicher frei zur Verfügung zu halten.

```
HAUPTKONTROLLE
"Initialisierung"
"Call FREIER-SPEICHER um Speicherplatz zu finden"
"Call AUSWAHL..."
"Call ZUTEILUNG..."
"On ERROR leite Fehlerbehandlung ein"
FREIER-SPEICHER
AUSWAHL
ZUTEILUNG
```

Am Ende ist der entstandene Entwurf bei beiden Methoden identisch.
Der Unterschied liegt im Entwurfsprozeß, der möglicherweise zu
unterschiedlichem Code führen kann. Bei der Main-Flow-Methode haben
wir versucht, soviele Entwurfsentscheidungen wie möglich zu einem
möglichst frühen Zeitpunkt zu erreichen und wir stützten unsere
Entscheidungen darauf, daß wir Funktionen ermittelt haben, die sich
in zukünftigen Programmversionen vielleicht ändern können (z.B. die
Struktur der Tabelle, die den freien Speicherplatz bestimmt). Bei
der hierarchischen Methode zögerten wir derartige Entwurfsentscheidungen so weit wie möglich hinaus; bei jedem Entwurfsschritt wurde
nur so wenig wie möglich angenommen, und dann wurden diese Annahmen
schrittweise verfeinert. Durch eine sich daran anschließende Modu-
larisierung in Anlehnung an die Funktionen werden die Wartung und
die Änderungen am Programm erleichtert.

Die Tatsache, daß sich die Module in beiden Fällen als gleich
herausstellten, resultiert aus dem Umfang und der Einfachheit unseres Beispiels. Das ist unglücklicherweise ein Problem bei dem
Versuch, Konzepte des Software-Engineering zu illustrieren. Die
Konzepte erweisen sich nur bei großen Programmen als effektiv;
leider eignen sich große Programme nicht für Anschauungszwecke.

Aus beiden Methoden können Vorteile abgeleitet werden. Die Main-
Flow-Methode ist leicht von Programmierern zu erlernen, die mit
konventionellen Flußdiagrammverfahren vertraut sind. Die hierarchische Methode ist sowohl schwieriger zu vermitteln als auch
schwieriger anzuwenden.

Bei der Main-Flow-Methode setzt man normalerweise die Größe des
Hauptmoduls mit der Größe des Programms in Beziehung. Die Größe des
Hauptmoduls in einem hierarchischen Entwurf braucht sich ungeachtet
der Programmgröße nicht zu ändern. Daher eignet sich der hierarchische Entwurf eher für große Systeme und wird dementsprechend häufig
für große Echtzeitsysteme eingesetzt.

Die Main-Flow-Technik gibt den Verarbeitungsfluß innerhalb des Programms wieder. Diese Tendenz, zusammen mit der Möglichkeit von Änderungen in der Verarbeitungsrichtung, kann zu größeren Unterschieden in der Programmstruktur führen. Beim hierarchischen Entwurf wird dagegen häufig die Datenstruktur wiedergegeben und jede Änderung dieser Struktur erfordert Änderungen der Programmstruktur.

Die Modulimplementierung

Module werden allgemein entweder als interne Unterprogramme oder als unabhängig kompilierte Unterroutinen implementiert. Interne Unterprogramme können nur von Anweisungen innerhalb der gleichen Kompilationseinheit angesprochen werden. In COBOL ist eine SECTION, die durch eine PERFORM-Anweisung angesprochen wird, ein internes Unterprogramm.

Unabhängig kompilierte Unterroutinen wurden getrennt kompiliert, in eine Bibliothek abgelegt und mit einem Linker zusammengefügt. Die Anweisung, die dieses Modul aufruft, steht in einem anderen (Objekt-)Modul. Eine unabhängig kompilierte Unterroutine wird in COBOL durch eine "CALL (Modulname) ... USING"-Anweisung ausgeführt. Obwohl eine unabhängig kompilierte Unterroutine flexibler als ihr Gegenstück ist, kann sie zu längerer Ausführungszeit führen.

Bestimmte Grundeigenschaften sind bei der Konstruktion der Module zu beachten. So ist es beispielsweise wichtig, daß jedes Modul als Einheit gesehen wird, insbesondere dann, wenn das Gesamtsystem von verschiedenen Programmierern entwickelt wird. Um die Implementierung eines Moduls unabhängig vom Rest des Programms zu ermöglichen, sollten unabhängige Spezifikationen und Dokumentationen erstellt werden.

Jedes Modul sollte in der Lage sein, aufzurufen, oder von anderen Modulen aufgerufen zu werden. Ein aufgerufenes Modul gilt dabei als geschlossen, wenn es aufgerufen werden kann und zu der Stelle im aufrufenden Modul zurückspringt, die es durch eine "CALL"-Anweisung aktiviert hat.

Die meisten Programmiersprachen lassen verschiedene Einstiegspunkte in ein Modul zu. Es ist jedoch sicherer, eine Modulstruktur zu erzeugen, in der jedes Modul einen einzigen Einstiegs- und einen einzigen Austrittspunkt hat. Solche eindeutigen Einstiegs- und Austrittspunkte erleichtern die Programmwartung.

Module sollten gleichfalls mit einer Standardschnittstelle ausgestattet sein: sie sollten immer in der gleichen Weise aktiviert werden können, Parameter in der gleichen Weise übergeben, die Register beim Einstieg sichern und beim Austritt wieder herstellen und die Kontrolle an das aufrufende Modul zurückgeben.

Es sei noch einmal darauf hingewiesen, daß diese Erläuterungen nicht dazu gedacht sind, die Anzahl der erforderlichen Änderungen bei der Übertragung auf ein anderes Rechnersystem zu verringern; sie erleichtern nur die erforderlichen Änderungen.

PORTABLE FORTRAN-PROGRAMME (PFORTRAN)

Der systematischste und verständlichste Versuch, portable Fortran-Programme zu erstellen, hat zur Entwicklung von PFORTRAN geführt. PFORTRAN besteht aus vier Komponenten:

o Einer Menge der FORTRAN-Anweisungen, die gemeinsam in sieben FORTRAN-Dialekten enthalten sind und die eine Obermenge des American Standard FORTRAN (9) von 1966 bilden. Die sieben Dialekte sind:

CDC 6000 FORTRAN IV
HIS 6000 FORTRAN IV
IBM 360/370 FORTRAN G
RCA SPECTRA 70 FORTRAN
XDS Sigma 5/7 FORTRAN
Sperry Univac 1108 FORTRAN V
Digital Equipment PDP-11 FORTRAN IV-PLUS

Folgende Anweisungen gehören zu der normierten Befehlsklasse:

ASSIGN	DIMENSION	GO TO
DO	IF	FUNCTION
END	RETURN	CONTINUE
BLOCK	ENTRY	DATA
DATA	EQUIVALENCE	STOP
CALL	EXTERNAL	SUBROUTINE
COMMON		

o Einer Erweiterung der einfachen Datentypen, z.B. Bitstrings oder virtuelle Felder. Virtuelle Felder bieten die Möglichkeit, die Unabhängigkeit von der Konfiguration zu erhalten.

o Einer einfachen, maschinenunabhängigen Ein-/Ausgabe-Funktion oder -Schnittstelle.

o Einer variablen arithmetischen Einheit, die es dem Programmierer ermöglicht, die numerische Genauigkeit in einer Berechnung anzugeben.

Programmierverfahren

Ein System wie PFORTRAN ist in einer Produktionsumgebung nicht
unbedingt lauffähig. Es müssen zusätzlich Beschränkungen bei der
Codierung (10) eingeführt werden, die die Portabilität von FORTRAN-
Programmen steigern, zum Beispiel:

o Schleifen (DO-Anweisungen) - folgende Konstruktionen sind zu
  vermeiden:
  - Eine einzige Schlußbedingung für eine Folge geschachtelter
    Schleifen;
  - Beenden einer DO-Schleife mit einer IF-Anweisung;
  - Verändern von Schleifenparametern innerhalb der Schleife;
  - Die Annahme, daß die Schleife wenigstens einmal durchlaufen
    wird;
  - Das Springen in eine Schleife.

o Kontrollanweisungen - folgende Konstruktionen sind zu vermeiden:
  - Rekursive Unterroutinen;
  - Rückkehr aus einer Unterroutine durch eine GOTO-Anweisung;
  - Argumente in Unterprogrammaufrufen mit variabler Länge.

o Verschiedenes - folgende Konstruktionen sind zu vermeiden:
  - Fließkommazahlen auf Gleichheit testen;
  - Doppelte Potenzierung;
  - Annahmen treffen über eine Division durch Null.

PORTABLE COBOL-PROGRAMME

Im Jahre 1964 wurde in den USA der "Federal COBOL Compiler Testing
Service" entwickelt, ein System, das portable COBOL-Programme erzeugt (4).

Dieses System führt in den wichtigsten Punkten, die die Portabilität betreffen, eine Konvertierung von COBOL-Anwendungsprogrammen
durch: COBOL-Funktionen, Namen und Datendarstellungen. Ein COBOL-
Übersetzungsprogramm konvertiert COBOL-Programme des Ursprungsrechners in maschinenunabhängiges COBOL (d.h. in ein am Standard ange-
lehntes COBOL). Funktionen im COBOL des Ursprungsrechners, die eine
Erweiterung zu den ANSI-Sprachspezifikationen darstellen (und daher
nicht automatisch konvertiert werden können) werden durch das Übersetzungsprogramm angezeigt. Implementationsspezifische Namen in
den Programmen (wie sie beispielsweise in den SELECT-Anweisungen
der ENVIRONMENT DIVISION vorkommen) werden durch eindeutige Namen
im maschinenunabhängigen Quellprogramm ersetzt. Diese Namen werden
durch einen Preprozessor erkannt und ersetzt, wenn das Programm auf
dem Zielrechner implementiert wird.

Zum Programm gehörende Dateien werden ebenfalls konvertiert. Die
rechnerspezifischen Daten werden in ein rechnerunabhängiges Format

gebracht. Rechnerabhängige Dateneigenschaften sind zum Beispiel arithmetische Vorzeichen, die Ausrichtung der Wortgrenzen sowie verschiedene interne Darstellungen.

Programmierverfahren

Im Hinblick auf die Portabilität sind auch bei COBOL, ähnlich wie bei FORTRAN, bestimmte Teilbereiche als potentielle Probleme bekannt. Die Ursachen dieser Probleme sind:

o Allgemein – das Programm:
  - Erfordert Operatoreingriffe während der Verarbeitung;
  - Enthält eine Schnittstelle zu Datenbanksystemen;
  - Enthält Aufrufe zu Assembler oder anderen Unterprogrammen, die nicht in COBOL geschrieben sind;

o Einträge der IDENTIFICATION DIVISION
  - Einträge, die nicht dem ANS COBOL-Standard entsprechen.

o Einträge der ENVIRONMENT DIVISION
  - FILE-CONTROL;
  - I/O-CONTROL.

o Einträge der DATA DIVISION
  - FILE SECTION;
  - RECORDING MODE;
  - USAGE IS COMP-1 (Fließkommadaten mit einfacher Genauigkeit);
  - COMP-2 (Fließkommadaten mit doppelter Genauigkeit);
  - COMP-3 (dezimale Daten/gepackte Daten).

o WORKING-STORAGE SECTION
  - Die Logik des Programms erwartet bestimmte Initialisierungswerte;
  - REDEFINES;
  - OCCURS DEPENDING ON;
  - Datenfelder auf Bitebene;
  - Logische Schalter;
  - Fließkommaliterale;
  - Null mit Vorzeichen;
  - Numerische Felder ohne Vorzeichen für Berechnungen;
  - INDEX;
  - SD-Namen der Sort Description.

o LINKAGE SECTION
  - Linkage-Einträge.

o REPORT SECTION
  - RD-Namen der Report Writer Description.

o COMMUNICATION SECTION
  - CD-Namen der Communication Description.

o Einträge der PROCEDURE DIVISION
  - Programmlogik, die numerische Genauigkeit berücksichtigt;
  - Programmlogik, die von Vergleichsanweisungen abhängt;
  - Programmlogik, die von "HIGH VALUE-" oder "LOW VALUE-Anweisun-
    gen" abhängt;
  - Programmlogik, die von Rundungs- oder Truncation-Funktionen
    abhängt;
  - Verschiedene Befehle, unter anderem:
    ALTER
    CLOSE
    EXAMINE
    GO TO DEPENDING
    verschiedene Arten von MOVE-Anweisungen
    OPEN
    SEARCH
    COPY
    TRANSFORM
    WRITE
    SORT
    LABEL

Diese Punkte können Portabilitätsprobleme verursachen, insbesondere
wegen der Hardwareunterschiede (z.B. Verarbeitungsschnittstellen,
Bildschirmmeldungen). In vielen Fällen werden die Probleme durch
die unterschiedliche Art, wie die Compiler die COBOL-Sprache verarbeiten, verursacht. Der Befehl COMPUTE ist beispielsweise im Stan-
dard-COBOL so definiert, daß beinahe jede Implementierung akzeptabel ist. Die einzige Lösung in den Fällen, in denen bestimmte
Befehle nicht portabel sind, ist das Vermeiden dieser Befehle.

Programmierrichtlinien, die die Verwendung der aufgelisteten Befehle berücksichtigen, fördern das Erstellen portabler Programme,
aber nur dann, wenn die Standards auch durchgesetzt und konsequent
eingehalten werden. Nach Möglichkeit sollte die Durchsetzung solcher Standards automatisiert werden, z.B. durch einen geeigneten
Preprozessor, der Konvertierungsverletzungen erkennt und die Kompilierung entsprechender Programme verhindert.

PORTABILITÄT IN DATENBANKSYSTEMEN

Der Einsatz von Datenbank-Managementsystemen (DBMS) verstärkt im
allgemeinen das Portabilitätsproblem. Das System MIDMS (Machine
Independent Data Management System) stellt jedoch einen erfolgreichen Versuch dar, daß auch Datenbanksysteme portabel sein können.

Das System wurde im Jahre 1973 in den USA fertiggestellt. Im Sta-
pelverabeitungsteil besteht es zu 97 Prozent aus COBOL-Anweisungen.

Es besteht aus Modulen, Untermodulen und Unterprogrammen und gestattet durch eine dynamische Overlaystruktur die Programmausführung mit einem minimalen Speicherbedarf. Die dynamische Struktur
gibt dem System einen hohen Grad an Flexibilität und erleichtert
Modifikationen. Spezielle Einrichtungen des MIDMS sind:

o Die Möglichkeit, größere variabel lange Sätze genauso zu
  verarbeiten wie Sätze mit fester Länge;
o Die Möglichkeit, Unterprogramme aufzurufen;
o Spezielle Operatoren für Suchvorgänge.

Zusätzlich kann der Anwender COBOL-, FORTRAN- und Assemblerprogram-
me aufrufen, wenn er die Standardschnittstelle des MIDMS benutzt.

Steht man vor dem Problem, ein geeignetes Datenbanksystem auszuwählen, so muß eine der ersten Fragen lauten, ob dieses System zu der
im Unternehmen eingesetzten Konfiguration "paßt".

Beispiel:

Eines der führenden DB-Systeme in der Bundesrepublik Deutschland
ist "ADABAS" (Adaptable DAta BAse System). Dieses in Deutschland
entwickelte System ist u.a. ablauffähig auf den Maschinen IBM
360/370, IBM 30XX sowie den Siemensrechnern 77XX.

Als Betriebssysteme können DOS/OS/MVS bzw. BS1000/BS2000 eingesetzt
werden.

Ein anderes, sehr erfolgreiches Datenbanksystem ist das IMS (Information Management System) der IBM.

Ein Vergleich von Datenbanksystemen ist ein äußerst komplexer Vorgang, da man eine Vielzahl von Kriterien beachten (und auf einen
Nenner bringen) muß, um eine günstige Entscheidung zu treffen.
(Diese Thematik wird ausführlich in Band vier des Auerbach-Managementwissens der Datenverarbeitung besprochen).

ERGEBNIS

Beim heutigen Stand der Entwicklung in der DV-Industrie ist eine
vollständige Programmportabilität nicht erreichbar. Die Rechnerar-
chitekturen sind noch zu unterschiedlich und es gibt nur geringe
Übereinstimmungen innerhalb der verschiedenen Systemsoftwarepro-
dukte. Die Programmierer sollten aufgefordert werden, die hier
vorgeschlagenen Schritte nachzuvollziehen, wenn abzusehen ist, daß
die Programmausführung auf unterschiedlichen Rechnern erfolgen
soll.

LITERATUR:

1. General Accounting Office Report of the Congress, FGMSD-77-34,
    15. September 1977.
2. Parnas, D. L.: "On the Design and Development of Program
    Families", IEEE Transactions on Software Engineering, März
    1976.
3. Whitten, D. E. und de Maine, P. A. D.: "A Machine and Configu-
    ration Independent FORTRAN: Portable FORTRAN (PFORTRAN)", Com-
    puter Science Department, Pennsylvania State University (1974),
    University Park, PA 16802.
4. Baird, G. N. und Johnson, L. A.: "A System for Efficient Pro-
    gram Portability", Proceedings of the 1974 NCC, AFIPS, 1976.
5. Jackson, M. A.: "Principles of Program Design", New York:
    Academic Press, 1975.
6. Myers, G. J.: "Software Reliability", New York: John Wiley
    and Sons, 1976.
7. Rohder, J.: "Tackle Software with Modular Programming", Compu-
    ter Decisions, Oktober 1973.
8. Yourdon, E.: "Techniques of Program Structure and Design",
    Englewood Cliffs, NJ: Prentice-Hall, 1975.
9. "American Standard FORTRAN", American Standards Association,
    1966.
10. Heiss, Joel E.: "Programming for Transferability", Internatio-
    nal Computer Systems, Inc. (1972), 10801 National Boulevard,
    Los Angeles, CA, 90064.

7 Probleme bei der Wartung von Programmen

EINLEITUNG

Zu den täglichen Pflichten des Leiters einer Programmierabteilung gehört, daß er fortwährend auf dem neuesten Stand der Hardware- und Systemsoftwareentwicklung bleiben muß und den sich ändernden Benutzeranforderungen anpassen muß, während er zugleich ständig mit Budget- und Planungsengpässen einerseits und den individuellen Problemen seiner Programmierer andererseits beschäftigt ist. Diese Faktoren sind zu berücksichtigen, wenn man den Blickwinkel, unter dem man die Programmwartung betrachtet, verändern will. Die Wartung von Softwareprodukten muß als ein "normaler" Bestandteil der Arbeitsabläufe einer DV-Abteilung angesehen werden.

ZUR SITUATION DER PROGRAMMWARTUNG

Das Leben in einer DV-Abteilung wäre sicherlich angenehmer, wenn man Programme oder Systeme entwerfen, programmieren, testen und in Betrieb nehmen könnte, ohne diese dann weiterhin ständig "im Auge" behalten zu müssen. Unglücklicherweise ergibt sich diese ideale Situation, selbst bei sehr kleinen Programmen, nur sehr selten. Es kann sogar gesagt werden, daß ein Programm, das nicht abgeändert wird, wahrscheinlich nicht sehr oft benutzt wird.

Bevor die Entwicklung des ursprünglichen Programms begann, wurden alle Details sorgfältig geplant, kontrolliert, akzeptiert und für angemessen gehalten und der Code wurde gemäß der Vorgaben erstellt. Warum sollten nun gleich Wartungsarbeiten anfallen, nachdem man das Programm in Betrieb genommen hat? Drei Situationen können eine Modifikation des Programmes erzwingen:

o Es können Änderungen im Softwaresystem selbst vorliegen. Das normale Wachstum des Geschäftsumfanges kann die Installation neuer und größerer Speichermedien notwendig machen. Bildschirme können beispielsweise Fernschreiber ersetzen und das Programm muß dann geändert werden, um Nutzen aus dem technischen Fortschritt zu ziehen. Nicht nur die Hardware kann sich ändern, die Systemsoftware kann ebenfalls Änderungen unterworfen sein. Wenn eine neue Version attraktive Möglichkeiten bietet, wird eine Überarbeitung des Programms erforderlich sein, um sie zu nutzen.

o Es können interne Wechsel im Unternehmen oder Änderungen im Geschäftsablauf vorliegen. Die Kundendienstabteilung könnte die Möglichkeit für Online-Abfragen fordern, um Bestellungen besser bearbeiten zu können. Diese Situation würde eine Reihe von Änderungen der DV-Hilfsmittel erfordern. Diese Änderungen werden durch unternehmensinterne Anforderungen verursacht, wobei die Unternehmensleitung, im Gegensatz zu externen Einflußfaktoren, über einen Entscheidungsspielraum verfügt, wie diesen Anforderungen begegnet werden soll. Wenn der Geschäftsführung die Modifikation beispielsweise zu kostspielig erscheint und der Aufwand in keinem Verhältnis zum möglichen Nutzen steht, kann die Modifikation abgelehnt werden, auch wenn einige Anwender mit einer solchen Entscheidung unzufrieden sind.

o Die notwendigen Änderungen können auch durch externe Einflußfaktoren hervorgerufen werden, die eine angemessene Reaktion unausweichlich erscheinen lassen. Die Steuergesetzgebung ändert sich von Zeit zu Zeit, so daß entsprechende Programmänderungen erfolgen müssen. Die Sozialleistungen, die sowohl vom Arbeitnehmer als auch vom Arbeitgeber zu erbringen sind, werden sich ebenfalls bei Gesetzesnovellen ändern, so daß die Lohn- und Gehaltsabrechnungsprogramme geändert werden müssen.

Es spielt keine Rolle, was die Ursache für den Änderungsbedarf ist, die Programmwartung muß durchgeführt werden und die Kosten sind in der Regel sehr hoch. Weil es immer mehr Computer gibt und diese schneller laufen als ihre Vorgänger, sind auch immer mehr Programme zu modifizieren. Das Resultat ist, daß die Wartungskosten einen wesentlichen Teil des DV-Budgets ausmachen. Untersuchungen haben ergeben, daß fast 80 Prozent der Kosten, die der Betrieb einer Computeranlage verursacht, auf den Bereich Software entfallen. Von diesen 80 Prozent müssen etwa 75 Prozent für die Programmwartung aufgebracht werden.

Das eben Gesagte gilt ebenso für die Arbeitszeit der Programmierer. Ein Programmierer, der mit Wartungsarbeiten an bestehenden Anwendungsprogrammen betraut ist, wird wahrscheinlich nicht viel zur Entwicklung neuer Anwendungsprogramme beitragen können. Aus diesem Grund wird eine verbesserte Programmwartung gleichzeitig die Produktivität der gesamten DV-Abteilung erhöhen und die Kosten insgesamt senken. Obwohl dieser Tatbestand allgemein verstanden und auch akzeptiert wird, weicht die tatsächliche Situation sehr stark vom Ideal ab. Wie gerieten DV-Abteilungen überhaupt in die Situation, sich mit einem Übermaß schlecht zu wartender Programme auseinanderzusetzen zu müssen? Die Einflußfaktoren können in den Kategorien Perfektionsstreben, Ausbildung, Tradition, Faulheit und in den Grundsätzen des Unternehmens selbst gesucht werden.

Perfektionsstreben

Die meisten Konsumgüter wurden unter der Annahme entworfen und konstruiert, daß für dieses "perfekte" Produkt niemals eine Reparatur benötigt wird. Das führt dann dazu, daß in manchen Geräten beispielsweise Lampen so eingebaut sind, daß ein Ersatz nur schwierig oder gar unmöglich ist, es sei denn, man nimmt das gesamte Gerät auseinander. Viele Autos sind so kompliziert konstruiert, daß notwendige Reparaturen großen Aufwand und hohe Kosten verursachen. In manchen Fahrzeugen können selbst Routinearbeiten (z.B. der Austausch des Ölfilters) nicht ohne Spezialwerkzeug und teure Werkstattstunden durchgeführt werden.

Im Gegensatz dazu werden andere Autos so konstruiert, daß eine einfache Wartung möglich ist. Abnehmbare Armaturenbretter, die es ermöglichen, ungehindert an Schalter und Kabel heranzukommen, um diese einzustellen oder zu ersetzen und Bedienungsanleitungen mit elektrischen Schaltkreiszeichnungen zeigen, daß es auch anders geht; dadurch wird es dem Mechaniker (Programmierer) oder dem Käufer (Anwender) leichter gemacht, das Problem zu verstehen, wodurch eine einfachere Durchführung der Reparatur ermöglicht wird.

Die Art der Ausbildung

Ein weiterer in diesem Zusammenhang wichtiger Faktor ist die Art der von den meisten DV-Abteilungen praktizierten Ausbildung. Der Auszubildende wird von der ersten Ausbildungsstunde an mit Programmen konfrontiert, die er schreibt und dann nie wieder analysieren muß. Betont wird das Ausbildungsziel, ein Programm anhand einer Vorgabe zu erstellen und das Programm anschließend lauffähig zu machen, um sich dann einem neuen Problem zuzuwenden.

Selbst auf höheren Ausbildungsstufen wird nur selten das Modifizieren bestehender Programme geübt.

Tradition

Programmierer neigen dazu, das zu tun, was man ihnen beigebracht hat; ihre Ausbilder wiederum lehren, was ihnen beigebracht worden ist usw. Diese Kette läßt sich bis in die erste Generation des DV-Personals zurückverfolgen. In den frühen Tagen der Datenverarbeitung hatten die Programmierer wegen der beschränkten technischen Möglichkeiten allen Grund, Programme möglichst knapp zu halten. Jede zusätzliche Anweisung oder jeder eingefügte Kommentar belastete die nur knapp vorhandenen Ressourcen.

Das Erstellen eines Jahresabschlusses mit nur 8 KB Hauptspeicher
stellt beispielsweise ganz andere Anforderungen an die Programme
als ein modernes Rechenzentrum heutiger Zeit mit einer Hauptspeicherkapazität von vielleicht 40 MB.

Zudem ist es viel leichter (z.B. für Manager, die ihre Mitarbeiter
überprüfen wollen), die Länge des Codes, die Ausführungsgeschwin-
digkeit oder den benötigten Speicherplatz von Programmen zu messen
und zu vergleichen; es ist jedoch viel problematischer, zu quantifizieren, wie leicht sich ein Programm verändern läßt. Es ist somit
offensichtlich, worauf Manager bei ihren Überwachungsaufgaben achten und welche Ziele der Programmierer bei der Programmerstellung
verfolgt.

Faulheit

Manchmal ist offensichtlich, daß Menschen unliebsame Tätigkeiten
und Arbeiten, die mit hohem oder für sie überflüssigem Arbeitsauf-
wand verbunden sind, scheuen. Für den Beruf des Programmierers
bedeutet dies, daß man die Arbeitszeit lieber für das "kreative"
Codieren verwendet als für das "lästige" Dokumentieren. Sie können
damit sogar meist durchkommen, weil das Erstellen von Dokumentationen zwar von den DV-Führungsebenen gewünscht wird, aber in der
Regel nicht zwingend vorgeschrieben wird.

Weiterhin wird häufig, sobald das Programm fehlerfrei erstellt
worden ist, dem Programmierer sofort eine neue Aufgabe zugeteilt,
ohne daß Zeit für die Dokumentation bleibt, die bis zum Schluß
aufgeschoben wurde.

Das Unternehmen

Das Unternehmen und die Mitarbeiter fördern eher diese schlechten
Angewohnheiten. Überdenken Sie beispielsweise die Vorgaben durch
das Unternehmen. Formblätter (z.B. über den aktuellen Projektsta-
tus) halten die Entwicklungsstufen für Entwurf, Codierung, Test und
Implementierung nach. Um jedoch eine solche Arbeit wirklich beendet
zu haben, bedarf es sicherlich noch mindestens einer Woche weiterer
Arbeit für organisatorische Fragen oder allgemeine Verwaltungsar-
beiten oder die Dokumentation bestimmter Teile des Systems (z.B.
Verfassen einer (Kurz-)Anleitung für den Benutzer neben einer umfassenden Dokumentation).

In einigen Unternehmen besteht die Dokumentation für ein Softwareprodukt lediglich aus einem Compile-Listing. In dem gleichen Unternehmen wartet natürlich immer schon ein neues und weitaus
dringlicheres Projekt und der Programmierer wird veranlaßt, sich
umgehend um die neue Aufgabe zu kümmern. Zeitliche Engpässe und
Dringlichkeit verhindern es, eine Aufgabe so sorgfältig wie möglich

zu beenden. Mitarbeiter der Programmierteams belächeln auch häufig
Programmierer, deren Code langsamer und länger ist als der der
anderen. Auf der anderen Seite wird sofort Beifall gespendet, wenn
es beispielsweise jemandem gelingt, zwei Unterroutinen durch ein
Polynom vierten Grades zu ersetzen. Es wundert nicht, daß die
Änderung von Gewohnheiten so schwierig ist.

Der Programmierer als kreatives Individuum

Die Persönlichkeit des Programmierers muß ebenso bedacht werden.
Die meisten Programmierer betrachten sich selbst als "Künstler",
als kreative Individuen mit einer gewissen Erfindermentalität.

Einem Nachwuchsprogrammierer werden allenfalls Programme, die von
anderen geschrieben wurden, zu Studienzwecken, um sie eventuell zu
dokumentieren oder marginal zu modifizieren, übergeben.

So wie die Karriere eines Programmierers fortschreitet, wird er
Spezialist auf einem Gebiet der Softwareentwicklung werden. Wie ein
"Zauberer" behält er jedoch seine Kenntnisse für sich. Einen Teil
des Programmierens bilden geradezu Tricks, um einen Uneingeweihten
davon abzuhalten, zu erfahren, was in einem Programm passiert. Man
baut in die Programme "Labyrinthe" ein, die nur der durchschaut,
der sie erstellt hat.

Eine weitere bedenkliche Eigenart der Programmierer (und dazu noch
weit verbreitet) ist die Angewohnheit, etwas Persönliches in das
Programm einzubauen, um es eindeutig und unzweifelhaft dem eigenen
"geistigen Eigentum" zuzuordnen. Der Programmierer sieht sich in
einem solchen Fall mehr als ein "Maler", dessen "Stil" sich in den
Codeabschnitten "seiner" Programme wiederfindet. Es ist bisweilen
sehr einfach, auf ein Listing zu schauen und festzustellen, welcher
Programmierer an diesem Programm gearbeitet hat. Der "Autor" ist
unzweifelhaft an seinem Stil zu erkennen. Gewohnheiten, Präferenzen
(z.B. für bestimmte Konstruktionen) stellen sozusagen die "Signatur
des Künstlers" dar.

Alle eben beschriebenen Faktoren verschlechtern die Möglichkeiten,
Wartungsarbeiten von anderen Programmierern durchführen zu lassen.
Man glaubt, daß das Programmieren ein kreativer Akt und keine
methodische und prozeßorientierte Aufgabe sei. In gewisser Hinsicht
hängt der Fortschritt von der Bereitschaft ab, ausgetretene Pfade
mit dem Ziel zu verlassen, neue Lösungsansätze zu entdecken. Es ist
aber Unfug, einen Pfad durch das Unterholz zu schlagen, wenn bereits eine Straße existiert.

BESSERE GRUNDSÄTZE

Zunächst gilt es, den Aspekt der Programmwartung von vornherein im
Entwurf zu berücksichtigen. Programme werden sich ändern und Änderungen sollten erwartet werden. Wenn man beispielsweise ein
Schließventil in eine Rohrleitung einbaut, werden Reparatur, Ersatz
oder Umlegen des Rohres einfacher; am besten sollte man natürlich
ein solches Ventil gleich bei der Erstinstallation des Rohres
miteinbauen.

Voraussicht

Die Entscheidung darüber, was eingebaut werden und was vernachlässigt werden soll, erfordert Voraussicht, eine der selteneren und
kaum zu fassenden menschlichen Gaben. Es ist offensichtlich, daß
niemand absolut zuverlässige Voraussagen über zukünftige Anforderungen und Entwicklungen treffen kann. Es ist jedoch ratsam, Lehren
aus der Vergangenheit zu ziehen und die kombinierte Erfahrung
mehrerer Personen zu nutzen. Einer der wichtigsten Schritte, die
ein Programmierer unternehmen kann, wenn er sich Gedanken über
zukünftige Änderungen macht, ist zu fragen, welche Möglichkeiten
dafür überhaupt existieren und wie hoch ihre Wahrscheinlichkeit
anzusetzen ist.

Um diese Aussagen zu illustrieren, lassen Sie uns die Entwicklung
eines Lohnbuchhaltungsprogramms betrachten. Die Erfahrung des Programmierers läßt es ratsam erscheinen, bestimmte Felder größer zu
definieren als die Systemanalyse vorgeschlagen hat; bedingt durch
allgemeine Steigerungsraten (z.B. infolge eines Tarifabschlusses
oder einer Steuerveränderung) können bestimmte Felder Werte annehmen, für die die ursprüngliche Definition nicht mehr ausreicht. Es
ist die Aufgabe eines vorausblickenden DV-Fachmanns, solche Möglichkeiten im Programm zu berücksichtigen. Weitere Fragen in diesem
Zusammenhang könnten lauten: Ist es wahrscheinlich, daß das Unternehmen Arbeitnehmerkredite vergeben wird oder wird es den Angestellten ermöglicht werden, Belegschaftsaktien durch Gehaltsab-
tretung zu erwerben? Die Beantwortung solcher Fragen erfordert
Einblick in die langfristige Unternehmensplanung. Da ein Programmierer über ein solches Wissen in der Regel nicht verfügt, muß er
jemanden konsultieren, der solche Kenntnisse hat.

Teambemühungen

Dieser Aspekt wird für viele Programmierer nur sehr schwer zu
verstehen und akzeptieren sein. Gemeint ist die Erkenntnis, daß die
Softwareentwicklung in erster Linie eine auszuführende Arbeit und
eine zu erfüllende Aufgabe ist und nicht die Erstellung eines
Kunstwerkes - zum "Ruhme" der Person, die es erstellt hat. Es soll
keine Programmierer mehr geben, die sich als moderne Zauberer

verstehen, sondern es werden konsequente, zuverlässige Mitarbeiter
benötigt, die ihr Handwerk – hier das Umsetzen einer organisatorischen Aufgabe in eine Programmiersprache – beherrschen. Es werden
anstelle einer Vielzahl von Einzelkämpfern sinnvoll zusammenarbei-
tende Teammitglieder benötigt. Das Ziel ist das Erstellen eines
guten und zuverlässigen Programmcodes, der einfach zu verstehen und
zu pflegen ist. Beispielsweise sollte auch der Aspekt der Portabilität in die Programme Eingang finden. Die Programmierer sind also
geschulte Fachkräfte und keine Artisten. Dieser Blickwinkel sollte
nicht als Ablehnung des Programmiergewerbes verstanden werden; die
Fähigkeiten der Programmierer werden weiterhin geschätzt, aber auf
andere Art und Weise als bisher.

Es ist möglich, daß die Programmierer dieses Konzept für nicht
akzeptabel halten, weil sie viel von ihrem ursprünglichen Ansehen
verlieren. Wenn sie jedoch nach einiger Zeit herausfinden, daß mit
diesem Konzept weniger Streß verbunden ist, weil sie beispielsweise
nicht mehr die technisch raffiniertesten Lösungen anbieten müssen,
um von Kollegen und Vorgesetzten geachtet zu werden, werden sie das
neue Konzept wahrscheinlich akzeptieren.

Die Befriedigung an der Arbeit wird nun darin bestehen, eine
Aufgabe korrekt, zuverlässig und schnell auszuführen. So wird es
beispielsweise viel leichter werden, Änderungen in ein Programm zu
integrieren, weil man sich mit den beschriebenen nachteiligen Konsequenzen herkömmlicher Vorgehensweisen nicht mehr auseinandersetzen muß. Das Management könnte zudem gezielt auf dieses verbesserte Konzept hinwirken. So könnte man eine Gruppe, die sich durch
hervorragende Teamarbeit auszeichnet, besser belohnen als andere
Gruppen. Das Befolgen von Standards und Richtlinien sollte ebenfalls vom Management überprüft und bewertet werden.

Genaue Berichte und Zeitpläne

Ein enger Kontakt des Managements zum Programmierteam (z.B. über
eine verbindliche Vorgabe von Rahmenbedingungen, Grundsätzen oder
Richtlinien) erleichtert die Vorausplanung. Auf Probleme wird man
frühzeitig hingewiesen, d.h. man erfährt rechtzeitig, wenn es zu
Verzögerungen kommt. Die schlimmsten Probleme entstehen immer dann,
wenn alles gut zu funktionieren scheint und dann in letzter Minute
eine Komponente den gesamten Zeitplan zerstört. Beispielsweise
plante eine Bank, ihren Kunden zum ersten Juni eine neue Dienst-
leistung anzubieten. In Anzeigen wurde bereits dafür geworben,
Broschüren waren gedruckt und verteilt worden, die Einladungen für
die Einführung waren bereits (Monate vorher) verschickt worden, und
dann, einige Tage vor der offiziellen Vorstellung des Projektes,
offenbarte ein Programmierer, daß das Projekt noch nicht fertiggestellt ist.

Hektische Aktivitäten zur Erfüllung des Termins führen in der Regel
zu weiteren Problemen. Eine präzise Berichterstattung über den
Fortschritt der Projektarbeiten hätten die Geschäftsleitung rechtzeitig warnen können und hätten der Bank eine große Verlegenheit
erspart.

Bei einem herkömmlichen Entwurf wird sehr viel Zeit darauf verwendet, sich auszudenken, wie ein Programm an seinem ersten Einsatzort
arbeiten wird. Erst danach (wenn überhaupt) überlegt man sich, wie
es gegebenenfalls geändert werden kann, wenn sich die Rahmendaten
ändern (z.B. Änderungen in der Hardwarekonfiguration). Diese unbedingt erforderlichen Überlegungen unterbleiben dann meistens noch
zugunsten des Aufbaus eines neuen Systems. Wie oft hat man schon
gehört oder gelesen, daß es in DV-Abteilungen "drunter und drüber"
geht. Solche Situationen ergeben sich meistens durch eine starke
Zunahme änderungsbedürftiger Programme, der die meisten DV-Abteilungen nicht gewachsen sind.

DER NUTZEN EINER STANDARDISIERUNG

Das Arbeiten mit Standards erhöht die Transparenz und erleichtert
damit die Programmwartung. Der Einsatz von Standards schützt gegen
überflüssigen Individualismus, den man unbedingt vermeiden sollte,
weil er die Wartung erschwert - denn der Urheber eines Softwareproduktes ist normalerweise nicht der, der das Programm später überarbeitet.

Die Arten von Standards

Welche Standards gibt es in der Programmierung? Generell gibt es
zwei Stufen der Standardisierung, die beide gleich wichtig sind:
die erste betrifft die organisatorische Ebene und die zweite betrifft die verwendete Programmiersprache.

Organisationsstandards

Ebenso wie die Post festgelegt hat, wofür das rote Kabel im Tele-
fonapparat verwendet wird, müssen sich auch Programmierteams an
bestimmte Normen halten. Diese müssen schriftlich vorliegen und
sind regelmäßig zu überprüfen. Ist dies nicht der Fall, könnten die
Programmierer versucht werden, sie zu mißachten und neuen Mitarbeitern ihre eigenen Versionen einer Normierung zu vermitteln, was
dazu führt, daß die Normen schnell wertlos werden. Obwohl man
annehmen sollte, daß Computerfachleute die Problematik unterschiedlicher Normierung kennen (aus ihrer eigenen Erfahrung mit der Hard-
und Software, den Kommunikationsprotokollen und ähnlichen Problemfeldern) und darauf achten, ist dies leider nur selten der Fall.

Die üblicherweise in Unternehmen aufgestellten Normen betreffen Aspekte wie die einheitliche Vergabe von Programmnamen oder Konventionen zur Benutzung von Copy-Bibliotheken, welche Anfangsbuchstaben bei der Bezeichnung der Dateien oder Datenbanken verwendet werden dürfen oder welchen Aufbau bestimmte Formblätter haben.

Tatsächlich sollte der Umfang der Normierung aber weit über diese äußerlichen Spezifikationen hinausgehen und Anleitungen für die Programmierer enthalten, die ihnen helfen sollen, konsistente Entscheidungen zu treffen. Sollen alle Programme interne Hilfstexte umfassen? Welcher Engpaß ist als kritischer anzusehen: Speicherplatz oder Zeit? Sollen dem Benutzer bei Dateneingaben voreingestellte Werte (Defaults) zur Verfügung gestellt werden? Wenn ja, für welche Art von Eingaben? Das Verständnis solcher Organisationsstandards wird helfen, einige der immer wieder auftretenden Entwurfsprobleme auszuschalten und den Programmierer anzuleiten, einen zu anderen Entwürfen konsistenten Entwurf zu erstellen.

Normen für die verwendete Programmiersprache

Die Programmiersprachen folgen ebenfalls Standards, beispielsweise denen des American National Standards Institute (ANSI). Fast alle angebotenen Compiler erkennen und arbeiten mit dieser Standardsyntax und fast alle bieten eigene Erweiterungen dieser Norm an. Dies ist keineswegs überraschend, da eine Erweiterung dem Anbieter einen Vorteil vor der Konkurrenz verschafft, indem sie eine effektivere Nutzung der durch die Hardware gebotenen Möglichkeiten erlaubt. Diese Erweiterungen sind zumeist gut und es ist verlockend, sie zu nutzen.

Dieser Verlockung muß jedoch widerstanden werden, wenn man leicht zu wartende Software erstellen will. Es werden immer dann Probleme auftreten, wenn neue (und möglicherweise von einem anderen Anbieter stammende) Hardware oder Software (z.B. Erweiterungen des Betriebssystems) beschafft werden muß. Um einen Herstellerwechsel zu ermöglichen, ohne gleichzeitig die gesamte Softwarebibliothek unbrauchbar zu machen, ist es sinnvoll, sich streng an die Norm zu halten. Ferner ist es ratsam, sich an die Norm zu halten, weil so bei Personalwechseln in der Programmierabteilung die Kontinuität in der Arbeit gewahrt wird und es nicht zu unnötigen Verzögerungen kommt. In Fällen, wo die Anwendung zusätzlicher Funktionen erlaubt wird, wird beispielsweise ein Programmierer A diese Möglichkeiten sofort nutzen, während sie von Programmierer B nicht genutzt werden. Sollen nun von Programmierer A erstellte Programme von Programmierer B modifiziert werden (aus welchem Grund auch immer), so treten allein schon deshalb Verzögerungen auf, weil sich B zunächst mit den Gepflogenheiten von A auseinandersetzen muß.

VERFAHREN

Es gibt verschiedene Möglichkeiten, die Programmwartung zu erleichtern. Die in den folgenden Abschnitten beschriebenen Verfahren
basieren auf Erfahrungen und durchgeführten Untersuchungen, wobei
einige davon vermutlich bereits bekannt sein dürften.

Der modulare Entwurf

Ein Verfahren, das die Entwicklung von Softwaresystemen besonders
erleichtert, ist der Einsatz der Top-Down-Methode in Verbindung mit
dem modularen Entwurf. Für alle umfangreicheren Programme wird
durch dieses Verfahren die Funktion jedes Programmteils und die
Wechselbeziehung zwischen den Programmteilen beschrieben. Probleme
lassen sich dann für gewöhnlich in einem speziellen Modul isolieren
und die Wartungsbemühungen können auf diesen Bereich konzentriert
werden. So verlockend es auch scheint, von dieser Regel abzugehen
und ähnlich gelagerte Module zu kombinieren oder mehrere Funktionen
zusammenzufassen, es ist nicht ratsam. Es mag sicherlich Situationen geben, in denen die Programmlänge kritisch wird oder andere
Gründe vorliegen, von einem modularen Entwurf abzuweichen, man
sollte jedoch bedenken, daß jeder Schritt fort von der Modularität
ein Schritt hin zu erschwerter Wartung ist.

Die Computerhardware selbst ist im wesentlichen modular aufgebaut.
Der Ersatz defekter Teile ist eine einfache Angelegenheit: eine
Karte oder ein Chip wird ausgebaut und ein neues und intaktes Teil
wird eingebaut. Wenn Programme modular aufgebaut sind, kann ein
einzelner funktionaler Teil, der seine Aufgabe nicht länger erfüllt
(vielleicht weil sich die Anforderung an diese Funktion geändert
hat) herausgenommen werden und ein neues Modul wird eingebaut (wie
das Hardwaregegenstück sollte auch das Softwaremodul vor der Installation getestet werden).

Module sind in ihrer Funktion so präzise wie möglich zu definieren.
Für gegebene Eingaben produzieren sie fest definierte Ausgaben,
nach Möglichkeit ohne zu irgendwelchen Seiteneffekten auf andere
Programmteile zu führen.

Der Umgang mit Variablen

Ein zweiter wichtiger Punkt der strukturierten Methoden sollte
einen Programmaufbau berücksichtigen, der den möglichen Anforderun-
gen, die in der Zukunft an das System gestellt werden könnten,
Rechnung trägt. In einer Schreinerei sind beispielsweise spätere
Änderungen viel leichter durchzuführen, wenn Schrauben anstelle von
Nägeln und Leim verwendet werden. Sollen Regalbretter in einem
Bücherschrank ausgewechselt werden, können dazu bewegliche Bretter
verwendet werden. Das Resultat ist auf jeden Fall ebensogut wie bei

fest eingebauten Brettern und die Materialkosten sind vergleichbar;
Änderungen lassen sich jedoch viel eleganter anbringen, bisweilen
können sie vom Käufer selbst durchgeführt werden.

Ein solcher Effekt kann bei Programmen durch die Verwendung von
Variablen anstelle von Konstanten erzeugt werden. Wenn in einem
Abrechnungsprogramm Mehrwertsteuersätze zu berücksichtigen sind,
sollte man den aktuellen Wert (z.B. 14 Prozent) einer Variablen
zuordnen und sämtliche Berechnungen, in denen der Steuersatz benötigt wird, von dieser Variablen durchführen lassen. Wenn der Ge-
setzgeber diesen Satz erhöht, braucht nur die Variable neu initialisiert zu werden (in welcher Form auch immer), ohne daß weitere
Änderungen anzubringen sind.

Ein einfacher Weg, variable Größen zu handhaben, besteht darin, sie
in einer separaten Datei abzuspeichern, die von den Anwendungsprogrammen bei der Initialisierung gelesen wird. Müssen Werte verändert werden, lassen sich diese Änderungen in der Datei vornehmen,
ohne irgendein Anwendungsprogramm ändern zu müssen.

Dieses Konzept ist zweifellos nicht neu: viele Spezialprogramme,
beispielsweise für statistische oder technisch-wissenschaftliche
Zwecke, erlauben es dem Anwender, Formate selbst festzulegen und
bestimmte Optionen für ein Programm auszuwählen. In anderen Programmen, die routinemäßige Vorgänge bearbeiten (z.B. Erfassen eines
Lagerabgangs über einen Materialentnahmeschein), gibt es solche
Freiheiten in der Regel nicht. Es sollte jedoch immer während der
Systemanalyse oder während des Systementwurfs daran gedacht werden,
ob man nicht bestimmte Vorgänge, die im Programm zu verarbeiten
sind, über die Vergabe von Parametern steuern soll. Man erreicht
dadurch, daß sich Programme unterschiedlich verhalten können, ohne
jeweils neu compiliert und gelinkt werden zu müssen.

Die Frage, was in einem Programm konstant und was variabel sein
soll, kann nicht pauschal beantwortet werden. Viele der in solchen
Programmen vorhandenen Möglichkeiten werden vermutlich nie genutzt
werden; dies ist aber immer noch kostengünstiger, als nachträglich
bestimmte Möglichkeiten einzubauen, d.h. in ein Programm zu integrieren, das für einen solchen Fall überhaupt nicht konzipiert
worden ist.

Es besteht natürlich die Gefahr, die Flexibilität zu weit zu trei-
ben. Es ist zu beachten, daß nicht um jeden Preis versucht werden
sollte, eine leichtere Wartung zu erzielen, so wie man früher alles
versucht hatte, eine schnellere Ausführung der Programme oder einen
kürzeren Programmcode zu erreichen.

Dokumentation

Wenn Änderungen verlangt werden, kann die Dokumentation des Ent-
scheidungsprozesses zu einer großen Hilfe werden. Warum eine besondere Struktur oder Technik ausgewählt worden ist, sollte für spätere Betrachter aufgezeichnet werden. Einige Entscheidungen könnten
willkürlich und nicht auf Grundlage sorgfältiger Analysen entstanden sein; wo man allerdings Analysen durchgeführt hat, wird es
nützlich sein, wenn man die ursprünglichen Überlegungen und Ein-
sichten zu Rate ziehen kann.

Wie oft schon ist ein Programmierer mit einem Listing zum ursprünglichen Programmautor gegangen, um nachzufragen, warum er ein bestimmtes Problem gerade so und nicht anders gelöst hat. Der Autor
muß dann versuchen, sich an etwas zu erinnern, was möglicherweise
schon lange zurückliegt. Wenn es irgendwelche Unterlagen gibt (ein
aussagekräftiger Kommentar im Code kann oftmals schon genügen), die
Aufschluß über die zurückliegende Entscheidung geben, braucht eine
solche Frage nicht gestellt zu werden. Die für solche Arbeiten
notwendige Zeit wird jedoch in der Regel bei der Zeitplanung vergessen und wird auch in den Vordrucken zur Projektkontrolle vernachlässigt; häufig wird dies von der Unternehmensleitung sogar als
überflüssiger Zeitaufwand angesehen.

Bei einer guten Dokumentation kann man – auch wenn der ursprüngliche Programmautor inzwischen das Unternehmen verlassen haben
sollte – ohne Probleme die Gründe für getroffene Entscheidungen
nachvollziehen und einem überflüssigen Ressourcenaufwand wird vorgebeugt.

Die Dokumentation sollte unmittelbar, nachdem der Code geschrieben
worden ist, erstellt werden. Ein Programmierer, der sich tagelang
mit dem Originalcode befaßt hat, kennt das Programm zu diesem Zeitpunkt am besten; er weiß, warum er bestimmte Dinge so und nicht
anders gemacht hat. Ein anderer Grund betrifft den Zeitfaktor: wenn
die Kommentare von vornherein Teil der Codierarbeiten sind, kann
die Integration der Kommentare problemloser erfolgen, als wenn man
nachträglich die entsprechenden Stellen des umfassenden Systems
wieder suchen und die Kommentare einfügen muß.

Ein dritter Grund behandelt das Planungsproblem: häufig müssen
Programme, sobald sie lauffähig sind, für fertiggestellt erklärt
werden, damit die Kapazität des Programmierers für ein anderes
Projekt frei wird. Nur wenn die Dokumentationsarbeit begleitend
vorgenommen wurde, ist das Programm tatsächlich fertiggestellt,
wenn die Arbeiten an diesem Programm beendet werden.

Die Unternehmensleitung muß ebenso überlegen, was getan werden
kann, wenn ein Programmierer das Unternehmen verlassen will. Dies
führt in der Regel zu großen Problemen, wenn die Arbeit nicht
ausreichend kommentiert worden ist. Dann beginnt für gewöhnlich

eine Phase hektischer Betriebsamkeit, um nachträglich alles zu ordnen, zu organisieren und es für den Nachfolger so angenehm wie möglich zu machen. Dies führt zwar zu einem problemloseren Übergang, der Zeitaufwand für solche Arbeiten ist jedoch unverhältnismäßig hoch. Diese Zeit kann gespart werden, wenn der Abteilungsleiter von vornherein darauf besteht, daß diese Arbeiten fester Teil der Entwicklungsbemühungen sind.

Ein Artikel in einer amerikanischen Zeitung beschrieb kürzlich den katastrophalen Zustand des von einer Stadtverwaltung eingesetzten DV-Systems. Dieses System lief Gefahr zusammenzubrechen, weil mehrere Programmierer nicht kommentierte Änderungen vorgenommen hatten, und dann die Abteilung verlassen hatten. Es mußte eine externe Beraterfirma hinzugezogen werden, die für umgerechnet etwa 1 Million DM das Chaos beseitigte.

Vergabe von Namen

Zusätzlich zur Kommentierung des Codes erweist sich die Vergabe sinnvoller Namen für Variablen, Prozeduren und Dateien als eine der einfachsten und wirkungsvollsten Methoden zur Erleichterung der Programmwartung. Das folgende Beispiel zeigt exemplarisch eine Reihe von Problemen auf, die entstehen können, wenn auf die sinnvolle Namensvergabe nicht ausreichend Wert gelegt wird.

Der Wert der Zahl PI wurde in einem Programm mit 6,2832 angegeben. Der mit diesem Programm betraute junge Programmierer hatte der Variablen zunächst den (korrekten) Wert 3,1416 zugewiesen und entdeckte dann, daß er für seine trigonometrischen Berechnungen den Wert 6,2832 benötigte. Für ihn bestand die Lösung dieses Problems darin, der Variablen PI den Wert 6,2832 zuzuweisen. Das Programm lief daraufhin ohne Beanstandungen. Computer kümmern sich eben nicht darum, wie sinnvoll die von den Programmierern vergebenen Namen sind. Als die Zeit kam, an dem Programm Änderungen vorzunehmen (der ursprüngliche Programmautor hatte natürlich das Unternehmen längst verlassen), gingen die Programmierer, die das Programm überarbeiten sollten, davon aus, daß die Variable PI nur den Wert 3,1416 haben könne und verwandten sie so in den eingebrachten Änderungen. Als die Änderungen nicht funktionierten, dauerte es eine ganze Weile, bis diese Fehlerquelle gefunden wurde. Hätte der ursprüngliche Programmautor die von ihm verwandte Variable von vornherein "2-PI" genannt, wären diese Probleme zweifellos nicht aufgetreten.

Ein anderes Problem entstand in einem COBOL-Programm aus dem Bereich der Geschäftsbuchhaltung mit einer Variablen, bezeichnet mit "KTOBEZ". Man dachte, daß es sich dabei um die Bezeichnung des jeweils angesprochenen Kontos (z.B. "KASSE" oder "FORDERUNGEN") handelt. In Wirklichkeit handelte es sich jedoch um ein Kennzeichen zur Bestimmung der Kontenseite ("SOLL" oder "HABEN").

Eine Lösungsmöglichkeit für solche und ähnliche Probleme ist, Variablen, Programm-, Prozedur- und Dateinamen so zu ordnen (und zu kommentieren), daß ein zukünftiger Leser nicht in Listings nach der "Stecknadel im Heuhaufen" suchen muß. Die Variablen können in alphabetischer Reihenfolge sortiert werden, so daß sich die Namen leicht auffinden lassen. Ähnlich nützlich ist es, die Prozedurnamen oder Paragraphennummern zu sortieren. So könnte der Name um eine Ziffer ergänzt werden, die das Auffinden erleichtern wird. Bei einer solchen Vergabe von Nummern innerhalb der (alphanumerischen) Bezeichnungen kann man leicht auf den Standort, z.B. des gesuchten Unterprogramms, schließen, zum Beispiel:

Das Unterprogramm "DRUCKEN-ÜBERSICHT-2500" befindet sich hinter dem Unterprogramm "BEZEICHNEN-SUMME-1350". Konventionen könnten hier festlegen, daß alle Unterprogramme mit den Nummern 2000-2999 Druckvorgänge auslösen. Zwischen 3000-3999 könnten die Programme plaziert werden, die die Eingabe realisieren.

Wechselwirkungen

Die Wechselwirkungen zwischen Programmteilen müssen beachtet werden, wenn Softwaresysteme modular entworfen und implementiert werden. In einem Modul zum Drucken einiger zusammenfassender Informationen wurde beispielsweise eine Variable mitgeführt, die die Anzahl der gedruckten Zeilen einer Seite nachhielt. Das Druckmodul sollte dabei nur den Druckvorgang realisieren, das nächsthöhere Segment, welches das Druckmodul aufrief, sollte den Zeilenzähler jeweils aktualisieren. Man glaubte, daß es von Vorteil sei, das Druckmodul nur auf die Funktion des eigentlichen Druckens zu beschränken.

Unglücklicherweise entstanden nun Probleme, als die Ausgabe anders strukturiert werden sollte. Sie sollte gestreckt werden, d.h. der Übersichtlichkeit wegen um einige Leerzeilen ergänzt werden. Nun mußten sowohl Änderungen im Druck- als auch im Steuermodul vorgenommen werden, um die Funktion (Drucken von Summenlisten) weiterhin realisieren zu können.

Mit solchen Seiteneffekten muß immer dann gerechnet werden, wenn man Funktionen nicht auf ein Modul beschränken kann. Es wäre im obigen Beispiel besser gewesen, den gesamten Druckvorgang auf ein Modul zu beschränken, so daß es die einzige Aufgabe des Steuermoduls gewesen wäre, das Druckmodul zu aktivieren.

ZUSAMMENFASSUNG

Die gegebenen Empfehlungen für den Entwurf und Codierung zielen auf
eine Verbesserung der Situtation bei der Programmwartung ab. Jede
Minute, die man verwendet, um Transparenz und Flexibilität des
Systems zu erhöhen, zahlt sich bei späteren Wartungsarbeiten aus.
Programme können dadurch zwar länger und eventuell langsamer wer-
den; der Rechner ist jedoch nicht die wesentliche Kostenkomponen-
te, sondern die Personalkosten machen den größten Teil des DV-
Budgets aus.

Die DV-Abteilungsleiter werden zufriedener sein, weil Zeitpläne und
Budgets realistischer und zuverlässiger werden. Die Projektleiter
werden weniger Probleme mit der Unternehmensleitung haben, weil die
Anwender mit dem Projekt zufriedener sein werden. Auch die Programmierer selbst haben Vorteile, weil sie nicht mehr mit frustrierenden Wartungsarbeiten konfrontiert werden. Solche Arbeiten sind zu
einer Routineaufgabe geworden.

8 Grundelemente der COBOL-Programmierung

EINLEITUNG

Die in den letzten Jahren zu beobachtenden Verbesserungen des Preis-/Leistungsverhältnisses für Computerhardware gelten nicht für den Softwarebereich. Gegenwärtig wird mehr Zeit aufgewandt, um bestehende Programme zu modifizieren oder zu erweitern als neue Programme zu schreiben. Je höher die Qualität des zu modifizierenden Programmcodes ist, desto weniger Kosten fallen bei der Programmwartung an. Der Programmierstil bestimmt dabei den Grad der Wartungsfreundlichkeit. Vor Jahren galten Programmierer noch als sensible "Künstler", denen man sämtliche Freiheiten bei der Erstellung ihrer Programme einräumte. Jeder Versuch einer Standardisierung wurde als Hemmnis einer kreativen Programmentwicklung angesehen. Auch heute glauben viele Programmierer, daß es ein Zeichen von Virtuosität sei, bei einem zu erstellenden Programm mit einem Minimum an Programmzeilen auszukommen. So werden beispielsweise immer wieder kaum nachvollziehbare Sprungbefehle benutzt, um den Programmumfang gering zu halten, wodurch die Lesbarkeit der Programme allerdings nicht mehr gegeben ist. Auch die häufige Verwendung solcher COBOL-Befehle wie "MOVE CORRESPONDING" führt in der Regel dazu, daß die Programme schwer zu pflegen sind.

Das Bestreben, den Programmumfang gering zu halten, war zu einer Zeit bedeutsam, als man beispielsweise mit einer geringen Hauptspeicherkapazität (z.B. 64 KB) auskommen mußte oder die Peripheriegeräte (z.B. Platteneinheiten) noch nicht über die Leistungsfähigkeit verfügten, die sie heute besitzen.

Mit den Gehältern der Programmierer stiegen ebenfalls die Wartungskosten an, da die Programmierer den größten Teil ihrer Zeit damit verbrachten, sich in die Struktur bestehender Programme einzuarbeiten.

Es ist daher offensichtlich, daß die Verwendung von Standards
helfen kann, die Softwarekosten kalkulierbarer zu machen. Dieses
Kapitel führt in die Grundzüge der COBOL-Programmierung ein und
beschreibt, wie man beim Aufbau eines COBOL-Programms Standards
einsetzen kann.

ENTWURFSÜBERLEGUNGEN

Eine Reihe von Kriterien bestimmt, wie gut sich ein Programm verändern läßt. Der strukturierte Entwurf ist dabei vermutlich das
wichtigste Kriterium. Ein Programm sollte einen logisch strukturierten Aufbau haben, wobei sich jede einzelne Anwendungsfunktion
isoliert in einem Code-Segment oder in einem separaten Modul befinden muß.

Es sollten keine undurchschaubaren Sprungbefehle die Programmkontrolle an andere Segmente weitergeben bzw. diese Programmteile
wieder verlassen. Ein den Einzelfunktionen vorgelagertes Modul
(bzw. Segment, je nach Umfang des entsprechenden Programmteils)
sollte die Verwaltung bzw. Steuerung des Programms übernehmen. Die
Übersichtlichkeit wird dadurch in jedem Fall erhöht.

Die Lesbarkeit eines Programms ist ein zweiter wichtiger Faktor,
der die Wartung günstig beeinflussen kann. Ein Programm gilt als
"lesbar", wenn ein Programmierer ohne Schwierigkeiten in der Lage
ist, den Programmcode logisch nachzuvollziehen.

Die zu verwendenden Programmnamen, Modulbezeichnungen, Variablennamen usw. sollten so aussagekräftig wie möglich sein. Der Variablen-
name "SVN" für Sozialversicherungsnummer besitzt für den Programm-
mierer während der Zeit der Programmentwicklung sicherlich genügend
Aussagekraft. Da das Programm aber vermutlich längerfristig eingesetzt werden soll, sollte sich der Programmierer nicht scheuen, der
Variablen den Namen "Sozialversicherungs-Nummer" zu geben.

Im Falle einer Programmänderung zu einem späteren Zeitpunkt kann
dies für den Wartungsprogrammierer eine erhebliche Arbeitserleich-
terung darstellen. In COBOL kann man Namen mit bis zu 30 Stellen
vergeben. Bindestriche können die Lesbarkeit ebenfalls erhöhen
(so ist es beispielsweise günstiger, einer Variablen die Bezeichnung "Personalstamm-Nummer" anstelle "Personalstammnummer" zu geben).

Bei der Vergabe derartiger Namen ist es ratsam, von vornherein
sicherzustellen, daß die Namensgebung zu keinen Verwirrungen führen
kann. So wäre es vielleicht denkbar, daß ein Programmierer die
Variablen "Schalter-1", "Schalter_1" und "Schalter1" verwechselt.
Eine genaue Vorgabe der Namenskonventionen durch den Leiter der
Programmierabteilung kann helfen, solche Probleme zu vermeiden.

ALLGEMEINE EIGENSCHAFTEN VON COBOL

Ein COBOL-Programm (COmmon Business Oriented Language) ist stets in vier Teile, den sogenannten DIVISIONs, gegliedert, die alle ihre speziellen Funktionen haben (IDENTIFICATION DIVISION, ENVIRONMENT DIVISION, DATA DIVISION, PROCEDURE DIVISION). Im Gegensatz zu ALGOL (ALGOrithmic Language) oder FORTRAN (FORmula TRANslation), die konzipiert wurden, um umfangreiche und komplexe Rechenvorgänge zu ermöglichen, ist COBOL speziell zur Lösung kaufmännischer Anwendungsprobleme vorgesehen.

PL/1 (Programming Language 1), Pascal oder BASIC sind weitere häufig eingesetzte Programmiersprachen. BASIC hat sich zur beliebtesten Programmiersprache im Mikrocomputerbereich entwickelt. Pascal wird häufig im technisch-wissenschaftlichen Bereich eingesetzt, z.B. an Schulen oder Universitäten.

Die nachfolgenden Erörterungen beschränken sich auf die Programmierung mit COBOL, da COBOL die im kommerziellen Bereich am häufigsten eingesetzte Programmiersprache ist (etwa 2/3 aller kommerziellen Anwendungen sind in COBOL erstellt).

COBOL präsentiert sich als ein stark vereinfachtes Englisch. Basiselement ist das Wort, wobei zwischen Verben, die von COBOL zur Verfügung gestellt werden (z.B. MOVE, PERFORM, WRITE, READ), Substantiva, die zumeist vom Anwender geschaffen werden (z.B. Namen von Einzeldaten, Dateinamen, Segmentnamen) und Füllwörtern, die dazu dienen, die Programme lesbarer zu gestalten (z.B. FROM, OF, IS), unterschieden wird.

Beispiele für COBOL-Anweisungen:

        COMPUTE VERKAUFSBETRAG = VERKAUFTE-MENGE * PREIS-JE-EINIIEIT.

        READ KARTEN-DATEI AT END MOVE "JA" TO DATEI-ENDE.

        IF DATEI-ENDE = "JA"
            PERFORM RECH-VERARB-ENDE
        ELSE
            PERFORM RECHNUNGS-SUMME.

Der Punkt kennzeichnet jeweils das Ende eines Satzes.

ALLGEMEINE RICHTLINIEN

Formatierung des Codes

Codierrichtlinien sind nach Herausgabe streng zu beachten. Die
Programme einer DV-Abteilung müssen ein einheitliches Format aufweisen, so daß sie so erscheinen, als wären sie alle von ein und
demselben Team geschrieben worden. Wartungsprogrammierer müssen
sich dadurch nicht mit unter Umständen sehr wechselhaften Programmiertechniken auseinandersetzen.

Häufig können bei der Online-Programmentwicklung zusätzliche
Dienstprogramme (Utilities) in Anspruch genommen werden, die das
Formatieren des eingegebenen Codes unterstützen. Programmierformu-
lare, die man den Programmierern vorgibt, können ebenfalls dazu
beitragen, ein einheitliches Format und damit einen einheitlichen
Aufbau der Programme sicherzustellen.

Kommentare

Alle Quellprogramme sind mit Kommentaren anzureichern, die die
Funktionen jedes Moduls oder Code-Segments beschreiben. Kommentare
sind immer dann zu verwenden, wenn der Programmcode nicht selbst-
erklärend ist. Kommentare werden in COBOL gewöhnlich durch ein "*"
in der siebten Spalte eingeleitet.

Es soll auch darauf hingewiesen werden, daß Kommentare, wenn sie
Nutzen bringen sollen, präzise sein müssen. Beziehen sie sich auf
bereits modifizierten Code und sind selbst nicht aktualisiert worden, können sie sich bei der Programmwartung als großes Hindernis
herausstellen. Keine Kommentare sind in einem solchen Fall oftmals
günstiger als falsche, irreführende oder unzutreffende.

IDENTIFICATION DIVISION

Die IDENTIFICATION DIVISION enthält allgemeine und einleitende
Bemerkungen. Zunächst erscheint der Name des Programms.
Informationen, wie das Datum der Programmerstellung, der Name des
Programmierers sowie andere erläuternde Anmerkungen wie
beispielsweise eine globale Funktionsbeschreibung können in diesen
Programmteil aufgenommen werden.

Beispiel:

```
     IDENTIFICATION DIVISION.
     *
     PROGRAM-ID.
          FAKTURIERSYSTEM.
     *
     AUTHOR.
          MATTHIAS ROSENKRANZ.
     *
     DATE-WRITTEN.
          APRIL 1986.
     *
     REMARKS.
          Dieses Programm liest Rechnungen von einer Lochkarten-
          datei und erzeugt ein Rechnungsjournal.
```

ENVIRONMENT DIVISION

Die ENVIRONMENT DIVISION beschreibt die Hardwarekonfiguration,
unter der das Programm ablaufen soll. Angegeben werden die Anlage,
auf der das Quellprogramm in das Maschinenprogramm umgewandelt wird
sowie die Anlage, auf der das Objektprogramm laufen soll. Ergänzt
werden können diese Angaben um einige Kenndaten der verwendeten
Hardwarekonfiguration, z.B. Hauptspeicherkapazität oder Art der
Peripheriegeräte, wobei die Möglichkeit gegeben ist, peripheren
Geräten problembezogene Namen zuzuweisen.

Beispiel:

```
     ENVIRONMENT DIVISION.
     *
     CONFIGUARTION SECTION.
     *
     SOURCE-COMPUTER.
          IBM-370.
     OBJECT-COMPUTER.
          IBM-370.
     *
     INPUT-OUTPUT SECTION.
     *
     FILE-CONTROL.
     *
          SELECT KARTEN-DATEI ASSIGN TO EINGABE.
          SELECT DRUCK-DATEI ASSIGN TO AUSGABE.
          SELECT RECH-DATEI ASSIGN TO DISK
             ORGANIZATION IS RELATIVE
             ACCESS MODE IS RANDOM
             FILE STATUS IS F-STATUS
             RELATIVE KEY IS RECH-KEY.
```

In den SELECT-Anweisungen weist die ENVIRONMENT DIVISION den
Eingabe- und Ausgabedateien die notwendigen Betriebsmittel zu, z.B.
"Ausgabe" für den Drucker, "Eingabe" für den Kartenleser und "Disk"
für die Magnetplatte.

DATA DIVISION

Dateibeschreibung

Die DATA DIVISION (FILE SECTION) definiert zunächst die Struktur
der Eingabe- und Ausgabedateien. Die FILE SECTION enthält eine FD-
Anweisung (File Description) für jede Datei, die in einer der
SELECT-Anweisungen der ENVIRONMENT DIVISION aufgetreten ist.

Beispiel:

```
      DATA DIVISION.
      *
      FILE SECTION.
      *
      FD KARTEN-DATEI
          RECORDING MODE IS F
          LABEL RECORDS ARE OMITTED
          RECORD CONTAINS 80 CHARACTERS
          DATA RECORD IS RECHNUNGS-KARTE.
      *
      01 RECHNUNGS-KARTE.
          05 FILLER                       PIC X(06).
          05 RECHNUNGS-NR                 PIC 9(04).
          05 LADEN-NR                     PIC X(02).
          05 VERKÄUFER-NR                 PIC X(02).
          05 FILLER                       PIC X(03).
          05 KUNDEN-NR                    PIC X(05).
          05 VERKAUFTE-MENGE              PIC 9(04).
          05 WAREN-BEZEICHNUNG            PIC X(15).
          05 FILLER                       PIC X(17).
          05 ARTIKEL-NR                   PIC X(03).
          05 PREIS-JE-EINHEIT             PIC 9V99.
          05 FILLER                       PIC X(16).
```

In den PICTURE-Anweisungen (abgekürzt mit "PIC") werden Platzhal-
ter für Zahlenwerte durch eine "9" dargestellt, wobei ein "V" die
Position des Dezimalpunktes angibt. Die Speicherstellen von Zei-
chenkettenvariablen werden mit "X" belegt.

Datenbeschreibung

Variablen werden in der WORKING-STORAGE SECTION definiert. Die
maximale Anzahl an Ziffern oder Buchstaben, die eine Variable
aufnehmen kann, wird mittels der PIC-Anweisung festgelegt. Über die
VALUE-Anweisung können Variablen Anfangswerte zugewiesen werden.

Beispiel:

```
        DATA DIVISION.

        FILE SECTION.
            .
            .
            .

        WORKING-STORAGE SECTION.

            01 RECHNUNGSPOSTEN-ZEILE.
               05 FILLER                        PIC X(17)   VALUE SPACES.
               05 RECHNUNGS-NR                  PIC 9(04).
                  .
                  .
                  .

               05 PREIS-JE-EINHEIT             PIC 99V99.

            01 ÜBERSCHRIFT-ZEILE.
               05 FILLER                        PIC X(16)   VALUE SPACES.
               05 FILLER                        PIC X(40)   VALUE
                        "Beschreibung   Menge   Einheit   Betrag".
                  .
                  .
                  .

            77 GESAMTSUMME                       PIC 9999V99  VALUE ZERO.
            77 DATEI-ENDE                        PIC XX       VALUE SPACES.
```

Will der Leiter der Programmierabteilung, daß seine Mitarbeiter
beim Aufbau ihrer COBOL-Programme einem einheitlichem Aufbau folgen, so muß er Codierrichtlinien herausgeben, die dann für alle
Programmierer verbindlich sind. Beispielsweise ist in solchen
Richtlinien festzulegen, in welcher Spalte die PIC- oder die VALUE-
Anweisung beginnen soll. Auch die Verwendung der Stufennummern beim
Aufbau von Datenstrukturen muß vorgegeben werden. In unseren Bei-
spielen verwendeten wir immer die Stufennummern 01 und 05. Es gibt
jedoch auch andere Alternativen, wie das nachfolgende Beispiel
zeigt:

```
       01                              01
          05                              02
             10                              03
             10                              03
                15                              04
                15                              04
             10                              03
          05                              02
          .                               .
          .                               .
          .                               .
```

Zugelassen sind für gewöhnlich die Stufennummern 01,   02, ...,   49,
daneben   gibt   noch einige spezielle Stufennummern,   z.B.   77   für
einfache Variablen.

Bereiche

Bereiche   werden in COBOL mit Hilfe der   OCCURS-Klausel   definiert.
Das bedeutet,   daß Datenfelder mit gleichen Datennamen und gleichem
Format vorkommen, die man nur durch eine laufende Numer unterscheiden kann. Es wäre sehr umständlich, allen Datenfeldern individuelle
Namen zu geben und sie alle einzeln aufzuführen. Man umgeht dies
durch Verwendung der OCCURS-Klausel,   die angibt,   wie oft   dieser
betreffende Datenname vorkommt.

Beispiel:

```
        05 TABELLEN-WERT                PIC 9(06)   OCCURS 30 TIMES.
```

Durch diese Anweisung wird eine Reihe von 30 sechsziffrigen Werten
definiert.

```
        MOVE 3 TO INDEX.

        COMPUTE WERT = PREIS * TABELLEN-WERT(INDEX).
```

Man kann nun über eine Zahl (hier die Variable INDEX) einzelne
Tabellenwerte, in unserem Beispiel für eine Berechnung, auswählen.

PROCEDURE DIVISION

Der Aufbau der PROCEDURE DIVISION

In der PROCEDURE DIVISION werden die einzelnen Verarbeitungsschritte des Programms beschrieben. Diese bestehen aus Klauseln,
die zu Sätzen zusammengefaßt werden. Mehrere Sätze bilden einen
Paragraphen, mehrere Paragraphen ein Kapitel (eine SECTION). Ein
oder mehrere Kapitel bilden die PROCEDURE DIVISION.

Beispiel:

```
      PROCDURE DIVISION.

      STEUER SECTION.
      *
      *   Funktion:  Steuerung des Fakturierprogramms
      *

      PERFORM START.

      PERFORM RECHNUNGS-SUMME
          UNTIL RECH-VERARB-ENDE = "JA".
      *
      PERFORM ABSCHLUSS.
      *
      STOP RUN.
      START SECTION.
      P01.
          OPEN INPUT KARTEN-DATEI, OUTPUT DRUCK-DATEI.
              .
              .
              .
      P99.
          EXIT.
      *
      RECHNUNGS-SUMME SECTION.
      P01.
              .
              .
              .
      P07.
          IF RECH-VERARB-ENDE = "JA"
             GOTO P99.
              .
              .
              .
      P99.
          EXIT.
      *
```

```
      ABSCHLUSS SECTION.
      P01.
          CLOSE KARTEN-DATEI, DRUCK-DATEI.
              .
              .
              .
      P99.
          EXIT.
```

Die Steuerung des Programms wird von der "STEUER SECTION"
übernommen. Durch die PERFORM-Anweisung werden nacheinander die
anderen SECTIONs zur Ausführung gebracht. In der "START SECTION"
werden die Voraussetzungen für die eigentliche Verarbeitung, die in
der "RECHNUNGS-SUMME SECTION" stattfindet, geschaffen, z.B. das
Öffnen der Dateien.

Jede SECTION kann weiter in verschiedene Paragraphen unterteilt
werden, die wir der Einfachheit halber mit P01, ..., P99 bezeichnet
haben.

Richtlinien sollten in diesem Zusammenhang sicherstellen, daß

 - jede SECTION nur über die PERFORM-Anweisung zur Ausführung
   gebracht wird;
 - der GOTO-Befehl nur innerhalb einzelner SECTIONS verwendet
   wird;
 - der Rücksprung zum aufrufenden Programm (z.B. Sprung von der
   START SECTION zurück zur STEUER SECTION) immer vom letzten
   Paragraphen (hier: P99) aus erfolgt.

Die IF-Anweisung

Will man den Fortgang eines Programms von bestimmten Bedingungen
abhängig machen, läßt sich dieses Ziel über die IF-Anweisung realisieren, zum Beispiel:

```
      IF WEITERE-EINGABEN = "JA"
          PERFORM LESEN
      ELSE
          PERFORM ABSCHLUSS.
```

Eine Verschachtelung mehrerer IF-Anweisungen ist immer sehr
problematisch, da man diese dann nur sehr schwer nachvollziehen
kann.

Beispiel:

```
        IF BEDINGUNG-1
            ANWEISUNG-1
            IF BEDINGUNG-2
                ANWEISUNG-2
                IF BEDINGUNG-3
                    ANWEISUNG-3
                ELSE
                    ANWEISUNG-4
            ELSE
                IF BEDINGUNG-4
                    ANWEISUNG-5
                ELSE
                    ANWEISUNG-6
        ELSE
            ANWEISUNG-7
            IF BEDINGUNG-5
                ANWEISUNG-8
                IF BEDINGUNG-6
                    ANWEISUNG-9
                ELSE
                    ANWEISUNG-10
            ELSE
                ANWEISUNG-11
                IF BEDINGUNG-7
                    ANWEISUNG-12
                ELSE
                    ANWEISUNG-13.
```

Man erkennt, daß durch den Gebrauch verschachtelter IF-Schleifen
die Übersichtlichkeit eines Programms leiden kann. Es gibt weitere
Möglichkeiten für den Einsatz bedingter Anweisungen, so zum
Beispiel mit Hilfe der Klauseln

    - ON SIZE ERROR oder

    - AT END / INVALID KEY.

Beispiel:

```
    READ BAND-DATEI INTO ARBEITS-BEREICH
        AT END PERFORM ABSCHLUSS.
```

Die Verwendung der "AT END" Klausel steht in Verbindung mit dem
READ-Befehl. Will das Programm von einer Datei lesen, deren Ende
bereits erreicht ist, würde die erneute Lese-Anweisung zu einem

Programmfehler führen. Durch die Klausel "AT END" wird dieser Fehler vom Programm jedoch abgefangen, so daß es nicht zu einem vorzeitigen Programmende kommt.

Die "ON SIZE ERROR" Klausel folgt zumeist auf eine Multiplikation oder Addition.

Beispiel:

    ADD MONATS-WERT TO KUMULIERTER-WERT
        ON SIZE ERROR PERFORM FEHLERMELDUNG.

Wenn der für die Variable "KUMULIERTER-WERT" in der DATA DIVISION zugewiesene Speicherplatz nach der Addition nicht mehr ausreicht, beendet ein Programmfehler vorzeitig das Programm. Durch die "ON SIZE ERROR" Klausel wird dieser Fehler abgefangen und der Bediener wird durch eine Fehlermeldung auf diesen Mißstand hingewiesen.

ERGEBNIS

Die in diesem Abschnitt beschriebenen Grundelemente der COBOL-Programmierung sollen helfen und Anregungen geben, wie man Programme schreibt, die leicht zu lesen und nachzuvollziehen sind. Die Notwendigkeit standardisierter Programmierungstechniken sowie einheitlicher Programmier- bzw. Codierrichtlinien kann nicht oft genug betont werden.

Die Programme einer DV-Abteilung werden durch derartige Vorgaben an die Programmierer konsistenter. Dadurch läßt sich die Fehlersuche und damit die Testphase vereinfachen sowie Zeit und Kosten für Wartungsarbeiten reduzieren. Die im Anhang aufgeführten Codierrichtlinien sollen dem Leser helfen, Ansatzpunkte für den Aufbau eigener Richtlinien zu finden.

Die vielen Softwarewerkzeuge, die den Prozeß der Standardisierung unterstützen, sollten in vollem Umfang genutzt werden. In einem so personalintensiven Bereich wie der Softwareentwicklung muß alles versucht werden, die Personal- und damit die Softwarekosten zu senken.

LITERATUR:

Chmura, Louis J.: "COBOL with Style - Programming Proverbs", Rochelle Park: Hayden Book Co Inc, 1976.

Cohn, Lawrence S.: "Effective Use of ANS COBOL Computer Programming Language", New York NY: Wiley-Interscience, 1975.

ANHANG

COBOL-Codierrichtlinien   für   das   Projekt   "AUFTRAGSABWICKLUNG",
April 1986.

1. IDENTIFICATION DIVISION

    Beim Anlegen der IDENTIFICATION DIVISION wird über den COPY-
    Befehl das einheitliche Kopf-Formular in das Programm eingefügt
    und anschließend individuell abgeändert (Name des COPY-Members:
    "ID-AUFBAU").

    ID-AUFBAU:

    IDENTIFICATION DIVISION.
    *
    PROGRAMM-ID.
         BEZEICHNUNG LAUT ENTWURF.
    *
    AUTHOR.
         TEAM N: N.N./N.N./N.N.
    *
    ****
    *   *
    *   AUFTRAGSABWICKLUNG / FAKTURIERUNG (AUFAK)   *
    *   *
    *   2.N   BEZEICHNUNG LAUT ENTWURF   *
    *   *
    *   *
    *   Abteilung/Gruppe: *
    *   *
    *   Level: nn   Datum: TT.MM.JJ   Unterprogramm zu AUFAK   *
    ****

2. ENVIRONMENT DIVISION

    Mit Hilfe des COPY-Befehls wird die ENVIRONMENT DIVISION in das
    Programm eingefügt (Name des COPY-Members: "ED-AUFBAU").
    Die nicht benötigten SELECT-Blöcke sind zu löschen.

3. DATA DIVISION

    - FILE SECTION
      Alle Datensatzbeschreibungen werden zentral verwaltet und
      können ebenfalls mit Hilfe des COPY-Befehls übernommen werden
      (Name des COPY-Members: "DD-AUFBAU"). Die nicht benötigten FD-
      Blöcke sind zu löschen.

- WORKING-STORAGE SECTION

  o Die Variablennamen sind auf Stufe 01 alphabetisch geordnet.

  o Die Eintragung beginnt für Stufe 01 in Spalte 8, der Va-
    riablenname in Spalte 12. Die Einrückungen für weitere Stu-
    fen erfolgen wie bei den Datensatzbeschreibungen (vgl. Bei-
    spiel in LINKAGE SECTION).

  o Die PICTURE- und REDEFINES-Eintragungen beginnen in Spalte
    41.

  o Andere Eintragungen wie z.B. COMP-n oder OCCURS beginnen in
    Spalte 55.

  o VALUE beginnt in Spalte 60.

  o Längere VALUE-Eintragungen können auf einer Folgezeile ste-
    hen.

  o Der zur Bildschirmsteuerung benötigte Bildschirmsteuerblock
    ist über den COPY-Befehl einzufügen (Name des Blocks:
    "SCREEN-CONTROL-BLOCK").

- LINKAGE SECTION

  o analog WORKING-STORAGE SECTION

  Beispiel:

  Spalte

      1
  8   2

  01 EINGABEFELDER.
  *   Index des aktuellen Eingabefeldes
          05 EING-INDEX   PIC 999.
  *   Beschreibung der Felder
          05 EING-FELDER   OCCURS 3.
  *   Feldnummer für den Screen-Control-Block
              10 EING-FELDNUMMER   PIC 99.
  *   Feldlänge
              10 EING-LÄNGE   PIC 999.
                  .
                  .
                  .

4. PROCEDURE DIVISION

o Der SECTION-Name besteht aus der Nummer des jeweiligen Entwurfsabschnitts sowie einer aussagefähigen Kurzbezeichnung,
  z.B.:

  321-PRÜFUNG-SUMME SECTION.

  Jede SECTION beginnt auf einer neuen Seite.

o Kommentare
  Jedem Modul ist ein Kommentar beizufügen mit folgenden vier
  Komponenten:

    - Kurzbeschreibung der Funktion
    - von wo aufgerufen
    - Die Eingabedaten bzw. Übergabeparameter
    - Die Ausgabedaten bzw. Übergabeparameter

  Spalte

    7   1
        2

    *   FUNKTION   : ...
    *
    *
    *   AUFRUF AUS : ...
    *
    *   Eingabe   : ...
    *
    *   Ausgabe   : ...
    *

o Beendet wird eine SECTION immer über den EXIT-Befehl, z.B.

  321-Z.
      EXIT.

o Paragraphen-Namen mit Nummer des Entwurfsabschnitts, Buch-
  stabe, evtl. Kurzerläuterung, z.B.

  321-A-INITIALISIERUNG.
  321-B-SUMMIEREN.
      .
      .
      .
  321-Z.

o Länge der SECTIONS

   Eine Länge von zwei Seiten Programmliste darf nicht über-
   schritten werden. Um das Überschreiten zu vermeiden, können
   Teilfunktionen in ein ergänzendes Segment ausgelagert werden.

o Der Eingang in eine SECTION erfolgt immer mit PERFORM, der
   Ausgang immer über EXIT.

o Statements

   - pro Zeile nur ein Statement
   - pro Zeile nur ein Zielfeld, d.h. nur eine Variable darf pro
     Zeile verändert werden
   - zum Aufbau von Schleifen: siehe Beispiel für eine Iteration

   Beispiel für eine Iteration:


```
        MOVE ZERO TO MITTELWERT.
        SET INDEX TO 1.
*
    319-E-SCHLEIFE.
        ADD AUFTRAGSSUMME(INDEX) TO MITTELWERT.
        IF INDEX LESS 50
            SET INDEX UP BY 1
            GOTO 319-E-SCHLEIFE.
        DIVIDE 50 INTO MITTELWERT.
*
    319-F-...
          .
          .
          .
```


5. Behandlung von Fehlern

   o Die Behandlung von Fehlerbedingungen (z.B. INVALID KEY nach
      READ) ist stets um zwei Stellen einzurücken.

   o Sofern nach einem Fehler eine Standardaktion ausgelöst werden
      soll (z.B. Ausgabe einer Fehlermeldung), wird diese in einer
      separaten SECTION plaziert, die dann durch PERFORM aufgerufen
      wird.

6. Sonstiges

    o Der GOTO-Befehl darf nur innerhalb einer SECTION verwendet
      werden.

    o Die Verwendung des Befehls ALTER ist nicht erlaubt.

    o Kommentarzeilen sind an den Stellen einzufügen, wo der Quell-
      text die Verarbeitung nicht verständlich selbst erklärt.

9 Standardisierte Implementierung

EINLEITUNG

Programmentwicklung unter Verwendung eines Programmgerüstes setzt die Verfügbarkeit einer Quellcodebibliothek voraus. Unter einer Quellcodebibliothek ist eine Einrichtung mit Direktzugriffsmöglichkeiten zu verstehen, in der Quellprogramme gespeichert sind und von der Programmteile in andere Programme kopiert werden können. Quellcodebibliotheken werden in der Regel von Dienstprogrammen (Utilities) unterstützt. Dadurch ermöglicht man die Integration einzelner Programmteile unter verschiedenen Namen in mehrere Programme.

ENTWICKLUNG DES PROGRAMMGERÜSTES

Bei der Entwicklung und Anpassung von Programmgerüsten sind sieben Stufen zu unterscheiden.

Erste Stufe

Die Codierung von Datei- und Satzbeschreibungen, die von verschiedenen Programmen benutzt werden sollen (teilweise bevor die Programme im Detail spezifiziert worden sind), ist ein gebräuchliches Verfahren. Die codierten Beschreibungen werden dann in einer Bibliothek katalogisiert (siehe Abbildung 9.1).

Das Dienstprogramm, das die Einträge in der Quellcodebibliothek katalogisiert, ist normalerweise unabhängig von der jeweils verwendeten Programmiersprache, in der die Einträge codiert wurden. Die Dienstprogramme nehmen zum Beispiel keine Syntaxprüfung bei einer COBOL-Dateibeschreibung vor.

Die Erstellung des Programmgerüstes beginnt mit der Syntaxprüfung
jedes kopierbaren Eintrags in der Quellcodebibliothek. Programmiert
man in COBOL, ist der erste Schritt die Angabe des Source- und
Object-Computers. Unter Verwendung des IBM-Dienstprogramms IEBUPDTE
kann dies durch folgende Steueranweisungen erreicht werden:

```
//UPDATE      EXEC  PGM=IEBUPDTE
//SYSPRINT    DD    SYSOUT=A
//SYSUT1      DD    DISP=SHR,DSN=COPYLIB
//SYSUT2      DD    DISP=SHR,DSN=COPYLIB
//SYSIN       DD    *
./ADD NAME=SRCCOM
       *____
       *SOURCE-COMPUTER. COPY SRCCOM.
       *____
           IBM-370 WITH DEBUGGING MODE.
       *____
./ADD NAME=OBJCOM
       *____
       *OBJECT-COMPUTER. COPY OBJCOM.
       *____
           IBM-370.
./ENDUP
```

Um an dieser Stelle sicherzustellen, daß der gerade in die Bibliothek eingefügte Code gültiger COBOL-Code ist, muß der Kern eines
COBOL-Programmgerüstes die COPY-Anweisungen prüfen und dabei die
zuvor katalogisierten Bibliotheksdateien einfügen.

Der Kern eines COBOL-Programmgerüstes sieht folgendermaßen aus:

```
        IDENTIFICATION DIVISION.
        PROGRAM-ID.                 PROGRAMMGERÜST.
        ENVIRONMENT DIVISION.
        CONFIGURATION SECTION.
---->   SOURCE-COMPUTER.            COPY SRCCOM.
---->   OBJECT-COMPUTER.            COPY OBJCOM.
        DATA DIVISION.
        PROCEDURE DIVISION.
        0100-START.
             STOP RUN.
```

Das Compilieren dieses Programms wird zeigen, ob SRCCOM und OBJCOM
kopierbar und syntaktisch korrekt sind.

Die eingefügten COPY-Anweisungen müssen als zusätzliche Einträge in
der Quellcodebibliothek katalogisiert werden. Am Ende der ersten
Stufe enthält das Programmgerüst für jede Dateibeschreibung COPY-

Anweisungen. Codierfehler werden korrigiert, indem man das Programm
compiliert und die dabei angezeigten Fehler beseitigt.

Zweite Stufe

Im nächsten Schritt wird die PROCEDURE DIVISION mit Standardstruk-
turen versehen, die die wesentlichen Hauptaufgaben ausführen
können. Auf dieser Stufe wird der Einsatz von Modulen forciert,
wobei mitunter sogar einzelne Paragraphen vorgegeben werden können.

Wenn eine Überarbeitung der Datenbeschreibungen erforderlich ist,
werden diese Veränderungen in den Einträgen der jeweiligen Biblio-
theken gespeichert. Einer der wesentlichen Vorteile der COPY-Anweisungen ist, daß Wartungsarbeiten nur die Quellcodebibliothek betreffen und daß Änderungen an den Programmen automatisch bei einer
Neucompilierung zur Verfügung stehen. Auch so wesentliche Veränderungen wie die Berücksichtigung einer neuen Rechnerversion können
angepaßt werden, indem man einfach die Einträge für Source- und
Object-Computer in den Bibliotheksdateien SRCCOM und OBJCOM ändert
und Quellprogramme, die diese Dateien kopieren, neu compiliert. Die
Bedeutung der Software, die feststellt, wo bestimmte Quelldateien
benutzt werden, wird später in diesem Kapitel diskutiert. Am Ende
der zweiten Stufe weist das Programmgerüst den gleichen Aufbau auf
wie das Programm in Abbildung 9.2.

Dritte Stufe

Das ausgearbeitete Programmgerüst wird nun so oft reproduziert, wie
es Module gibt, die für eine Anwendung erstellt werden müssen
(siehe Abbildung 9.3).

Obgleich ein einzelnes Modul nicht alle COPY-Anweisungen benötigt,
sind alle für die Anwendung verfügbaren COPY-Anweisungen in der
Bibliothek enthalten. Die Arbeiten auf dieser Stufe lassen sich am
besten anhand der Modulstruktur, die während der Entwurfsphase
erstellt worden ist, erledigen. Das Ergebnis ist ein Programm, in
dem zwar die Struktur vorhanden ist, dem die eigentlichen Verarbeitungsschritte aber noch fehlen.

Vierte Stufe

Der erste Schritt der endgültigen Anpassung geschieht innerhalb der
vierten Stufe. An dieser Stelle sollte der Anwendungsprogrammierer
die Modulspezifikationen erhalten. Jede Spezifikation ist in die
gewählte Programmiersprache (hier: COBOL) umzusetzen, wobei das
Programmgerüst jeweils aktualisiert wird.

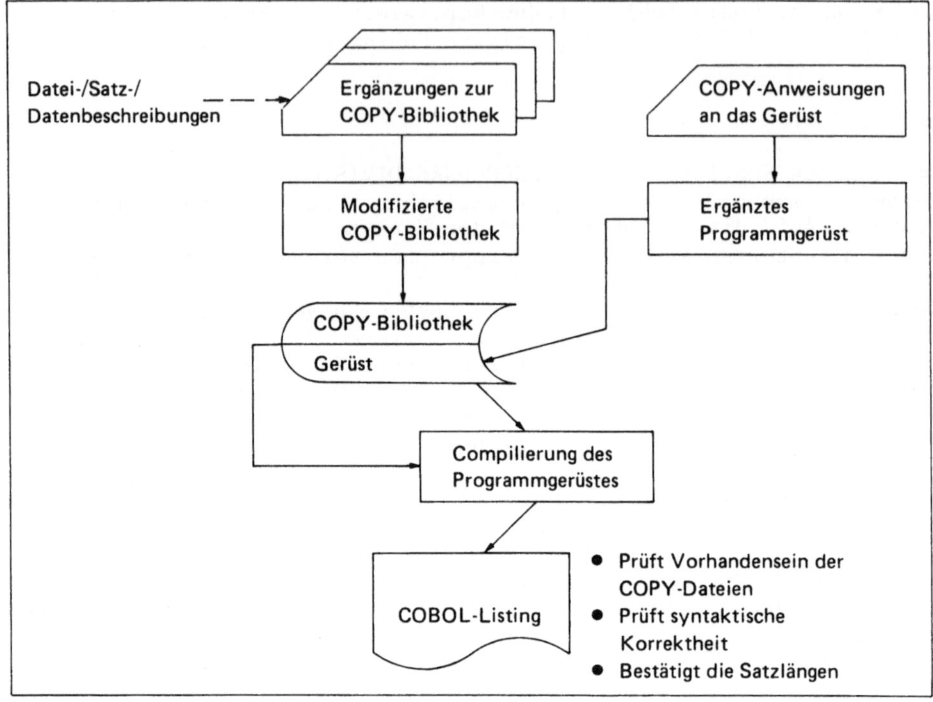

Abbildung 9.1 Entwicklung eines Programmgerüstes

Ferner sollte der Programmierer Begleitkommentare in die IDENTIFI-
CATION DIVISION einfügen, die die Funktionen erklären, die das
endgültig implementierte Modul ausführen soll. Das modifizierte
Programmgerüst sollte dann nochmals compiliert werden, um die Feh-
lerfreiheit weiterhin zu gewährleisten. Wenn der Programmierer
unglücklicherweise zu viele Anweisungen gelöscht oder andere Fehler
in das Programmgerüst gebracht hat, ist es leicht, erneut an einem
Startpunkt anzusetzen, d.h. die dritte Stufe ist dann zu wiederho-
len. Für ein gegebenes (und nicht zu umfangreiches) Modul sollte
ein Programmierer in der Lage sein, die vierte Stufe an einem Tag
durchzuführen (wobei drei Testläufe als angemessen gelten).

Fünfte Stufe

An dieser Stelle werden vom Programmierer die Modulspezifikationen
an den im Programmgerüst angezeigten Stellen implementiert (siehe
Abbildung 9.3). Das Modul wird anschließend erneut compiliert. Wenn
das Modul (syntax-)fehlerfrei ist, steht es zum Test zur Verfügung.
Diese Stufe sollte nach ungefähr drei Tagen erreicht werden.

```
000100 IDENTIFICATION DIVISION.
000200*----------------------------------------------------------
000300*    Hier wird ein kurzer Überblick über die Funktionen, die
000400*    das Modul ausführt, gegeben.
000500*    Wenn das Modul ein Unterprogramm ist, das einen CALL-Auf-
000600*    ruf erfordert, soll hier ein Kommentar und eine Darstellung
000700*    eingefügt werden, die den Aufruf verdeutlichen und
000800*    erklären.
000900*----------------------------------------------------------
001000 PROGRAM-ID.              Programmgerüst.
001100*----------------------------------------------------------
001200*    Der aktuelle Programmname, der durch die Modul-
001300*    spezifikation angezeigt wird, ersetzt den Operanden
001400*    "Programmgerüst"; dieser Kommentar wird dann gelöscht
001500*----------------------------------------------------------
001600 DATE-COMPILED.           TT.MM.JJ.
001700 AUTHOR.
001800                          Programmierername.
001900 INSPECTED BY.
002000                          Name des Prüfers.
002100 INSTALLATION.
002200                          Installationsname.
002300*----------------------------------------------------------
002400*DATE-WRITTEN.        Anfangsdatum der Codierung
002500*DATE-REVISED.        Datum der Prüfung
002600*PROGRAM-STATUS.      U.
002700*    U=unmodifiziert    M=modifiziert
002800*    C=codiert          T=getestet
002900*    P=Produktion       R=wird geprüft
003000*----------------------------------------------------------
003100*
003200*
003300 ENVIRONMENT DIVISION.
003400*----------------------------------------------------------
003500 CONFIGURATION SECTION.
003600*----------------------------------------------------------
003700 SOURCE-COMPUTER.       COPY SRCCOM.
003800 OBJECT-COMPUTER.       COPY OBJCOM.
003900*----------------------------------------------------------
004000 INPUT-OUTPUT SECTION.
004100*----------------------------------------------------------
004200 FILE-CONTROL.
004300*----------------------------------------------------------
004400      SELECT   F1-DATEI   COPY AUSWAHL-1.
004500      SELECT   F2-DATEI   COPY AUSWAHL-2.
004600*
004700*----------------------------------------------------------
004800 DATA DIVISION.
004900*----------------------------------------------------------
005000 FILE SECTION.
005100*----------------------------------------------------------
005200 FD F1-DATEI   COPY DATEI-1.
005300 01 F1-SATZ    COPY SATZ-1.
005400*----------------------------------------------------------
005500 FD F2-DATEI   COPY DATEI-2.
005600 01 F2-SATZ    COPY SATZ-2.
005700*
005800*----------------------------------------------------------
005900 WORKING-STORAGE SECTION.
006000*----------------------------------------------------------
006100 01 W1-DATEI-SATZ   COPY SATZ-1.
006200*----------------------------------------------------------
006300 01 W2-DATEI-SATZ   COPY SATZ-2.

006400*----------------------------------------------------------
006500 01 W21-SCHALTER.
006600    03    W21-1-AN          PIC X VALUE 1.
006700    03    W21-2-AUS         PIC X VALUE ZERO.
006800    03    W21-3-DATEIENDE   PIC X VALUE ZERO.
006900       88 CW21-3-1-DATEN    PIC X VALUE ZERO.
007000       88 CW21-3-2-KEINE-DATEN PIC X VALUE 1.
010000*----------------------------------------------------------
010100*----------------------------------------------------------
010200 PROCEDURE DIVISION.
010300*----------------------------------------------------------
010400 01-HAUPT SECTION.
010500*----------------------------------------------------------
010600 0100-PROGRAMM-ANFANG.
010700*----------------------------------------------------------
010800    PERFORM   7000-HAUSHALT.
010900    PERFORM   0200-EINGABE.
011000    IF        CW21-3-1-DATEN
011100       PERFORM 0300-INITIALISIEREN.
011200    PERFORM   0400-PROZESS
011300       UNTIL  CW21-3-2-KEINEDATEN.
011400    PERFORM   8000-PROGRAMMENDE.
011500    STOP RUN.
020000*----------------------------------------------------------
020100 02-EINGABE SECTION.
020200*----------------------------------------------------------
020300 0200-EINGABE.
020400*----------------------------------------------------------
020500    READ EINGABEDATEI INTO ARBEITSBEREICH   AT END
020600       MOVE W21-1-AN TO W21-3-DATEIENDE.
030000*----------------------------------------------------------
030100 03-INITIALISIEREN SECTION.
030200*----------------------------------------------------------
030300 0300-INITIALISIEREN.
030400*----------------------------------------------------------
030500*
030600*      detaillierte Codierung wird eingefügt
030700*
040000*----------------------------------------------------------
040100 04-PROZESS SECTION.
040200*----------------------------------------------------------
040300 0400-PROZESS.
040400*----------------------------------------------------------
040500*
040600*      detaillierte Codierung wird eingefügt
040700    PERFORM 0200-EINGABE.
040800*----------------------------------------------------------
700000*----------------------------------------------------------
700100 70-HAUSHALT SECTION.
700200*----------------------------------------------------------
700300 7000-HAUSHALT.
700400*
700500*      detaillierte Codierung wird eingefügt
700600*
800000*----------------------------------------------------------
800100 80-PROGRAMMENDE SECTION.
800200*----------------------------------------------------------
800300 8000-PROGRAMMENDE.
800400*
800500*      detaillierte Codierung wird eingefügt
800600*
800700*      Programmende
800800*----------------------------------------------------------
```

Abbildung 9.2 Illustration eines (COBOL-) Programmgerüstes

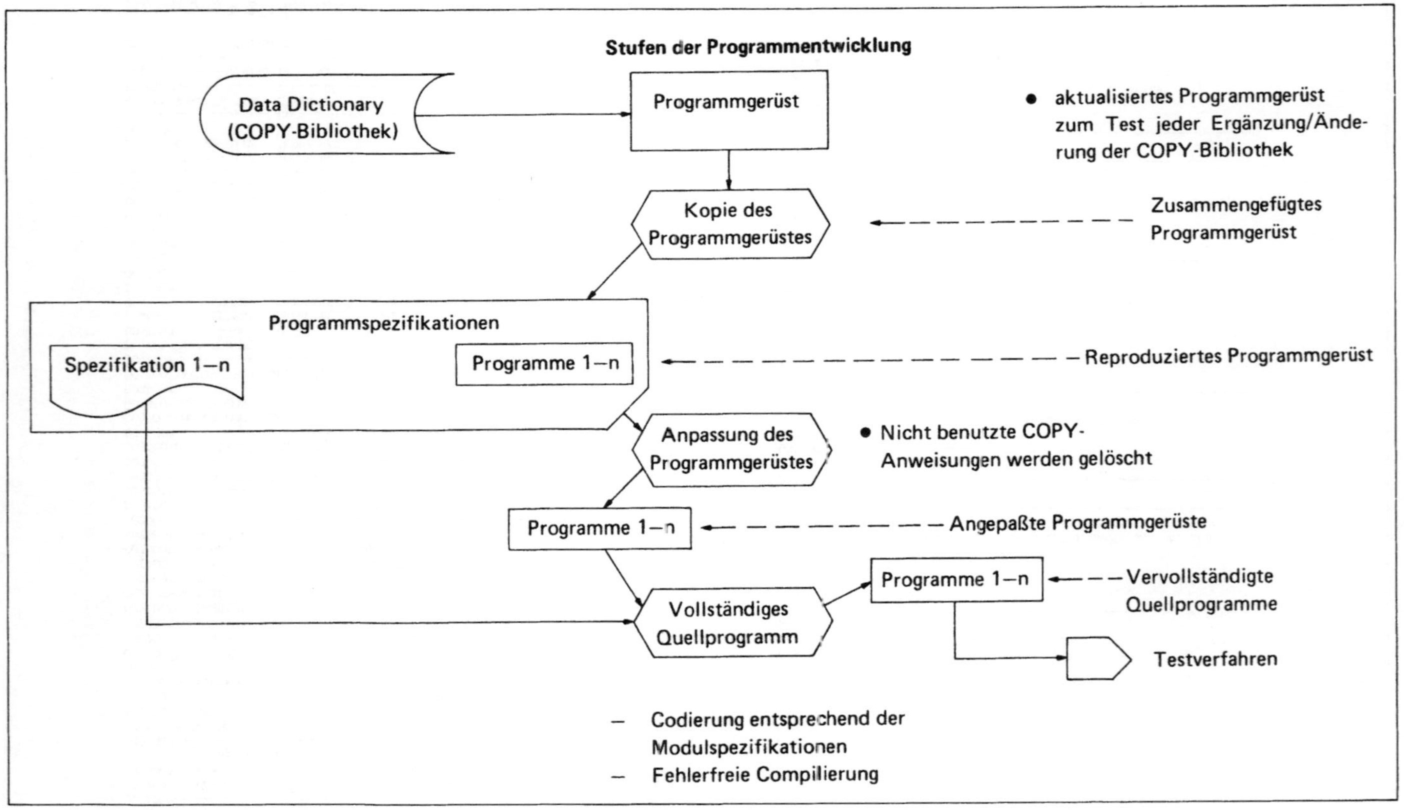

Abbildung 9.3 Zusammenfügen/Anpassen von Programmgerüsten

Sechste Stufe

Das fertiggestellte Modul wird getestet, indem entweder ein Trei-
berprogramm (das selbst aus einem allgemeinen Programmgerüst entstanden ist) oder die vollständige Version einer Programmeinheit
benutzt wird, bei der die Hauptmodule schon angepaßt wurden (siehe
Abbildung 9.4).

Siebte Stufe

Wenn alle Module der gesamten Programmeinheit unabhängig voneinander getestet wurden (sechste Stufe), werden sie vollständig integriert und als Einheit unter Produktionsverhältnissen getestet.

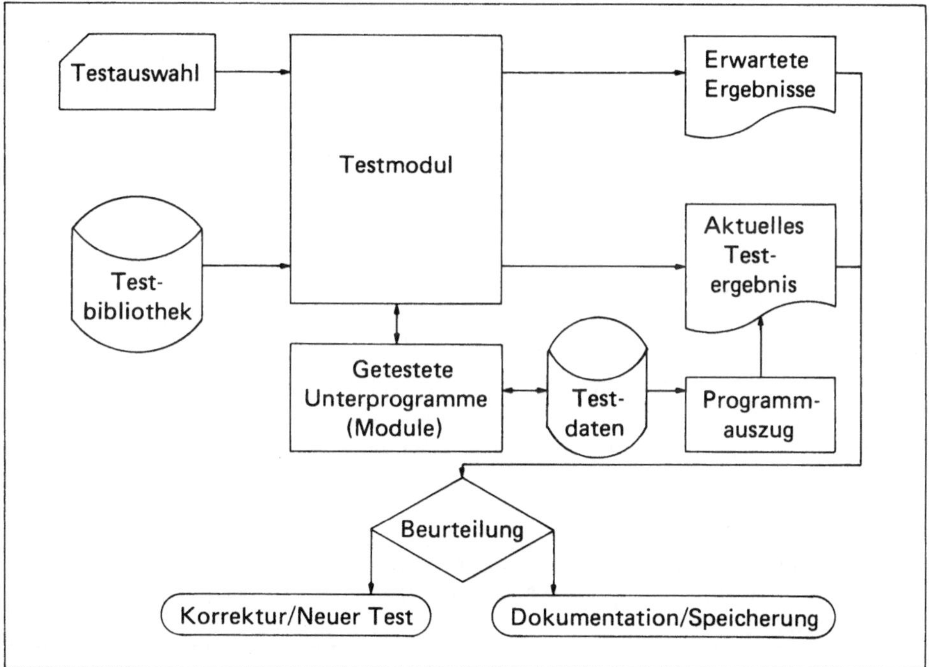

Abbildung 9.4 Durchführung der Testphase

VORTEILE DES PROGRAMMGERÜSTVERFAHRENS

Es gibt eine Reihe von Gründen, die für die Entwicklung von Anwen-
dungsprogrammen aus einem allgemeinen Programmgerüst und aus einer
Quellcodebibliothek sprechen. Diese Gründe werden auf den folgenden
Seiten näher erläutert.

Verwaltung

Das Auffinden bestimmter Programmteile kann sich bei der Implementierung größerer computergestützter Anwendungen als problematisch
erweisen, insbesondere dann, wenn die Programmierer ihre Aufgaben
individuell erledigen dürfen. Es kommt auch häufig vor, daß ein
Programmierer kündigt, der über die einzige einwandfrei arbeitende
Version eines Quellprogramms verfügt. Eine effektive Verwaltung
wird dann sichergestellt, wenn man beginnt, alle Programme in einer
Quellcodebibliothek zu sammeln, wobei vorausgesetzt wird, daß die
Bibliothek regelmäßig auf externen Speichern gesichert wird.

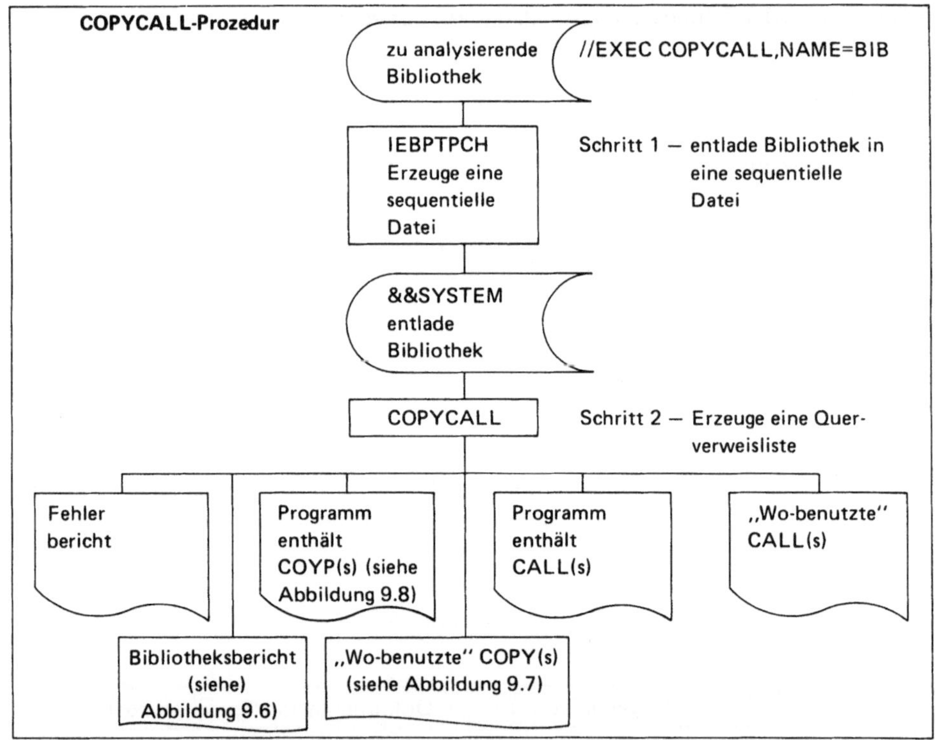

Abbildung 9.5 Querverweisliste

Illustration und Durchsetzung von Standards

Fast jedes Unternehmen, das Datenverarbeitung betreibt, verfügt
über Programmierstandards. Diese Standards liegen häufig in Form
von Handbüchern vor. Üblicherweise werden diese Standards leider
nur in den Büchern gewürdigt und zwischen Theorie und tatsächlicher
Befolgung dieser Regeln in der Praxis klafft eine große Lücke.

Die Schuld dafür liegt jedoch nicht immer allein bei den Programmierern. Zum einen wird der Zweck dieser Richtlinien oft nicht eingesehen; sie müssen erkärt und illustriert werden, damit man sie versteht und nicht ignoriert. Gelegentlich sind sich die Programmierer gar nicht bewußt, daß es überhaupt Standards gibt, die sie zu befolgen haben. Standards, die zwar irgendwann einmal festgelegt worden sind, aber nicht angewendet werden, sind nutzlos. Das Programmgerüst erlaubt das Schreiben von Programmen, die entsprechend der vorgegebenen Standards aufgebaut werden. Der Programmierer wird nämlich mit bereits vorgeschriebenem Code und der Aufgabe konfrontiert, weiteren Code gemäß den im Programmgerüst schon vorhandenen Standards einzufügen.

```
Objekt Version          13:45:37     22. Juni 1986     CALL/COPY
Laufzeit/Datum          13:47:37     22/06/86          Eingabebericht
                                                   (C) ZV750107.GS.SOURCE
         (A)                                              (B)
  1. COPYCALL  ..................................................... 697
  2. DATEWORK  ......................................................  14
  3. DEBUGCOM  ......................................................   5
  4. DEBUGGER  ......................................................  23
  5. TREIBER   ......................................................  95
  6. FD000001  ......................................................  10
  7. F000001   ......................................................   5
  8. F000002   ......................................................   5
  9. INFILFD   ......................................................   6
 10. INSEL     ......................................................   5
 11. LIBMAINT  ..................................................... 326
 12. MOCKUP    ......................................................  29
 13. MOCKUP1   ..................................................... 191
 14. OBJCOM    ......................................................   5
 15. OUTFILFD  ......................................................   7
 16. OUTSEL    ......................................................   5
 17. PRINT01   ..................................................... 191
 18. RD000000  ......................................................  59
 19. RD000001  ......................................................  39
 20. RD000003  ......................................................  37
 21. RULER     ......................................................  37
 22. RULER1    ..................................................... 297
 23. SD000003  ......................................................  17
 24. GERÜST    ..................................................... 130
 25. SORTSEL   ......................................................   5
 26. SQAROOT   ..................................................... 269
 27. SRCCOM    ......................................................   5
 28. S0000003  ......................................................   5
 29. TOGREGRY  ..................................................... 129
 30. TOJULIAN  ..................................................... 112
SORTIERTE SÄTZE .......... 142                            2.760 (D)
```

Legende:

A   Name des Moduls oder der kopierbaren Komponente (Bibliotheksdatei)
B   Anzahl der Anweisungen (codierte Zeilen) innerhalb der Bibliotheksdatei
C   Name der Bibliothek
D   Gesamtzahl codierter Zeilen innerhalb dieser Bibliothek

Abbildung 9.6 Beispiel eines Bibliotheksberichts

Einheitlichkeit

DV-Abteilungsleiter müssen so flexibel sein, daß sie Programmierern
- entsprechend ihren Fähigkeiten sowie dem Typ und Schwierigkeits-
grad der zu erstellenden Module - bestimmte Arbeiten zuweisen
können. Um dies zu erreichen, ist es wesentlich, daß alle Module
eine gemeinsame Architektur aufweisen. Die Verwendung des Programmgerüstes stellt dies sicher. Daraus folgt, daß sich ein Programmierer beispielsweise nicht mit den persönlichen Eigenarten eines
anderen Programmierers im gleichen Projekt auseinandersetzen muß.
Auch Daten- und Prozedurnamen erhalten eine identische Schreibweise
und den gleichen Platz im Programm.

Fortschrittskontrolle

Wartungsaufgaben bieten eine konkrete Basis für die Beurteilung der
Fähigkeiten eines Programmierers. Der Fortschritt eines Projektes
kann nur dann effektiv kontrolliert werden, wenn es regelmäßige
Prüfpunkte gibt (d.h. Aufgaben sind entweder erledigt oder nicht).
Aufgaben werden nicht in "Prozent erledigt" beurteilt; statt dessen
sind nur zwei Prozentzahlen erheblich - 100 Prozent oder 0 Prozent.
Ein Programm mit zehn Modulen ist z.B. nur dann zu 70 Prozent
fertig, wenn sieben Module zu 100 Prozent fertiggestellt sind. Da
Module klein zu halten sind (ein Modul sollte nach Möglichkeit
nicht mehr als 100 Programmzeilen enthalten), sollten für ein Modul
nicht mehr als fünf Tage für Anpassung und Test benötigt werden.

Transparenz

Der Blick auf einen Programmierer, der ein Codierblatt studiert
oder an einem Bildschirm arbeitet, sagt nichts über den Fortschritt
oder die Qualität seiner Arbeit aus. Befindet er sich auf der
zweiten von drei Seiten oder auf der zweiten von dreihundert? Bevor
das Programm nicht getestet ist, können Qualität der Codierung oder
Anpassung an Programmspezifikationen nur schwer beurteilt werden.
Das Arbeiten mit einer Quellcodebibliothek verlangt, daß der Code
täglich in der Bibliothek abgelegt wird. Dadurch ist es leicht, die
Programme einer automatischen Prüfung zu unterziehen.

Die COPYCALL-Prozedur (siehe Abbildung 9.5) erstellt Statusberichte
über Module und ihre Schnittstellen in der Quellcodebibliothek. Mit
diesem Dienstprogramm kann der Projektleiter einen täglichen Bericht über Module und codierte Zeilen (siehe Abbildung 9.6) erhalten. Außerdem kann die Einwirkung eines kopierbaren Eintrags, der
geändert wurde, leicht durch einen Blick in den "Wo-benutzt"-
Bericht festgestellt werden (siehe Abbildung 9.7). In Abbildung 9.8
sehen Sie ein Beispiel für eine Aufstellung über den Einsatz von
COPY-Anweisungen in den einzelnen Quellprogrammen.

Kostenreduzierung

Die eben aufgezählten Vorteile sind deshalb von Bedeutung, weil
sie eines bewirken: sie führen einerseits zu besseren Anwendungs-
entwicklungen und andererseits zu verbesserter Programmwartung bei
geringeren Kosten. Der Vorteil beim Einsatz von Programmgerüsten
(d.h. bei der Entwicklung von Blöcken für ein Gesamtsystem) liegt
darin, daß man ein defektes Modul in etwa wie eine durchgebrannte
Glühbirne behandeln kann. Anstatt das Modul zu richten, tauscht man
es einfach aus.

Bei den traditionellen Programmierverfahren wird das Modul nicht
einfach ausgetauscht, sondern man versucht es zu reparieren. Die
Programmwartung verbraucht dann oft mehr als 60 Prozent des Pro-
grammierbudgets, weil Systeme oft schon während der Entwicklung
defekt sind und gewartet werden müssen. Programmierer lösen Probleme in einem Teilbereich des Systems und erhalten eine Reihe negati-
ver Seiteneffekte in anderen Programmteilen. Außerdem verbringen
neue Programmierer oft Wochen damit, den Code zu verstehen, den sie
zu überarbeiten haben.

Programmentwickler setzen sich nur selten mit den Anforderungen für
die späteren Wartungsarbeiten auseinander. Das Programmgerüstver-
fahren führt dazu, daß Programmentwickler gleichzeitig zu Wartungsprogrammierern werden. Die Wartung beginnt nämlich mit der Anpassung eines nicht differenzierten Programmgerüstes. Einige so entwickelte Module können manchmal sogar zusätzlich für andere Anwendungen eingesetzt werden.

ZUSAMMENFASSUNG

Wenn eine Anwendung zu erstellen ist, die zwar im Entwurf schon
fertig, aber noch nicht codiert ist, sollten die in diesem Kapitel
beschriebenen Schritte durchgeführt werden:

o Definieren Sie alle Datenbeschreibungen und katalogisieren Sie
  die Strukturen, die die Beschreibungen enthalten, in einer Bibliothek.

o Entwickeln Sie das Programmgerüst, um die COPY-Funktionen auszuführen und um das Vorhandensein und die Korrektheit der Katalog-
  beschreibungen zu prüfen.

o Reproduzieren Sie das Gerüst und benutzen Sie die vorgegebenen
  Namen für jedes zu entwickelnde Modul.

```
Objekt Version    13:45:37    JUN 22. 1986   XREF/COPY-Anweisungen
Laufzeit/Datum    13:47:37    22.06.86          AY99300 DS SOURCE3                                        Seite 1

COPYNAME          Steht für folgende Modulen

DATEWORK          TOGREGRY-000073   TOJULIAN-000068

DEBUGCOM          MOCKUP1-000025    RULER1-000026     SKELETON-000024    TOGREGRY-000023 TOJULIAN-000023

DEBUGGER          SKELETON-000069

E0000001          COPYCALL-000080

E0000001          COPYCALL-000067

E0000002          COPYCALL-000068

IMFILFD           MOCKUP1-000045    MOCKUP1-000046    RULER1-000048      RULER1-000049     SKELETON-000040

IMSEL             MOCKUP1-000032    MOCKUP1-000035    RULER1-000035      RULER1-000038     SKELETON-000031

MOCKUP            MOCKUP1-000088

OBJCOM            COPYCALL-000057   DRIVER-000020     LIBMAINT-000017    MOCKUP1-000026    RULER1-000029    SKELETON-000025   TOGREGRY 00000
OBJCOM            TOJULIAN-000024

OUTFILFD          MOCKUP1-000048    RULER1-000051     SKELETON-000042

OUTSEL            MOCKUP1-000036    RULER1-000039     SKELETON-000033

PRINT01           SKELETON-000062

RD000000          COPYCALL-000248   COPYCALL-000250

RD000001          COPYCALL-000270   COPYCALL-000272

RD000003          COPYCALL-000282   COPYCALL-000284

RULER             RULER1-000120

SP000003          COPYCALL-000091

SORTSEL           MOCKUP1-000037    RULER1-000040

SRCCOM            COPYCALL-000055   DRIVER-000019     LIBMAINT-000016

SR000003          COPYCALL-000070

Anmerkung: Jede COPY-Datei auf der linken Seite wird von einem Quellprogramm auf der rechten Seite benutzt
```

Abbildung 9.7 Beispiel für eine Liste über eingesetzte COPY-Anweisungen

```
Objekt Version      13.45.37   JUN 22 86    COPY-Anweisungen innerhalb von Modulen                    Seite 1
Laufzeit/Datum      13.47.37   22.06.86         AY99300.DS.SOURCE 3


Modul               Enthält diese Dateien
COPYCALL            FD000001-000080   F0000001-000067   F0000002-000068   OBJCOM-000057   RD000000-000248   RD000000-000250   RD000001-000270
COPYCALL            RD000001-000272   RD000003-000282   RD000003-000284   SD000003-000091   SRCCOM-000055   S0000003-000070

DRIVER              OBJCOM-000020     SRCCOM-000019

LIBMAINT            OBJCOM-000017     SRCCOM-000016

MOCKUP1             DEBUGCOM-000025   INFILFD-000045    INFILFD-000046    INSEL-000032    INSEL-000035    MOCKUP-000088   OBJCOM-000026
MOCKUP1             OUTFILFD-000048   OUTSEL-000036     SORTSEL-000037

RULER1              DEBUGCOM-000026   INFILFD-000048    INFILFD-000049    INSEL-000035    INSEL-000038    OBJCOM-000029   OUTFILFD-000051
RULER1              OUTSEL-000039     RULER-000120      SORTSEL-000040

SKELETON            DEBUGCOM-000024   DEBUGGER-000069   INFILFD-000040    INSEL-000031    OBJCOM-000025   OUTFILFD-000042   OUTSEL-000033
SKELETON            PRINT01-000062

TOGRERY             DATEWORK-000073   DEBEGCOM-000023   OBJCOM-000024

TOJULIAN            DATEWORK-000068   DEBUGCOM-000023   OBJCOM-000024
```

Anmerkung: Jedes COBOL-Quellmodul wird in der linken Spalte aufgeführt. Kopierte Bibliotheksdateien und die Anweisungsnummern der COPY-Anweisungen stehen in den rechten Spalten

Abbildung 9.8 Beispiel für eine Liste zum Einsatz von COPY-Anweisungen in Programmen

o Erstellen Sie Programmspezifikationen, die für jedes Modul die
  erforderlichen COPY-Anweisungen auflisten.

o Weisen Sie die Programmierer an, die Anpassung des Programmgerüstes entsprechend den Schritten dieses Kapitels zu implementieren.

Nach dieser Vorgabe wird ein integriertes, modulares Softwaresystem
entstehen, das einfach zu warten ist und das auf zeit- und kostengünstiger Grundlage entstanden ist.

10 Das Testen von Programmen

EINLEITUNG

Die elektronische Datenverarbeitung stößt in immer mehr Bereiche unserer Gesellschaft vor. Je mehr Aufgaben durch Computersysteme erledigt werden, desto mehr hängen wir von einem reibungslosen Funktionieren dieser Technologie ab. Man muß daher große Anstrengungen unternehmen, um spektakuläre Fehler in Computersystemen zu vermeiden. Aus dem Bemühen, korrekte Systeme zu schaffen, entstanden verschiedene Lösungsansätze und -verfahren, wie z.B. der Programmentwurf unter Verwendung der Top-Down-Technik und die Entwicklung von Software mit Hilfe der strukturierten Programmierung.

Den Top-Down-Entwurf und das strukturierte Programmieren wendet man vorrangig bei größeren und umfangreichen Systemen an. Dabei wird das Gesamtsystem in Untersysteme zerlegt, die, wenn sie entsprechend erfüllt werden, ein vernünftiges und funktionierendes Gesamtsystem ergeben. Den Testverfahren fällt nun die Aufgabe zu, die funktionalen Anforderungen zu ermitteln, die erfüllt sind und solche herauszufinden und zu korrigieren, die (noch) nicht angemessen arbeiten. Allerdings reicht dies nicht aus, um sicherzustellen, daß ein System oder ein Programm "korrekt" ist. Man muß darüberhinaus ermitteln, wie das Programm auf bestimmte Eingabewerte reagiert. Von besonderem Interesse sind in diesem Zusammenhang Grenzwertanalysen, d.h. man untersucht Randbedingungen, wie beispielsweise den Übergang von einem gültigen zu einem ungültigen Wertebereich bestimmter Eingabedaten.

TESTMETHODEN

Man muß grundsätzlich zwischen zwei Methoden unterscheiden, wenn
man die möglichen Testverfahren systematisieren will. Die "Black-
Box"-Methode prüft ein Programm, ob es gemäß der aufgestellten
Spezifikation arbeitet. Beim "White-Box"-Test (auch Strukturtest
genannt) wird die innere Struktur des Programms überprüft.

Beim "Black-Box"-Test (auch Funktionstest genannt) betrachtet man
das Testobjekt als einen "schwarzen Kasten". Die innere Struktur
ist für den Tester unbedeutend. Mit dem Modul kann nur über die
spezifizierte Schnittstelle kommuniziert werden.

Testbereiche werden bei dieser Testmethode aus der jeweiligen Modulspezifikation abgeleitet. Zu einem Testbereich gehören Eingabedaten und erwartete Ausgabedaten (= Soll-Ergebnisse). Die Haupt-
schwierigkeit besteht also in der Ableitung geeigneter Testbereiche. Da ein vollständiger "Black-Box"-Test im allgemeinen nicht
durchführbar ist, muß es das Ziel der Testplanung sein, die Testbereiche so auszuwählen, daß die Wahrscheinlichkeit groß ist, Fehler zu entdecken. Die Testdaten sind dabei gemeinsam von der DV-
und der jeweiligen Fachabteilung zu erarbeiten.

Eine Möglichkeit, geeignete Testdaten während der Testplanung zu
ermitteln, besteht darin, die Menge der möglichen Eingabewerte in
Äquivalenzklassen aufzuteilen. Eine Äquivalenzklasse ist dadurch
gekennzeichnet, daß das Modul bei der Verarbeitung eines Vertreters
aus dieser Klasse genauso reagiert, wie bei allen anderen Werten
dieser Klasse. Sind die Klassen definiert, wird für jede Klasse ein
Repräsentant ausgewählt. Die Bildung solcher Äquivalenzklassen
sollte damit beginnen, daß man zunächst gültige und ungültige
Wertebereiche voneinander abgrenzt (d.h. ungültige Äquivalenzklassen beinhalten die nicht zulässigen Eingabedaten).

Obwohl die Ermittlung von Testfällen allein aus der Intutition
heraus keine Methode im eigentlichen Sinne darstellt, erweist sie
sich doch oftmals als sehr wirkungsvoll. Häufig gelingt es intuitiv
und allein aus der persönlichen Erfahrung heraus, interessante
Testfälle zusammenzustellen. Die Grundidee ist, daß sich mehrere an
dem Projekt beteiligte Mitarbeiter treffen und gemeinsam beraten,
welche Daten sich besonders für Testdurchläufe eignen. Es hat sich
gezeigt, daß die Effizienz eines "Black-Box"-Tests sowohl von der
Güte der Modulspezifikation als auch von der sorgfältigen Auswahl
der Testfälle abhängt.

Der "White-Box"-Test dient unter anderem dazu, Aussagen über die
Leistungsfähigkeit (z.B. "tote" Zweige, nicht verwendete Variablen)
und andere Qualitätsmerkmale (z.B. Lesbarkeit) zu treffen.

Die Analyse der Programmstruktur im Rahmen eines solchen Tests kann
entweder statisch oder dynamisch erfolgen. Eine statische Analyse

untersucht den Quellcode des Programms (keine Programmausführung),
um unter anderem folgende Überprüfungen durchzuführen:

o Erstellung von Verwendungsnachweisen für Programmelemente;

o Prüfung auf Einhaltung von Sprachkonventionen;

o Markenverwendungsprüfung: werden alle im Programm gesetzten Mar-
  ken angesprungen?

o Erreichbarkeit aller Anweisungen: aufgrund einer Vorgänger-Nach-
  folger-Tabelle können alle Anweisungen daraufhin überprüft werden, ob sie einen Vorgänger haben, d.h. formal erreichbar sind.

o Sind Endlosschleifen vorhanden?

Gute Compiler sind inzwischen imstande, einige dieser Funktionen
selbst zu erfüllen.

Bei der dynamischen Analyse muß das Programm vorher instrumentiert
werden, d.h. an strategisch wichtigen Stellen des Programms werden
Zähler eingebaut. Beim Ausführen eines Tests werden alle durchlau-
fenden Zähler gesetzt oder erhöht. Man unterscheidet die Zweigüberdeckung, Bedingungsüberdeckung und Pfadüberdeckung.

Eine Zweigüberdeckung liegt vor, wenn die Testfälle so ausgewählt
wurden, daß jeder Zweig des Programms mindestens einmal durchlaufen
wurde. Eine 100-prozentige Zweigüberdeckung wird oft als minimales
Testkriterium festgelegt. Eine Zweigüberdeckung schließt im allgemeinen auch eine Anweisungsüberdeckung ein, d.h. jede Anweisung
im Programm wird durch die Testfälle mindestens einmal ausgeführt.

Um eine Bedingungsüberdeckung zu erreichen, sind so viele Testfälle
zu definieren, daß jede Bedingung in einer Auswahl alle möglichen
Zustände annimmt.

Ein Pfad beschreibt einen möglichen Weg durch das Programm von
seinem Anfang bis zu seinem Ende. Eine 100-prozentige Pfadüberdeckung ist erreicht, wenn durch die Testfälle jeder mögliche Pfad
auch durchlaufen wurde. Bei größeren Programmen steigt die Pfadan-
zahl leicht ins Astronomische, so daß eine 100-prozentige Pfadüberdeckung nicht erreicht werden kann.

In Ergänzung zu den beschriebenen Verfahren zur Testdurchführung
unterscheidet man weiterhin zwischen dem "Bottom-Up"- und dem "Top-
Down"-Test.

Die Möglichkeiten, die diese Testmethoden bieten, können am besten
so ausgedrückt werden: "Program testing can be used to show the
presence of bugs, but never to show their absence!"; also auch wenn
alle durchgeführten Testfälle keine Fehler aufzeigen, ist damit nur
bewiesen, daß das Programm genau diese Fälle richtig verarbeitet.

Der Bottom-Up-Test

Der Bottom-Up-Test wird schrittweise durchgeführt. Zunächst werden
die einzelnen Module getestet, in einem zweiten Schritt werden dann
die Subsysteme (also Kombinationen einzelner Module) getestet und
schließlich wird der Systemintegrationstest durchgeführt, wenn die
ersten beiden Schritte zufriedenstellend verlaufen sind. Dieses
Testverfahren hat unter Umständen den Nachteil, daß der Integrationstest sehr umfangreich wird.

Der Top-Down-Test

Der Top-Down-Test, der eine hierarchische Programmstruktur voraussetzt, testet zunächst das Hauptprogramm mit einem oder zwei direkt
untergeordneten (Sub-)Systemen oder Unterroutinen. Später werden,
unter Verwendung der eben getesteten Module als Testgrundlage, die
untergeordneten Hierarchiestufen nacheinander getestet. Das Verfahren wird solange fortgesetzt, bis alle Einzelkomponenten getestet
worden sind. Es ist offensichtlich, daß dieses Testverfahren genau
in die entgegengesetzte Richtung des Bottom-Up-Tests zielt.

Der Top-Down-Test ist neben dem Top-Down-Entwurf und der strukturierten Programmierung das dritte Element eines Methodenpaketes.
Durch den Einsatz dieser Methoden kann das Testen viel früher im
Entwicklungsprozeß beginnen als bei konventionellen Methoden und
kann - bis zu einem gewissen Grad - auf den gesamten Lebenszyklus
verteilt werden.

Ein Beispiel für den Top-Down-Test

Lassen Sie uns ein Beispiel durchführen, das den Entwurf, die
Codierung und das Testen eines einfachen Programms mit Hilfe des
eben erwähnten Methodenpaketes illustriert. Das Ziel ist die Erstellung eines Programms, das Bewertungen der Lagerbestände bestimmter Artikel nach verschiedenen Methoden vornimmt; bewertet
werden soll nach der LIFO- (Last In, First Out), der FIFO- (First
In, First Out) und der Durchschnittsmethode. Die Aufteilung der zu
diesem Programm gehörenden Hauptfunktionen geht aus Abbildung 10.1
hervor.

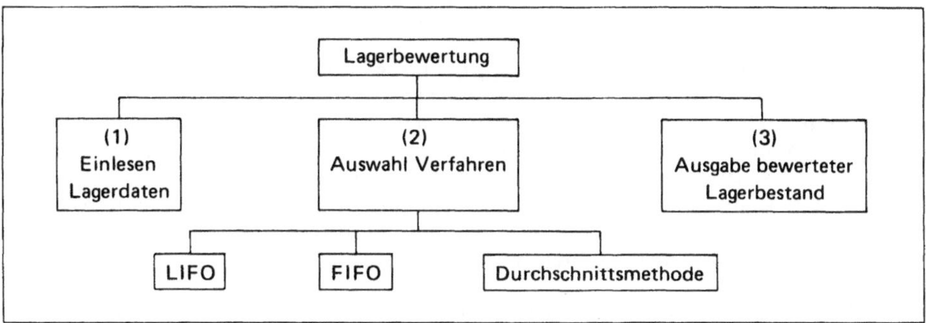

Abbildung 10.1 Lagerbewertungsprogramm: Zerlegung in Teilfunktionen

Wir unterscheiden die folgenden drei Funktionen:

o Einlesen der Lagerdaten
o Bewertung nach einer der zur Wahl stehenden Methoden
o Ausgabe der Ergebnisse

Dem Steuermodul (erste Hierarchiestufe) fallen zwei Aufgaben zu: zunächst muß es eine Schlüsselnummer erfassen, die den zu bewertenden Artikel identifiziert. Anschließend wird die Kontrolle des Programms an das Eingabemodul übergeben. Hier werden sämtliche Bewegungsdaten zu dem ausgewählten Artikel eingelesen. Diese Daten werden in eine temporäre Datei geschrieben. Mit der zweiten Funktion (Bewertung nach einer der zur Wahl stehenden Methoden) werden diese Daten gemäß der gewählten Methode ausgewertet. Die dritte Funktion (Ausgabe der Ergebnisse) bewirkt den Ausdruck der Ergebnisse auf einem Drucker.

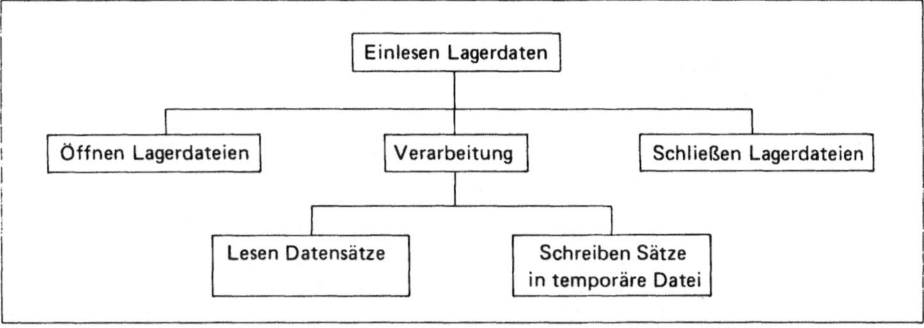

Abbildung 10.2 Lagerbewertungsprogramm: Zerlegung der Funktion „Einlesen Lagerdaten"

Lassen Sie uns nun die erste Funktion (Einlesen der Lagerdaten) etwas näher betrachten. Als einzigen Eingabewert benötigt dieses Modul die Schlüsselnummer des Artikels, der analysiert werden soll. Es ist während der Entwurfsarbeiten festgelegt worden, daß das Steuermodul neben der Erfassung dieser Nummer auch deren Gültigkeit überprüft. Für unser Modul eins gilt nun, anhand dieser (gültigen) Schlüsselnummer die entsprechenden Dateien zu öffnen, zu lesen, die eingelesenen Werte in die temporäre Datei zu schreiben, die Dateien wieder zu schließen und die Kontrolle des Programms an das Steuermodul zurückzugeben (siehe Abbildung 10.2).

Nachdem die Kernaufgaben unseres Programms zur Lagerbewertung abgegrenzt worden sind, kann die Programmierung beginnen. Zunächst wird der Hauptprogramm-Abschnitt erstellt. Danach wendet man sich den einzelnen Funktionen zu, die wir für die erste Funktion exemplarisch weiter aufgegliedert haben.

Ein wichtiger Vorzug der Top-Down-Programmentwicklung besteht darin, Module oder Unterroutinen testen zu können, sobald sie geschrieben sind. An die Stelle von Unterroutinen, die noch nicht fertiggestellt sind, treten vorübergehend sogenannte Dummy-Unterroutinen, so daß die Entwicklung des Gesamtprogramms nicht vom Stand einzelner Unterroutinen abhängt, zum Beispiel:

Das Eingabemodul sowie die Bewertung der Daten anhand der LIFO-Methode seien realisiert. Beide Module können getestet werden, ohne daß man sich über den Stand der Arbeit an den weiteren Modulen Gedanken machen muß. Sofern man zu diesem Zeitpunkt eines dieser noch nicht fertiggestellten Module aufruft, wird die Dummy-Unterroutine eine Meldung auf dem Bildschirm ausgeben, daß diese Funktion noch nicht implementiert ist.

Wir erkennen, daß sich das Codieren und Testen bei Anwendung der Top-Down-Methode ständig ablösen.

VORTEILE DES TOP-DOWN-TESTENS

Der Top-Down-Test bringt sowohl für das Management als auch für das Programmierpersonal Vorteile mit sich. Da er zeitsparender und leichter als andere Verfahren zu handhaben ist, wird eine Kostenersparnis und ein zuverlässigeres Endprodukt das Resultat sein.

Gleichzeitiger Top-Down-Entwurf, -Codierung und -Test während der Entwicklung führen zu einer frühzeitigen Fertigstellung von Teilen des Endproduktes. Dieses Ziel erreicht man, ohne das Risiko eingehen zu müssen, mit der Implementierung ohne eine vollständig durchgeführte Analyse zu beginnen. Der ständige Kontakt zum Systemanalytiker liefert Bezugspunkte zu Problemfeldern, lange bevor das System endgültig installiert ist. Diese frühzeitige Warnung ist nützlich, weil es günstiger ist, einen Fehler innerhalb eines

gerade erstellten Moduls zu beseitigen als während der Testphase
des Gesamtprogramms.

Durch den Top-Down-Test ist es oftmals möglich, dem Endbenutzer die
Ergebnisse des letzten Tests zugänglich zu machen, etwa in dieser
Form: "Zur Zeit kann das Programm alle vorgeschlagenen Eingabeda-
tensätze einlesen und es kann unzulässige Werte in den Eingabedaten
herausfiltern". Der Kontakt mit dem Anwender stellt sicher, daß
dieser sein Wissen über das jeweilige Anwendungsgebiet in die
Systementwicklung miteinbringen kann. Änderungen an einem Modul zur
Zeit der Erstellung sind viel leichter durchzuführen, als wenn man
erst nach Fertigstellung des Gesamtsystems feststellt, daß bereits
eine ganze Reihe von Änderungen erforderlich ist.

Wenn Test und Entwicklung parallel verlaufen, erübrigt sich ein
großer Teil des Testaufwandes, der allein für das Verstehen des
Programms anfällt. Weil der Test über das gesamte Projekt verteilt
wird, kann der Aufwand an Rechenzeit für den Test kurz vor der
Fertigstellung des Projektes reduziert werden. Die Anforderungen an
den Computer durch das Projekt werden so während der Entwicklungs-
zeit gleichmäßiger verteilt.

Es liegt in der Natur des Top-Down-Entwurfs, daß der Umfang einzelner Ziele und der Mittel, die zur Erfüllung dieser Ziele nötig
sind, umso spezieller werden, je niedrigere Hierarchiestufen man
erreicht. Der zuerst zu erstellende Teil des Programms ist die
Hauptkontrollroutine, die für die logischen Entscheidungen benötigt
wird (z.B. ein Auswahlmenü, das die Steuerung des Programms übernimmt). Dieses (Steuer-)Modul wird getestet, sobald Programmcode
auf einer niedrigeren Hierarchiestufe hinzugefügt worden ist (dies
ist sogar schon dann möglich, wenn sämtliche Hierarchiestufen nur
aus Dummy-Modulen bestehen).

ORGANISATIONS- UND ABLAUFPLANUNG FÜR DEN TEST

Der Test hat folgende Aufgaben:

o Sicherstellung der Funktionsfähigkeit;
o Übereinstimmung von Spezifikation und implementiertem System;
o Verringerung des Wartungsaufwandes;
o Einsparung von Kosten (und Nerven) bei Anwendern und Systementwicklern.

Der Test ist eine Maßnahme zur Sicherung der Software-Qualität
(Qualität = Gesamtheit der Eigenschaften und Merkmale eines Produktes oder einer Tätigkeit, die sich auf deren Eignung zur Erfüllung
gegebener Erfordernisse beziehen). Eine der wesentlichsten Qualitätsmerkmale ist dabei die Zuverlässigkeit (= Wahrscheinlichkeit
für das Erbringen der zugesagten Leistung). Um dies zu erreichen,
muß man die Fehlerrate der Programme so gering wie möglich halten.

Da die Kosten für die Beseitigung von Fehlern im Projektablauf
überproportional ansteigen, sollte der Test als eine projektbeglei-
tende Funktion verstanden werden; sowohl Dokumentation als auch
Programmcode lassen sich einem Test unterziehen. Der Test der
Dokumentation sollte nach Möglichkeit von Außenstehenden, z.B. mit
Hilfe "Strukturierter Walkthrough-Gespräche" (vgl. Band 5, Kapitel
10), vorgenommen werden. Die Durchführung eines Tests sollte sich
dabei in verschiedenen Schritten vollziehen:

o Testplanung
o Testvorbereitung
o Testdurchführung
o Testauswertung und Fehlerbehebung
o Testdokumentation

Im Rahmen der Testplanung werden geeignete Testfälle ermittelt;
während der Testvorbereitung werden die für die Durchführung des
Tests erforderlichen Rahmenbedingungen geschaffen. Nach der Durchführung des Tests erfolgt eine Auswertung der Testergebnisse, die
Fehlerbehebung und die Dokumentation des Tests. Aus dieser Dokumentation lassen sich statistische Auswertungen ableiten, wodurch
sich ein Erfahrungspotential für zukünftige Projekte schaffen läßt,
z.B. welche Arten von Fehlern am häufigsten auftraten. Abbildung
10.3 gibt ein Beispiel für den organisatorischen Aufbau eines
Projektes, hier unter dem Aspekt der jeweiligen Aufgaben der
Testenden.

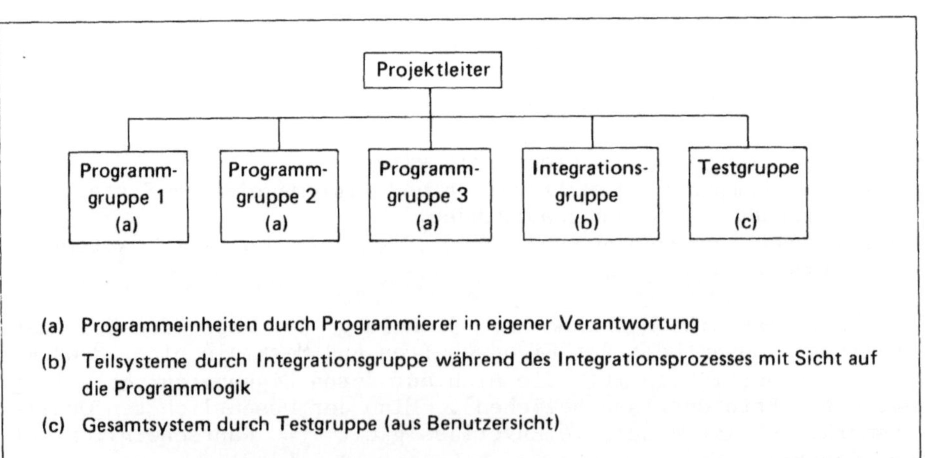

Abbildung 10.3 Beispiel für eine Projektorganisation

Getestet werden also einzelne Programmeinheiten, Teilsysteme und
schließlich das Gesamtsystem. Nachdem das Gesamtsystem erfolgreich
getestet worden ist, ist in der Regel das Projektende erreicht und
das System wird der Fachabteilung zum Einsatz übergeben. Das Ende
der Testphase sollte dabei nach Möglichkeit von bestimmten Bedingungen abhängig gemacht werden, zum Beispiel:

Das Testende ist erreicht ...

o nach Ausführung des Programms mit allen theoretisch möglichen
  Datenkonstellationen;
o nach Ausführung des Programms mit allen praktisch relevanten
  Datenkonstellationen;
o nachdem alle theoretisch denkbaren Programmpfade einmal durchlaufen worden sind;
o nachdem alle problemrelevanten Programmpfade einmal durchlaufen
  worden sind;
o nachdem jede Programmfunktion ... mal ausgeführt worden ist;
o nachdem jede Programmfunktion mindestens einmal ausgeführt worden
  ist;
o nachdem jede Programmanweisung mindestens einmal ausgeführt worden ist.

TESTHILFEN

Während die Hardwarekosten ständig fallen, steigen die Leistungsfähigkeit der Hardware und die Personalkosten; es ist daher eine
gute Strategie, wenn der Programmierer bestimmte Arbeiten an die
Maschine delegiert. Beispielsweise sei an eine Trace-Unterstützung
gedacht. Bei der Trace-Funktion handelt es sich um eine Testhilfe
zur Verfolgung und Auswertung von Programmereignissen und zur Überwachung von Programmabläufen. Das Ziel ist also die Protokollierung
der Ausführung eines Programms.

Das Erstellen von Ablauf- und Teststatistiken ist ebenfalls sehr
hilfreich. Solche statistischen Auswertungen verdeutlichen beispielsweise, welche Programmteile wie oft ausgeführt worden sind,
d.h. es werden auch Hilfsmittel benötigt, die eine Archivierungs-
oder Dokumentationsfunktion ausüben können.

Ein anderes Gebiet umfaßt die Vorbereitung des Testobjektes für den
Test, insbesondere die Bereitstellung einer geeigneten Test-
umgebung, beispielsweise zur Simulation technischer Schnittstellen
(DB-/DC-Systeme, Hardwareschnittstellen).

Das Ziel ist also das Testen eines Objektes, losgelöst von realen
Schnittstellen und Interaktionen, weil diese entweder noch nicht
realisiert oder verfügbar sind, oder weil sie bewußt im Test ausge-
klammert werden sollen. Als Begründung hierfür gilt, daß man

möglichst kleine, überschaubare und damit beherrschbare Programmteile testen möchte. Die Bereitstellung einer Testumgebung beinhaltet den Aufbau (bzw. das Beschaffen) von "Treibern" oder "Platzhal-
tern", die die Spezifikation aller Funktionen an den zu simulieren-
den Schnittstellen enthalten.

Dem Leiter der Programmierabteilung fällt in diesem Zusammenhang
die Aufgabe zu, seine Programmierer mit derartigen Hilfsmitteln
auszustatten und ihnen eine angemessene Ausbildung zu ermöglichen.
Die Programmierer müssen beispielsweise imstande sein, die Fehlersuche und Fehlerbehebung (Debugging) durchzuführen, sie müssen
Abbruchmeldungen, die während der Durchführung eines Tests entstehen, interpretieren können und sie müssen im Umgang mit Dumps
(Speicherauszügen) vertraut sein.

ZUSAMMENFASSUNG

Die Anwendung einer geeigneten Teststrategie kann zu folgenden
Ergebnissen führen:

o Geringeres Risiko und gestiegene Produktivität der Programmierer;
o Frühzeitige Rückkopplung zu Systemanalytiker, Entwerfer und Anwender;
o Verkürzte Testphase des Gesamtsystems, verkürzte Gesamtentwick-
  lungsdauer.

Rechnergestützte Testhilfen werden ständig weiterentwickelt. Um
solche Hilfsmittel jedoch ausnutzen zu können, müssen sich die
Manager der DV-Abteilung um einen ständig aktuellen Wissensstand
auf diesem Gebiet bemühen. Die eben aufgeführten Vorteile sind dann
leicht zu erreichen. Die Herausforderung der späten achtziger Jahre
an die Programmierer besteht darin, den Test in einem positiven
Licht zu sehen und ihn in die Systementwicklung zu integrieren.

LITERATUR:

Balzert, H.: "Die Entwicklung von Software-Systemen", Zürich 1982,
  S. 412 ff.
Barbuto, Paul: "Tools for Top-Down-Testing", Datamation, Bd. 24,
  Nr. 10 (Oktober 1978), S. 178 - 182.
Fairley, Richard E.: "Tutorial: Static Analysis and Dynamic Testing
  of Computer Software", Computer, Bd. 11, Nr. 4 (April 1978),
  S. 14 - 23.
Gewald, K., Haake, G. und Pfadler, W.: "Software Engineering -
  Grundlagen und Technik rationeller Programmentwicklung", 2. Auf-
  lage, München-Wien 1979, S. 138 ff.
Hetzel, William C., Hrsg.: "Program Test Methods", Englewood Cliffs
  NJ: Prentice-Hall Inc, 1973.

IBM OS PL/1 Optimizing Compiler General Information, GC33-001-2.
McGowan, Clement L. und Kelly, John R.: "Top-Down Structured Programming Techniques", New York: Petrocelli/Charter, 1975.
Rustin, Randall, Hrsg.: "Debugging Techniques in Large Systems", Englewood Cliffs NJ: Prentice-Hall Inc, 1971.
Westley, Anne E., Hrsg.: "Infotech State of the Art Report, Software Testing, Volume 1: Analysis and Bibliography", Maidenhead, England: Infotech International Limited, 1979, Contributions by Fairley, Howden, Clarke, Kundu and the editor.
Yourdon, Edward: "Techniques of Program Structure and Design", Englewood Cliffs NJ: Prentice-Hall Inc, 1975.

11 Wartung von Programmen

EINLEITUNG

Die in der heutigen Zeit von Anwendern gewünschten großen, umfassenden DV-Systeme erfordern detaillierte Kenntnisse aller Systemkomponenten, um auch die kleinsten Veränderungen am Programmsystem ohne Probleme vornehmen zu können.

Die hohe Personalfluktuationsrate sowie das Verlangen vieler Mitarbeiter nach Job-Rotation innerhalb der DV-Abteilungen führen oft dazu, daß Programmierer an einem Programm Änderungen vornehmen müssen, das sie nur sehr wenig kennen. Das Ermitteln, wo und auf welche Weise ein Programm zu ändern ist, mit dem man nicht vertraut ist, kann ernsthafte Probleme mit sich bringen.

Im folgenden Kapitel wird diese Thematik behandelt und es werden Programmdurchsichten, Organisations- und Dokumentationsaspekte bezüglich der Wartung von Programmen beschrieben. Es werden Verfahren dargestellt, mit deren Hilfe man einen zu verändernden Programmabschnitt leicht auffinden kann und wie man Programme erstellt, die leicht zu pflegen sind.

Zunächst soll jedoch der Begriff der Softwarewartung definiert werden und eine Beschreibung der Situation bei der Programmwartung erfolgen.

ZUM BEGRIFF DER SOFTWAREWARTUNG

Die Entwicklung eines Softwaresystems gilt dann als abgeschlossen, wenn das System nach Durchführung der Abnahmetests von den Anwendern übernommen wird. Alle Arbeiten, die nach Abschluß der Systementwicklung dazu dienen, das System auf dem für den Anwender relevanten Stand zu halten, werden unter dem Begriff der Softwarewartung zusammengefaßt.

Griese (3) definiert Wartung als eine Tätigkeit, die in der Betriebsphase computergestützter betrieblicher Informationssysteme auftritt, etwa vergleichbar mit einer "laufenden Instandhaltung" im technischen Bereich.

Er unterteilt die Wartung in

a) Korrektur von Fehlern;
b) Arbeiten zur Anpassung an eine veränderte Umgebung;
c) Verbessern des Leistungsumfangs und der Leistungsqualität.

Unter c) fällt die Weiterentwicklung eines DV-Systems. Umfassende empirische Untersuchungen zur Wartungssituation stammen von Lientz und Swanson (4,5,6,7). Sie befragten amerikanische Unternehmen zum Wartungsaufwand. Es ergab sich, daß durchschnittlich 48 % der Systementwicklungskapazität für Wartungsarbeiten eingesetzt wurde und davon über 60 % für eine Verbesserung des Leistungsumfangs und der Leistungsqualität (Punkt c).

Eine andere Untersuchung ergab, daß von 100 % Gesamtkosten während der Lebenszeit eines Informationssystems 30 % auf die Entwicklung und 70 % auf die Wartung entfallen. In diesem Zusammenhang wurde festgestellt, daß zu Beginn der Betriebsphase der Umfang der Wartungsarbeiten steil ansteigt, anschließend auf weniger als die Hälfte absinkt, um dann wieder stetig anzusteigen (8).

Da also die Wartung enorme Kapazitäten einer DV-Abteilung bindet, kann eine effizientere Wartungstätigkeit die DV-Abteilungen entlasten. Das im folgenden beschriebene Verfahren umfaßt eine Vorbereitungsphase, in der man sich zunächst einen Überblick über die Aufgabe und das Programm verschafft. Im Anschluß daran werden der Einfluß einer guten Programmdokumentation sowie die Möglichkeiten, die Transparenz der Programme zu erhöhen, erörtert.

AUFGABENANALYSE

Die Entscheidung, ob ein bestimmtes Programmsegment änderungsbedürftig ist, ist eines der größten Probleme, mit denen Wartungsprogrammierer bei ihrer Arbeit konfrontiert werden. Sie verbringen einen Großteil der Zeit mit der frustrierenden und aufwendigen Suche nach den zu verändernden Programmzeilen. Es konnte nachgewiesen werden, daß diese Suche mehr Zeit in Anspruch nimmt als die eigentliche Durchführung der Änderung.

Aus diesem Grunde muß der Vorbereitung einer Änderung mehr Aufmerksamkeit geschenkt werden als der Änderung selbst.

Die Aussage "It's easy to write a MOVE statement in COBOL, however,
it is harder to know w h e r e to put that MOVE statement"
kennzeichnet die Situation, der sich viele Wartungsprogrammierer
ausgesetzt sehen.

Die Bedeutung der Aufgabe

Der erste Schritt des DV-Managements in Richtung einer verbesserten
und kontrollierbaren Wartungstätigkeit muß sein, die Programmierer
von der Bedeutung und der Dringlichkeit von Wartungsaufgaben zu
überzeugen. Dieser Schritt ist sehr wichtig, was jedoch sehr oft
nicht erkannt wird. Häufig werden Wartungsarbeiten denen aufgebür-
det, die weniger qualifiziert sind oder die erst seit kurzer Zeit
in der DV-Abteilung tätig sind. Überhöhte Kosten und Zeitverluste
sind die logische Folge.

Das Management sollte der Kostensituation größere Aufmerksamkeit
als bisher schenken. Der Nutzen jeder Wartungsaufgabe bestimmt
deren Bedeutung im Verhältnis zur übrigen Arbeit. Es sollte jedoch
daran erinnert werden, daß zusätzliche Ausgaben, die durch den
Einsatz neuer oder jüngerer Programmierer verursacht werden, auch
zu den allgemeinen Ausbildungskosten der DV-Abteilung zu zählen
sind. Insofern sollte auch der Entscheidung, w e n man mit
Wartungsaufgaben betraut, genaue Beachtung geschenkt werden. Wird
eine Änderung beispielsweise als sehr dringend und kurzfristig
erforderlich angesehen, sollte sie von einem erfahrenen Programmierer erledigt werden. Stehen Änderungen mit niedrigerer Priorität
an, können diese auch von (noch) unerfahreneren Programmierern
realisiert werden.

Beachtung der verfügbaren Ressourcen

Um die Ressourcen zu ermitteln, die für Wartungsprogrammierer zur
Verfügung stehen, sollte sich das Management folgene Fragen stellen:

o Haben Programmierer, die mit dem System vertraut sind, Zeit, um
  die Wartungsarbeiten zu unterstützen? Wenn ja, wieviel Zeit
  können sie dafür verwenden? Das Management sollte dafür Sorge
  tragen, daß erfahrene Programmierer kurzfristig immer für Wartungsarbeiten eingesetzt werden können, um den Wartungsprogrammierern bei ihrer Arbeit zu helfen. Der Umfang der Unterstützung
  sollte sich dabei an der Dringlichkeit der Programmänderungen
  sowie an den Fähigkeiten und Kenntnissen der Wartungsprogrammierer orientieren.

o Wurde den Wartungsprogrammierern Verantwortung für bestimmte
  Programme zugewiesen? Wenn ja, so muß man ihnen genügend Zeit
  geben, sich mit dem ganzen Programm vertraut zu machen. Dies wird
  sich langfristig auszahlen, wenn es zu plötzlichen
  Programmfehlern kommt oder wenn es gilt, sehr dringende
  Programmänderungen durchzuführen.

o Wieviel Zeit steht für die Testphase zur Verfügung? Sollte die
  Rechnerkapazität nur wenige Testläufe gestatten, muß man sich
  darum bemühen, Schreibtisch-Tests oder ähnliche Analysen durchzuführen.

o Wie schwierig ist der Test der durchgeführten Änderung? Lassen
  sich Testläufe leicht realisieren oder sind sie so umfassend, daß
  sie sich erst nach einer gewissen Vorbereitungszeit durchführen
  lassen?

Anweisungen zur Durchführung von Änderungen

Es sollten stets formale Anweisungen zur Durchführung von Änderungen gegeben werden, um sich leichter einen Überblick über die
Wartungsaufgabe verschaffen zu können.

Solche Anweisungen sollten dabei immer in schriftlicher Form erfolgen, da mündliche Anweisungen häufig Probleme mit sich bringen,
zum Beispiel:

o Wer verlangte die Änderung? War dieser Angestellte überhaupt
  kompetent, eine solche Änderung zu initiieren, insbesondere: war
  dieser Mitarbeiter der einzige Anwender dieses Programms oder
  können sich infolge der Änderung Probleme mit anderen Anwendern
  ergeben?

o Warum mußte die Änderung durchgeführt werden? Eine genaue
  Beschreibung der Änderungsgründe kann sicherstellen, daß die
  Ergebnisse der Änderung nicht gleich wieder änderungsbedürftig
  sind.

o Wie umfangreich ist die Änderung? Warum müssen nur ganz bestimmte
  Programme oder SECTIONs modifiziert werden?

Schriftliche Anweisungen zwingen den Anwender, präzise und gründ-
lich zu bestimmen, was geändert werden soll. Das DV-Management
sollte darüberhinaus jedoch sicherstellen, daß ein Gespräch der
Wartungsprogrammierer mit den Anwendern stattfindet, in dem geklärt
wird, ob die in den Anweisungen beschriebenen Änderungswünsche
genau dem entsprechen, was die Anwender erwarten. Es ist nämlich
allgemein bekannt, daß die meisten benutzerbezogenen Probleme nicht
technischer Art sind, sondern auf einer mangelnden Kommunikation
zwischen DV- und Fachabteilung beruhen.

Ein einfaches Beispiel mag dies verdeutlichen: Ein Anwender forderte eine Änderung zu einem Programm, das Budgetberichte erstellt. Dieses Programm war ähnlich aufgebaut wie ein anderes Programm, das Berichte zur Liquiditätslage des Unternehmens erzeugte. Während der Diskussion mit dem Anwender fand der Wartungsprogrammierer heraus, daß die zum Budgetbericht geforderten Änderungen einer Anpassung des Ausgabeformates an den Liquiditätsbericht entsprachen. Es mußte aus diesem Grund nur ein Austausch des entsprechenden Moduls zur Druckaufbereitung vorgenommen werden und eine Änderung von Programmcode konnte weitgehend vermieden werden.

PROGRAMMANALYSE

Ein Überblick über die zu ändernden Programme ist ebenso wichtig wie ein Überblick über Art und Umfang der durchzuführenden Aufgabe. Auch hier sollte der Aufwand der Bedeutung der Aufgabe entsprechen.

Art und Funktion des Programms

Mit folgenden Fragen sollen Art und Funktion des Programms ermittelt werden:

o Welches ist die Hauptfunktion des Programms (z.B. Berichtsgenerator, Editierprogramm)?

o Welches ist die Hauptausgabe des Programms? Wenn das Ergebnis und das Ziel des Programms bekannt sind, wird es leichter sein, interne Verarbeitungsschritte nachzuvollziehen.

o Wie ist die Grundstruktur des Programms aufgebaut? Wie werden Schleifen behandelt? Wie ist es organisiert (streng strukturiert oder weniger streng, d.h. sind GOTO-Anweisungen innerhalb bestimmter Grenzen erlaubt)?

o Wie war der Stil des Programmierers, der ursprünglich das Programm schrieb? Viele Programmierer haben leider ihren eigenen Programmierstil, der bisweilen sehr schwer zu verstehen ist. Ein Programmierstil kommt beispielsweise darin zum Ausdruck, wie man Programm- oder Variablennamen vergibt, wie man IF-Bedingungen codiert (positiv oder negativ formuliert) oder wie man Schleifen zum Einsatz bringt.

Die Antworten auf diese Fragen helfen einem Programmierer, der ermitteln muß, was in einem zu ändernden Programm passiert.

Die Kontrollstruktur des Programms

Den Überblick über ein Programm zu bekommen, ist dann leichter,
wenn das Programm gut strukturiert ist. In solchen Programmen
werden die Hauptabschnitte durch Steuer- oder Kontrollmodule leicht
erkennbar. Die Hauptverarbeitungssprünge können dann leicht isoliert und damit identifiziert werden. Es fällt demzufolge leichter,
Änderungen in einem strukturierten Programm durchzuführen als in
einem unstrukturierten Programm.

Dies ist auch einer der Hauptgründe für den Einsatz strukturierter
Methoden. Sich einen Überblick über ein unstrukturiertes Programm
zu verschaffen, erweist sich als ungleich schwieriger. Bei einem
Programm mit einer unübersehbaren Zahl an GOTO-Anweisungen ist der
Programmierer gezwungen, die Durchsicht des Programms mit dem
ersten Statement zu beginnen und dann das Programm sequentiell
durchzusehen. Falls es möglich ist, sollte der Programmierer
versuchen, eine Struktur zu simulieren und zumindest einige
Hauptgrenzen selbst abzustecken.

Der einfachste Weg, um dies zu realisieren, ist das Herausfinden
der Hauptverarbeitungs-Schleifen eines Programms, angezeigt durch
Anweisungen wie PERFORM UNTIL oder DO WHILE. Wichtige Schleifen
können auch durch den GOTO-Befehl am Ende einer Befehlsfolge erkannt werden. Das Unterstreichen solcher Befehlszeilen bei der
Programmerstellung kann sich später als sehr hilfreich erweisen.

Nicht-bedingten Anweisungen, z.B. ein GOTO-Befehl vor Paragraphen-
oder SECTION-Namen, muß ebenfalls besondere Aufmerksamkeit geschenkt werden. Das Herausfinden der wichtigsten Schleifen in einem
unbekannten Programm hat auch einen psychologischen Vorteil. Es
gibt dem Programmierer die Sicherheit, daß es trotz aller
Schwierigkeiten möglich ist, das Programm zu verstehen und Änderungen – selbst in komplexeren Programmen – durchzuführen. Dieser
Vorteil kann von großer Bedeutung sein, denn es wäre fatal, wenn
sich Programmierer mit scheinbar unverständlichen Programmen be-
schäftigen müssen, an denen sie trotz aller Probleme Änderungen
vornehmen m ü s s e n.

Dies verleitet sie unter Umständen dazu, Änderungen einzubringen,
ohne deren Konsequenzen zu überblicken. Programmfehler, Systemzu-
sammenbrüche und ähnliche negative Folgen sind zu erwarten. Dann
gerät man in einen Teufelskreis, in dem die Programmierer nicht
genügend Zeit haben, korrekte und leicht zu ändernde Programme zu
schreiben, weil sie zu beschäftigt sind, die Fehler ihrer Vorgänger
zu suchen und zu beseitigen.

Auch das Herausfinden der Programmteile, die von der Änderung
unberührt bleiben, ist bisweilen eine schwierige Aufgabe. Hier
lassen sich kaum allgemeingültige Richtlinien oder Ratschläge geben. Die Frage, ob beispielsweise der Programmabschnitt, der die

Variablen initialisiert, von der Änderung betroffen ist, hängt im Einzelfall davon ab, ob die Änderung irgendwelche Schlüsselfelder betrifft, von denen weitere Verarbeitungsschritte abhängen.

Lokalisieren der zu ändernden Programmteile

Das Durchführen der beschriebenen Schritte erleichtert die Aufgabe, die änderungsbedürftigen Programmteile zu bestimmen. Ist man mit dem in diesem Programm verwendeten Programmierstil vertraut, kennt man die Hauptabschnitte des Programms (z.B. wo erfolgt die Initialisierung?) und ist man über die wichtigsten Schleifen informiert, so lassen sich ohne weitere Analysen vornehmen zu müssen, die änderungsbedürftigen Programmteile leicht finden.

Ist das zu ändernde Programm allerdings zu unverständlich geschrieben oder war der Programmierer nicht imstande, sich einen Überblick darüber zu verschaffen, ist eine andere Strategie zur Durchführung der Änderung erforderlich. Diese Strategie basiert auf den von der Änderung betroffenen Daten. Wenn der Programmierer die von der Änderung betroffenen Variablen kennt, kann er deren Auftreten über eine Cross-Reference Liste in Erfahrung bringen. Kennt der Programmierer die Namen der Variablen nicht, muß er sie erst anhand der Cross-Reference Liste identifizieren. Anschließend muß er die Programmzeilen heraussuchen, in denen die Variablen vorkommen und muß dann entscheiden, ob diese Zeilen von der Änderung betroffen sind.

Die Aufgabe wird durch Aufstellen eines Datendiagramms (siehe Abbildung 11.1) erleichtert. Ausgehend von einem zu untersuchenden Ausgabefeld (hier Feld D) werden die Felder ermittelt, von deren Werten das Ausgabefeld abhängt. Unter den Feldnamen sind die Programmzeilen ihres jeweiligen Auftretens zu notieren.

Auf diese Art läßt sich der Datenfluß für bestimmte Variablen leicht bestimmen. Die Diagramme können natürlich für spätere Änderungen immer wieder verwendet werden.

Solche Diagramme können ebenfalls zur Analyse von Programm-, Prozedur-, SECTION- oder Paragraphennamen verwendet werden. Der zu ändernde Abschnitt gilt als "Ausgabe". Alle Paragraphen oder SECTIONs, die diesen Abschnitt aufrufen oder zu diesem Abschnitt verzweigen, gelten als "Eingabe".

DURCHFÜHREN DER ÄNDERUNG

Anfänger machen sehr oft den Fehler, mehr Änderungen durchzuführen als erforderlich sind. Sie lernen schnell, daß Änderungen häufig Ergebnisse hervorrufen, mit denen niemand gerechnet hat. Daraufhin vorsichtig geworden, versuchen sie, die Änderungen am Programm auf ein Minimum zu reduzieren.

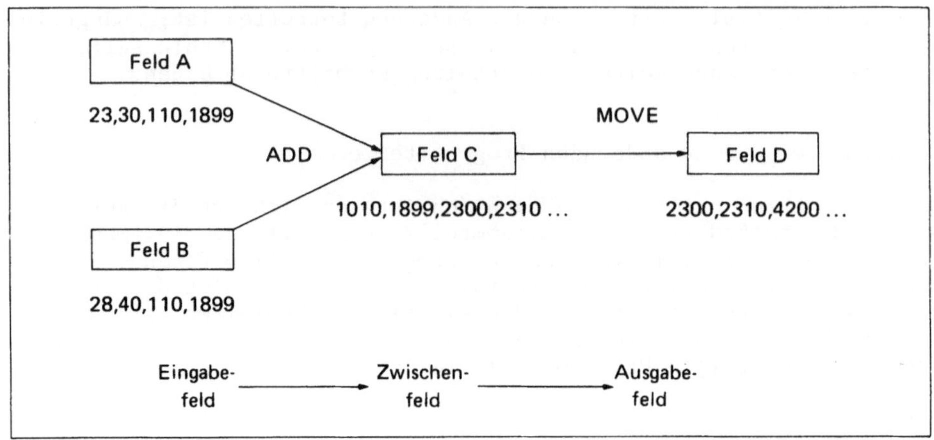

Abbildung 11.1 Datendiagramm

Das Management muß sicherstellen, daß solche Fälle gar nicht erst
auftreten. Man sollte beispielsweise in Erwägung ziehen, daß man
Änderungen in Programme einbringt, um sie lesbarer und damit leichter veränderbar zu machen. Dies sollte für besonders unverständ-
liche und nur sehr schwer nachvollziehbare Programme gemacht werden. Häufig beziehen sich bis zu 80 Prozent des Wartungsaufwandes
auf weniger als 5 Prozent des Programmumfangs, so daß es durchaus
gerechtfertigt ist, solche "Wartungszentren" umzuschreiben.

Voraussetzung dafür ist allerdings, daß die Wartungsaktivitäten gut
dokumentiert werden, damit man die am häufigsten zu ändernden
Programmteile leichter ermitteln kann.

Neuen Wartungsprogrammierern bietet sich so eine gute Möglichkeit,
Kenntnisse über das Programm zu erlangen. Nachdem diese einige Zeit
mit Wartungsaufgaben betraut waren, wissen sie um die Schwierigkeiten, die mit unverständlichen und völlig unstrukturierten Programmen verbunden sind. Viele Unternehmen setzen ihre Trainees genau
aus diesem Grund zunächst für die Wartungsprogrammierung ein. Man
glaubt, ihnen so die Vorteile strukturierter Techniken und heraus-
gegebener Programmierrichtlinien am besten demonstrieren zu können.

Dokumentation der Änderung

Das Dokumentieren dessen, was man durch die Wartungsarbeit über das
Programm in Erfahrung bringen konnte (insbesondere über die Logik
des Programms), ist der beste Weg, um sicherzustellen, daß zukünf-
tige Änderungen leichter durchzuführen sind. Beispielsweise könnten
Kommentare, die in das Programm eingefügt werden, bei späteren
Änderungen wertvolle Dienste tun. Es kann häufig beobachtet werden,

daß Programmierer nur sehr ungern auch Dokumentationsarbeit leisten. Hier muß das Management verbindliche Richtlinien herausgeben, damit solche Arbeiten nicht aus persönlichen Gründen vernachlässigt werden.

Folgende Punkte sind bei der Dokumentation von Änderungen zu beachten:

o Die Dokumentation sollte in den Programmteil aufgenommen werden, wo die Änderung tatsächlich vorgenommen wurde. Die meisten Wartungsprogrammierer suchen sich zunächst die zu ändernden Programmteile heraus und es wäre dann günstig, wenn dort eine kurze Erläuterung gegeben wird.

o Ein Verweis auf eine umfangreichere Beschreibung kann mit aufgeführt werden. Beispielsweise kann man über eine Aufgabennummer einen Hinweis geben, an welcher Stelle die ausführlichere Dokumentation gefunden werden kann.

Der Neuentwurf von Programmteilen

Eine Möglichkeit, die Wartung von Programmen zu verbessern, ist der Neuentwurf, der das Programm den neuesten strukturierten Techniken anpassen soll. Ein Projektteam, bestehend aus einem Chefprogrammierer, einem Systemanalytiker und einigen Programmierern sieht bestehende Programme durch, um diejenigen Programme zu identifizieren, die am dringendsten geändert werden müssen. Diese Programme werden dann der Reihe nach geändert, wobei insbesondere darauf abgezielt wird, die Lesbarkeit der Programme zu erhöhen. Es ist daher zu betonen, daß diese Arbeiten nicht dazu dienen, um nach verborgenen Programmfehlern zu suchen oder um Änderungen der Benutzeranforderungen in das Programm einzubringen.

Es gibt im wesentlichen vier Möglichkeiten, die Lesbarkeit eines Programms zu erhöhen:

o Einrückungen

o Hervorhebungen

o Kommentare

o aussagekräftige Bezeichnungen

Einrückungen

Programmzeilen, deren Ausführung von bestimmten Bedingungen abhängt, lassen sich durch Einrückungen bereits optisch ermitteln.
Bisweilen kann man durch das Einrücken bestimmter Zeilen bereits
wichtige Programmstrukturen ablesen.

Beispiel:

```
    IF DATEI-ENDE = "JA"

        MOVE "JA" TO ENDE-VERARB

        PERFORM ABSCHLUSS

    ELSE

        PERFORM LESEN.
```

Ohne Einzelheiten der IF-Anweisung zu kennen, ist es offensichtlich, daß der Programmteil "ABSCHLUSS" nur dann ausgeführt wird,
wenn das Datei-Ende erreicht ist.

Beispiel:

```
    IF INPUT = SPACES MOVE FEHLER-MELDUNG
    TO AUSGABE-MELDUNG   STOP RUN   ELSE
    MOVE INPUT TO KENNZEICHEN   GOTO LESEN.
```

Es dürfte klar sein, daß ein solcher Programmcode ungleich schwerer
zu lesen ist, auch wenn er vielleicht syntaktisch und logisch
einwandfrei ist.

Hervorhebungen

Die reichliche (aber dennoch nicht übertriebene) Verwendung von
Hervorhebungen kann das Programm ebenfalls lesbarer und damit war-
tungsfreundlicher machen. Beispielsweise kann damit auf wichtige
Paragraphen- oder SECTION-Namen wirkungsvoll hingewiesen werden.
Auch einzelne Anweisungen (oder ein Block von Anweisungen) lassen
sich hervorheben. Die wirkungsvollste Art besteht darin, den her-
vorzuhebenden Teil in einem Kasten darzustellen, zum Beispiel:

```
*****************************************************************
*                                                               *
*                M O N A T S - A U S W A H L                    *
*                                                               *
*****************************************************************


        IF MONAT = "JANUAR"
           MOVE 31 TO ANZAHL-TAGE.
        .
        .
        .

        IF MONAT = "NOVEMBER"
           MOVE 30 TO ANZAHL-TAGE.
        IF MONAT = "DEZEMBER"
           MOVE 31 TO ANZAHL-TAGE.
```

Kommentare

Ein weiterer Faktor, der sich auf die Programmlesbarkeit positiv
auswirkt, ist der sinnvolle Gebrauch von Kommentaren. Leider besitzen viele Programmierer eine Abneigung gegen das Einbringen von
Kommentarzeilen in das Programm. Das Management muß verbindliche
Vorgaben für die Verwendung von Kommentaren machen, sonst wird ein
großer Teil der Programmierer versuchen, diese für sie lästige
Tätigkeit zu umgehen.

Aussagekräftige Bezeichnungen

Der Gebrauch aussagekräftiger Bezeichnungen (z.B. für Variablen
oder SECTIONs) erleichtert die Wartung, weil der Programmierer
häufig bereits durch die Bezeichnung über die Funktion des Programmteils informiert ist. Programmabschnitte, die für eine Änderung nicht in Frage kommen, lassen sich so auch sehr leicht ermitteln.

Man sollte die Wirkung der eben beschriebenen vier Möglichkeiten
zur Verbesserung der Lesbarkeit eines Programms nicht unter-
schätzen. In Experimenten (2) konnten überaus positive Resultate
erzielt werden, als Programmierer den Einfluß dieser Möglichkeiten
auf die Produktivität der Wartungsarbeiten getestet haben.

ERGEBNIS

Eine erhebliche Reduzierung des Wartungsaufwandes ist möglich, wenn
man eine geeignete Methodologie einsetzt. Diese Methodologie sollte eine Vorbereitungsphase umfassen, in der es gilt, sich einen
Überblick über die Aufgabe und das Programm zu verschaffen. Eine
ausführliche Dokumentation sollte die Wartungsarbeiten begleiten.
Während der Überarbeitung der Programme sollte darüberhinaus immer
versucht werden, die Lesbarkeit zu erhöhen, um Erleichterungen für
zukünftige Änderungen zu schaffen. Einrückungen, Hervorhebungen,
Kommentare und aussagekräftige Bezeichnungen sind hierfür geeignete
Mittel.

LITERATUR:

1. Miller, J.C.: "Structured Retrofit", Techniques of Program and
   System Maintenance, Edited by Girish Parikh, Lincoln NE: Ethnotech Inc, 1980.
2. Gilb, T.: "Structured Program Coding: Does It Really Increase
   Program Maintainability?", Techniques of Program and System
   Maintenance, Edited by Girish Parikh, Lincoln NE: Ethnotech Inc,
   1980.
3. Griese, J.: "Zur Wartung von computergestützten betrieblichen
   Informationssystemen", Arbeitsbericht Nr. 27 des Lehrstuhls für
   Betriebsinformatik der Universität Dortmund, Dortmund 1982.
4. Lientz, B.P. und Swanson, E.B.: "Software Maintenance Management", Reading, Mass, u.a. 1980.
5. Lientz, B.P. und Swanson, E.B.: "Impact of Development Produc-
   tivity Aids on Application System Maintenance", Data Base 11
   (1980), S. 114-120.
6. Lientz, B.P. und Swanson, E.B.: "Problems in Application Software Maintenance", Communications of the ACM 24 (1981), S. 763-
   769.
7. Lientz, B.P., Swanson, E.B. und Tompkins, G.E.: "Characteristics
   of Application Software Maintenance", Communications of the
   ACM 21 (1978), S. 466-471.
8. Stearns, S.K.: "Experience with Centralized Maintenance of a
   Large Application System", in: Parikh, G. (Hrsg.), S. 143-149.

Sachwortverzeichnis